12

最新 社会福祉士養成講座
精神保健福祉士養成講座

一般社団法人 日本ソーシャルワーク教育学校連盟　編集

ソーシャルワークの
理論と方法

［共通科目］

中央法規

刊行にあたって

このたび、新カリキュラムに対応した社会福祉士と精神保健福祉士養成の教科書シリーズ（以下、本養成講座）を一般社団法人日本ソーシャルワーク教育学校連盟の編集により刊行することになりました。本養成講座は、社会福祉士・精神保健福祉士共通科目13巻、社会福祉士専門科目8巻、精神保健福祉士専門科目8巻の合計29巻で構成されています。

社会福祉士の資格制度は、1987（昭和62）年に制定された社会福祉士及び介護福祉士法により創設されました。後に、精神保健福祉士法が制定され、精神保健福祉士の資格制度が1997（平成9）年に創設されました。それから今日までの間に両資格のカリキュラムは2度の改正が行われました。本養成講座は、2019（令和元）年度の両資格のカリキュラム改正に伴い、刊行するものです。

新カリキュラム改正のねらいは、地域共生社会の実現に向けて、複合化・複雑化した課題を受けとめる包括的な相談支援を実施し、地域住民等が主体的に地域課題を解決していくよう支援できるソーシャルワーカーを養成することにあります。地域共生社会とは支援する者と支援される者が一体となり、誰もが役割をもって生活していくことができる社会です。こうした社会を創り上げる担い手として、社会福祉士や精神保健福祉士が期待されています。

そのため、本養成講座の制作にあたって、❶ソーシャルワーカーとしてアセスメントから支援計画、モニタリングに至るPDCAサイクルに基づく支援ができる人材の養成、❷個別支援と地域支援を一体的に対応でき、児童、障害者、高齢者等のさまざまな分野を横断して包括的に支援のできる人材の養成、❸「講義―演習―実習」の学習循環をつくることで、実践現場に密着した人材養成をする、を目的にしています。

社会福祉士および精神保健福祉士になるためには、ソーシャルワークに必要な五つの科目群について学ぶことが必要です。具体的には、①社会福祉の原理・基盤・政策を理解する科目、②複合化・複雑化した福祉課題と包括的な支援を理解する科目、③人・環境・社会とその関係を理解する科目、④ソーシャルワークの基盤・理論・方法を理解する科目、⑤ソーシャルワークの方法と実践を理解する科目です。それぞれの科目群の関係性と全体像は、次頁の図のとおりです。

これらの科目を本養成講座で学ぶことにより、すべての学生がソーシャルワークの基盤を修得し、社会福祉士ならびに精神保健福祉士の国家資格を取得し、さまざまな領域でソーシャルワーカーとして活躍され、ソーシャルワーカーに対する社会的評価を高めてくれることを願っています。

社会福祉士養成教科書の全体像

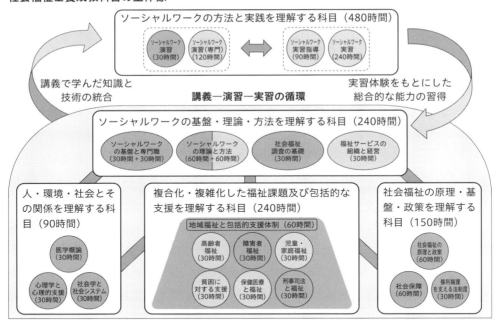

出典：厚生労働省「（別添）見直し後の社会福祉士養成課程の全体像」（https://www.mhlw.go.jp/content/000604998.pdf）
より本連盟が改編

精神保健福祉士養成教科書の全体像

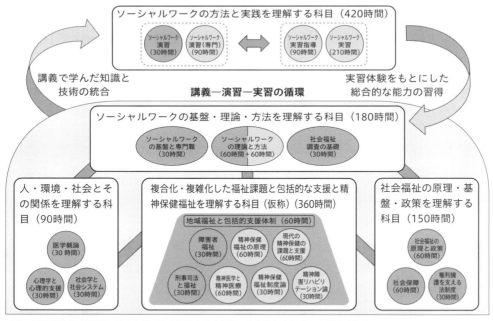

出典：厚生労働省「（別添）見直し後の社会福祉士養成課程の全体像」を参考に本連盟が作成

2020（令和2）年12月1日

一般社団法人日本ソーシャルワーク教育学校連盟
会長　白澤政和

はじめに

　新型コロナウイルス感染症（COVID-19）の世界的・同時多発的大流行は、世界中の人々の社会生活を一変させた。世界中の人々の英知の結集により、いずれは収束に向かいコロナ禍からの脱却が期待されるが、先行きは不透明で予断を許さない。不安定な状況が続けば続くほど、人々の不安は高まり、課題は山積し、生活は立ち行かない状況に陥ってしまうであろう。人々の日常生活は社会環境との密接な交互作用のもとで営まれている。

　さて、ソーシャルワークをやや長めに説明すれば、それは、「利用者（クライエント）とソーシャルワーカーとの参加と協働のもと、利用者の自己決定過程を最大限尊重したうえで、利用者自らが、生活上の課題解決、社会的機能の改善・維持・向上、外部環境への対処能力の向上を図れるよう支援し、他方で、社会環境への介入を行い、さらには社会構造の変革を意図し、生活継続のための条件整備として、社会福祉・社会保障に係る制度・政策、具体的サービスの維持・向上・創出を実現する、その時点における利用者の最善の利益を確保・獲得する過程展開である」と理解することができる。ソーシャルワークは今日まで、常に「人と環境の交互作用」に目を向け、人々の生活課題の解決に取り組んできた。

　このたび、ソーシャルワーカーの国家資格である社会福祉士と精神保健福祉士の新カリキュラムが 2021（令和 3 ）年度よりスタートすることとなった。今回のカリキュラムの改正には、はじめて両資格のカリキュラムが同時期の改正となり両資格間の共通科目が拡充されたことのほかに、「相談援助」の名称が「ソーシャルワーク」に変更され強調されたこと、地域共生社会実現の観点から「地域福祉と包括的支援体制」科目が創設されたこと、講義―演習―実習という学びの循環を図る観点から、ソーシャルワーク関係科目を再構築し、演習・実習科目の充実を図ったこと、といった特徴を見出すことができる。

　この間、国による人々の生活に係る社会福祉・社会保障施策の潮流は、「地域共生社会の実現」「我が事・丸ごと」「制度横断的」「包括的な相談支援体制の構築」「住民主体の地域課題解決体制の構築」等をキーワードに確認できる。このような流れにおいて、地域共生社会の実現を推進する観点から、ソーシャルワークの機能や、社会福祉士や精神保健福祉士といったソーシャルワーク専門職への社会的期待が高まっているといえるであろう。今般の新カリキュラムへの改正は、その証左ともいえるであろう。

本巻『ソーシャルワークの理論と方法［共通科目］』は、まさに前述した状況下において、両資格に共通するソーシャルワーク実践の基盤となる人と環境の交互作用に関する諸理論、ケースの発見とエンゲージメントにはじまり、アセスメント、プランニング、支援の実施とモニタリング、支援の終結と結果評価、アフターケアに至るソーシャルワークの一連の過程、ソーシャルワークを具体的に展開するために不可欠な実践モデルとアプローチ、面接、記録について、また実践を豊かに展開するためのケアマネジメント、グループワーク、コミュニティワーク、ソーシャルアドミニストレーション、ソーシャルアクション、そして、スーパービジョン、コンサルテーションといった方法で構成されている。

　この本を手にとって学ぼうとする者は、ソーシャルワーク実践を展開するために必要不可欠な本巻において解説されている内容を知識として定着させるとともに、演習科目や実習指導、さらにはソーシャルワーク実習を通じ、技術として身につけていく必要があろう。そのことが地域共生社会の実現に向けてソーシャルワークに寄せられている社会的期待に応答する第一歩になるとともに、従来からの実践領域とともに、学校や司法、災害やメンタルヘルス等へと拡大しているソーシャルワーク実践の場において活躍すること、さらには社会正義の実現やコミュニティ文化の醸成にもコミットメントすることにつながっていくものと確信するところである。

編集委員一同

目次

第 5 章　ソーシャルワークの過程
支援の実施とモニタリング

第 6 章　ソーシャルワークの過程
支援の終結と結果評価、アフターケア

第 **7** 章　ソーシャルワークの実践モデルと
　　　　　アプローチ

第 **8** 章　ソーシャルワークの面接

本書では学習の便宜を図ることを目的として、以下の項目を設けました。

- ・学習のポイント……各節で学習するポイントを示しています。
- ・重要語句…………学習上、特に重要と思われる語句を色文字で示しています。
- ・用語解説…………専門用語や難解な用語・語句等に★を付けて側注で解説しています。
- ・補足説明…………本文の記述に補足が必要な箇所にローマ数字（ⅰ、ⅱ、…）を付けて脚注で説明しています。
- ・Active Learning……学生の主体的な学び、対話的な学び、深い学びを促進することを目的に設けています。学習内容の次のステップとして活用できます。

第**1**章

人と環境の交互作用に関する理論とソーシャルワーク

　ソーシャルワーカーとして実践に携わるには、さまざまな知識を学ぶ必要がある。ここではまず、ソーシャルワーカーが「強み」としてもっている、「人々とその環境が交互に作用している状況に常に関心を寄せる」という視点の根拠となる、いくつかの理論的知識を学ぶ。これらの知識は、支援の対象や支援のタイプを問わず、ソーシャルワーカーとして考え、語り、行動する際のよりどころとなるべきものである。

　さらに、本章の最後では、ソーシャルワークの目標と、第2章から第6章で学ぶソーシャルワークの展開過程の概要について学ぶ。

ソーシャルワーカーが学ぶ理論

学習のポイント

● ソーシャルワーカーが学ぶ理論のタイプを理解する
● ソーシャルワークの共通基盤とは何かを理解する
● ソーシャルワーク固有の視点とは何かを考える

1 ソーシャルワーカーが学ぶ理論の広がり

★科学知
科学的に実証されたものを体系化した知識で、一定の教育課程により伝達可能と考えられる。科学的には実証が難しい実践や経験によって裏づけられた知識、実践知、経験知、生活知、暗黙知といった用語と対比的に用いられることが多い。ソーシャルワークにおいては、これら科学知以外の知も、習得すべき重要な知識として認識されている。なお、ソーシャルワーク専門職のグローバル定義においては、地域・民族固有の（indigenous）知に依拠することの重要性も示されている。

　専門職であるソーシャルワーカーは、自らの実践の根拠となるものを明確にしなければならない。そのような根拠の一つとして、伝達可能な科学（science）としての理論体系、いわゆる科学知★がある。1915 年にフレックスナー（Flexner, A.）は、「ソーシャルワークは未だ専門職ではない」と指摘した[1]。その理由の一つが、「基礎的な科学に裏打ちされていない」であったことから、他の専門職と同様に、ソーシャルワークの分野でも科学的な理論が希求されてきた。そして 1957 年にグリーンウッド（Greenwood, E.）によって、ソーシャルワークは、「体系的な理論を獲得しつつある」とみなされ、一般的な職業（occupation）から専門職（profession）に移行しつつあると結論づけられた[2]。

　その後もソーシャルワークは、科学知の充実に努めてきているが、ソーシャルワーカーが活躍する分野や対象とする人、組織、制度が広がっていくことに伴って、その知識の量と範囲も拡大してきている。現代のソーシャルワークは、「人々と環境とその相互作用する接点に働きかけ、（中略）ウェルビーイングを増進する」と定義される（日本ソーシャルワーカー連盟（JFSW）「ソーシャルワーク専門職のグローバル定義の日本における展開」）。したがって、少なくとも「人」に関する理論、「環境」に関する理論、そして「人と環境の相互作用」に関する理論を習得することが必要になる。我が国の社会福祉士・精神保健福祉士養成課程における一連の指定科目も、おおむねこれらの理論を学ぶものとして配置されている。

2 ソーシャルワーカーが学ぶ理論のタイプ Ⅰ——ソーシャルワークの理論

1 ソーシャルワークの理論（Theories of Social Work）

　シーファー（Sheafor, B. W.）とホレイジ（Horejsi, C. R.）は、ソーシャルワーカーが実践のために学ぶべき理論をいくつかのタイプに分けて整理している[3]（**図1-1**）。まず初めに、「ソーシャルワークの理論（Theories of Social Work）」と「ソーシャルワークのための理論（Theories for Social Work）」に分けられる。前者は、専門職としてのソーシャルワーカーについての知識で、その内容は、社会におけるその存在、目的、価値、機能、役割といったことに関する知識が中心となる。後者は、ソーシャルワーカーがさまざまな実践に携わるための知識で、支援の対象となる問題の状況を理解するための知識と、具体的な介入のための知識から構成される。

　「ソーシャルワークの理論」の内容は、社会福祉士・精神保健福祉士養成課程の指定科目である「ソーシャルワークの基盤と専門職」での学びが該当する。その学びのなかで、ソーシャルワークの独自性、固有性、専門性といったことを垣間見ることになる。ここでは、このタイプの理論として、バートレット（Bartlett, H.M.）が提示した「ソーシャルワーク実践の共通基盤」と、岡村重夫の社会福祉の対象論をみておく。

2 ソーシャルワーク実践の共通基盤

　1955年に、アメリカのソーシャルワーカーの職能団体である「**全米ソーシャルワーカー協会（National Association of Social Workers：NASW）**」が誕生する。この組織は、医療ソーシャルワーカー、精神科ソーシャルワーカー、グループワーカーなどに分かれて設立されていた七つのソーシャルワーカーの組織・グループが、大同団結

図1-1　ソーシャルワーカーが学ぶ理論のタイプ

して結成されたものであった。そのため、結成当初から「ソーシャルワーク実践とは何か」についての共通の認識をもつために委員会が設置され、議論が続けられた。バートレットはこの委員会の委員長でもあったので、その後著した『ソーシャルワーク実践の共通基盤』（*The Common Base of Social Work Practice*）[4]は、この委員会での議論を継承し、まとめたものである。

　最初にバートレットは、それまで専門職の「強み」として認識されていたソーシャルワーカーが習得している方法や技能では、共通の認識にはなり得ないことを指摘した。もちろんその時点までの、ケースワーカー、グループワーカー、あるいはコミュニティ・オーガナイザーが、それぞれの分野で熟練し獲得していった方法・技能によって、ソーシャルワークを専門職として発展させてきたことは認めていた。しかし、それらの方法・技能を習得することによってでは、ケースワーカーやグループワーカーとしてのアイデンティティをもつことは可能であるが、「ソーシャルワーカー」としてのアイデンティティを確立することは難しいと述べた。つまり、これまでソーシャルワークが依拠してきた「方法・技能モデル（method-and-skill model）」から脱却して、新しいモデルが必要であると指摘したのである。

　バートレットが「包括的な専門職モデル（professional model）」として提案したものが、**図1-2** に示す「ソーシャルワーク実践の共通基盤」である。**図1-2** の意味するところは、最終的に方法・技能としての「介

Active Learning

専門職が「方法・技能モデル」に依拠しがちなのはどうしてか、理由を考えてみましょう。

図1-2　ソーシャルワーク実践の共通基盤

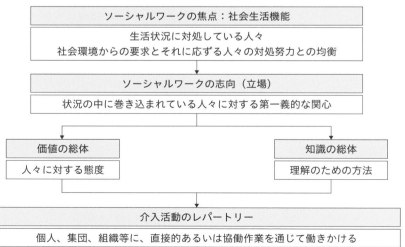

出典：白澤政和・東條光雅・中谷陽明編『社会福祉基礎シリーズ⑧ 高齢者福祉とソーシャルワーク――老人福祉論』有斐閣，p.77, 2002.

入活動のレパートリー」を導く「焦点」および「志向」に、ソーシャルワーク専門職の「強み」を見出すべきだということである。焦点には、「社会生活機能（social functioning）」という概念が取り上げられ、その内容は「人々が社会環境からの要求に対処していくこと」と説明される。さらに志向としては、状況のなかに巻き込まれている人々への第一義的な関心を寄せることが述べられており、言い換えるならば、まずは対処している人々のそばに寄り添うべきであることが示されている。つまり、バートレットが示すソーシャルワークの「強み」とは、人と環境の交互作用に焦点を当て、対処している人々のそばに立ち位置を定めることであるといえる。このような「強み」を共通基盤として認識することによって、どのような分野で、どのような対象に、どのような方法・技能を活用しようとも、ソーシャルワーカーとしてのアイデンティティを保つことが可能になるというわけである。この考え方が、現代のソーシャルワーク養成および実践において主流となっている、ジェネラリスト・アプローチ、ジェネリック・パースペクティブに継承されている。

3 岡村理論による社会福祉の対象

　岡村重夫は、我が国の社会福祉分野の理論家として数多くの著作を残しているが、その初期に、社会福祉の対象、機能、技術を論じた著作を著し、その後も論考を重ねている。[5)6)]「社会福祉」という用語が使われているが、著書のなかで技術として論じているのが、ケースワーク、グループワーク、コミュニティ・オーガニゼーションであるので、ソーシャルワークの対象・機能と置き換えて理解しても大きな違和感はない。事実、岡村は、ケースワークなどの技術論は、その領域固有の対象論および機能論から必然的に呼び起こされるものでなければ本質的なものにはなり得ないと指摘している。前述したバートレットの共通基盤において、方法・技能よりも、焦点・志向といったより本質的なものが重要であるという指摘と同様のものである。

　岡村は、人が社会のなかで生活していくには、社会が用意する基本的社会制度を通して充足する、七つの「社会生活の基本的要求」（❶経済的安定の要求、❷職業的安定の要求、❸家庭的安定の要求、❹保健・医療の保障の要求、❺教育の保障の要求、❻社会参加・社会的協同の機会の要求、❼文化・娯楽の機会の要求）が満たされなければならないとする。さらに図1-3に示すように、個人がこれらの要求を満たすためにさまざまな社会制度と取り結ぶ関係を「社会関係」と呼び、この社会関

図1-3　社会制度と取り結ぶ社会関係

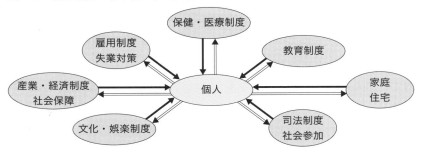

※実線の矢印は客体的側面・役割期待、二重線の矢印は主体的側面・役割実行

係上の困難こそが、社会福祉固有の対象であると指摘する。

　この社会関係は二重構造となっており、客体的側面と主体的側面をもっているとされる。客体的側面は、ある基本的要求を満たすために専門化された社会制度の側からの、個人に対して何らかの役割を果たすように求める役割期待である（たとえば、**図1-3**の実線の矢印は、個人からの教育の要求に応じるために、学校に来校して決められた時間の授業への出席を求めることを指す）。主体的側面は、個人がそのような社会制度からの役割期待に応えて役割を実行することである（たとえば、**図1-3**の二重線の矢印は、学校に行って授業に出ることを指す）。つまり人は、複数の社会制度からの役割期待に応じて複数の役割を遂行することで、社会生活の要求を充足しているというわけである。

　岡村は、社会関係の主体的側面に立ち位置を定めることにより、社会福祉固有の対象がより鮮明になるという。**図1-3**を見るとわかるが、社会制度の側からの客体的側面は、個人が複数の客体的側面からの役割に応じていることは勘案しない。したがって、個人は複数の社会制度からの要求に応えるべく対処するのであるが、しばしば役割期待が矛盾することがある。たとえば、医師から安静に療養するように指示されている会社勤めの者が、どうしても出社して仕事をしなければならない状況などである。岡村は、このような状況を「社会関係の不調和」と呼んだ。また、ある役割実行を果たすことによって、別の役割実行を放棄しなければならない状況も出現する。たとえば、小学生が治療のために長期入院をすることによって、学校に行けなくなり教育の機会を放棄する状況などである（現在は院内学級などが用意されている）。こういった状況を「社会関係の欠損」と呼んだ。また社会制度は、すべての個人の基本的要求を満たすように用意されているわけではない。主体的側面の側から社会制度を見直したところ、ある要求を満たす制度が存在しないとい

Active Learning

岡村が述べる「社会関係の不調和」「社会関係の欠損」「社会制度の欠陥」について、ほかの例を考えてみましょう。

うことが起こり得る。こういった状況を「社会制度の欠陥」と呼んだ。

　岡村の指摘する社会福祉固有の対象とは、社会関係の主体的側面に立つことによって明らかになる、「社会関係の不調和」「社会関係の欠損」「社会制度の欠陥」である。この考え方は、前述したバートレットの共通基盤における「志向」の内容に通じるものであるといえる。つまり、主体的側面の立場に立つという点が、ソーシャルワーカーは対処している人々への第一義的な関心を寄せる立場であるということと、ほぼ同じ方向性を有しているということである。

3 ソーシャルワーカーが学ぶ理論のタイプ Ⅱ──ソーシャルワークのための理論

1 状況理解・方向づけの理論（Orienting Theories）

　「ソーシャルワークのための理論」は、さらに「状況理解・方向づけの理論（Orienting Theories）」と「実践の理論枠組み（Practice Frameworks）」に分けられる。「状況理解・方向づけの理論」には、ソーシャルワークの支援の対象となる状況について、そのような状況を引き起こした原因や、なぜそのような状況に至ったのか、その過程を説明する理論が含まれる。これらの知識は、おおむね他分野で確立されたもので、生理学、心理学、社会学、経済学、文化人類学などの分野からの知識である。より具体的には、人間の発達、パーソナリティ、家族システム、組織の機能、社会制度、経済政策、政治構造に関する理論や、貧困、犯罪、精神疾患、人種差別といった特定の状況を分析する理論である。社会福祉士・精神保健福祉士の養成課程の指定科目の多くでは、このタイプの理論を学ぶことになる。しかし、これらの知識量は膨大で、養成課程において学ぶべき知識は取捨選択する必要がある。北米の養成課程では、このタイプの知識を学ぶ科目が設定されており、「**人間行動と社会環境**（Human Behavior and Social Environment：HBSE）」という名称で呼ばれている。

2 実践の理論枠組み（Practice Frameworks）

　「状況理解・方向づけの理論」は、ソーシャルワーカーが直面する状況を理解し、より的確な支援へと方向づける（orienting）ために、非常に有用である。しかし、これらの理論は、あくまでも状況を理解するための知識であり、ソーシャルワーカーが、いつ、どこで、誰に、どの

ように介入していくのかを指し示す知識としては十分ではない。そこで、より実際的にソーシャルワーカーの実践を導くものが、「実践の理論枠組み（Practice Frameworks）」として設定されている。

「実践の理論枠組み」は、さらに三つのタイプに分けられる。一つ目のタイプは「実践のための視座（Practice Perspectives）」であり、三つのタイプのなかでは最も抽象的なレベルの理論である。この理論は、ソーシャルワーカーが実践に携わる際に、直面する状況のどこに焦点を当てて、どのようにアプローチしていくのかを指し示す道標となるものである。このタイプの理論の代表的なものとして、システム的視座とエコロジカル視座が挙げられており、これらの視座のもとでソーシャルワーカーは専門職として、多面的な支援のレベルにおいて、さまざまな役割を果たすことが可能になると説明されている。つまり「実践のための視座」の内容を理解することによって、専門職としてのソーシャルワーカーの独自性や固有性の一端を理解することができるといえる。本章では、第2節以降において、これら「実践のための視座」となる理論のいくつかを学んでいく。

二つ目のタイプの「実践のための理論（Practice Theories）」は、ソーシャルワーカーの介入によって、何らかの意図した変化をもたらすための理論であり、なぜそのような変化が起こるかの説明も包含した理論である。加えて、介入のための手順等が含まれており、実践のガイドライン的なものでもある。このタイプの理論は、より原理的な一つあるいは複数の理論をもとにして体系化されていることが多い。例としては、精神分析理論と自我心理学を基礎にした心理社会的アプローチや、学習理論を基礎にした行動変容アプローチなどが挙げられている。

三つ目のタイプの「実践のためのモデル（Practice Models）」も、実践のガイドラインであり、具体的な介入手順のための概念や原則などが示されたものである。二つ目の「実践のための理論」との違いは、変化を引き起こす原因や過程についての理論的説明をあまり含んでいない点であり、よりステップ・バイ・ステップ形式で記述されていることが多い。例としては、危機介入モデルや課題中心モデルが挙げられており、危機や課題に関しての理論的考察の記述は少ない代わりに、一連の介入手順が明確に示されているのが特長的である。なお、このタイプの理論が、必ずしも「○○モデル」と呼ばれているわけではなく、ソーシャルワーカーが習得するHow to的な知識について、たとえばインテークの方法やソーシャルアクションの方法などは、このタイプに該当する。

　本科目「ソーシャルワークの理論と方法」で学ぶ知識の大部分は、上記の分類の「実践の理論枠組み」であり、特に、「実践のための理論」と「実践のためのモデル」に該当する部分がほとんどである。さまざまな分野から多様なレベルの知識が取り入れられて体系化されているが、人と環境の交互作用に焦点を当てて支援を行うソーシャルワーク専門職にとっては、どれもが必要不可欠な知識である。

◇引用文献
1 ）Flexner, A., 'Is Social Work a Profession?', *Proceedings of the National Conference of Charities and Corrections at the 42nd Annual Session*, pp.576–590, 1915.
2 ）Greenwood, E., 'Attributes of a profession', *Social Work*, 2（ 3 ）, pp.45–55, 1957.
3 ）Sheafor, B.W. & Horejsi, C.R., *Techniques and Guidelines for Social Work Practice（10th ed.）*, Pearson, 2015.
4 ）Bartlett, H.M., *The Common Base of Social Work Practice*, National Association of Social Workers, 1970.（H. M. バートレット, 小松源助訳『社会福祉実践の共通基盤』ミネルヴァ書房, 1978.）
5 ）岡村重夫『社会福祉学（総論）』柴田書店, 1956.
6 ）岡村重夫『社会福祉原論』全国社会福祉協議会, 1983.

◇参考文献
・岩田正美監, 白澤政和・岩間伸之編著『リーディングス日本の社会福祉④ ソーシャルワークとはなにか』日本図書センター, 2011.
・平山尚・武田丈『MINERVA 福祉専門職セミナー⑥ 人間行動と社会環境――社会福祉実践の基礎科学』ミネルヴァ書房, 2000.
・三島亜紀子『社会福祉学の〈科学〉性――ソーシャルワーカーは専門職か ?』勁草書房, 2007.

●おすすめ
・B. デュボワ・K. K. マイリー, 北島英治監訳, 上田洋介訳『ソーシャルワーク――人々をエンパワメントする専門職』明石書店, 2017.

システム理論

● システム理論の基本的な考え方を理解する
● ソーシャルワークにおけるシステム理論の有用性を理解する
● システム理論を援用したソーシャルワーク実践の全体像（ピンカスとミナハン）を理解する

1 システム理論の成り立ち

　自然科学や人文・社会科学の分野を問わず、システム理論、システム思考、システムズ・アプローチといった用語が幅広く用いられている。同様にソーシャルワークの分野においても、さまざまな対象あるいは多岐にわたる場面での支援の記述において、「システム」の用語が散見される。このようにシステムが広く用いられるようになったのは、1945年にベルタランフィ（Bertalanffy, L.）によって提唱された「一般システム理論（General System Theory）」が登場したことが契機になったと考えられている。ベルタランフィは生物学者であったが、自身が提唱する一般システム理論を、さまざまな学問分野を統一的に説明できるツールであると考え、生物学だけでなく数理学や経済学の研究者とともに、その普及を試みた。[1]

　一般システム理論でのシステムとは、複数の構成要素が相互に作用している複合体で、ある目的に向かって機能する有機体であると定義される。これは当時、生物学で主流であった要素還元主義的な考え方、つまり生物は、臓器、細胞、分子といった要素に還元し、その要素を詳細にみることによって生物を理解できるという見方を批判したものであった。さらにベルタランフィは、生物は、環境との間での物質を交換するシステム、すなわち閉鎖システムではなく、開放システムであると説明した。また、システムには階層性があり、システムのなかにサブシステムと呼ぶ別のシステムが存在することを示すことによって、より複雑な事象の解明にも有用であることを示した。

　ベルタランフィの一般システム理論の提唱と同時期に、ウィーナー

（Wiener, N.）によって**サイバネティックス（Cybernetics）**という概念が提唱された[2]。これは、システムの構成要素間での情報のやりとり（コミュニケーション）に着目し、システムはコミュニケーションにより制御する機構（フィードバック制御）をもっており、この制御原理は機械でも動物でも同じであるという考え方である。このサイバネティックスという概念も、自然科学だけでなく、人文・社会科学の分野に幅広く影響を与えてきている。さらにその後、システムがシステムを産出していく**自己組織性**や**オートポイエーシス**★といった概念が注目され、近年においても、新たなシステム理論の展開が続いている。

2 ソーシャルワーク分野における システム理論

1 ソーシャルワーク分野で有用と指摘されるシステム理論の 考え方

　ある事象をシステムとして全体的に捉えるという考え方は、ソーシャルワークの分野でも高い関心を呼び、これまでに国内外で多くの論評がみられる。そのようななかで、おおむね以下のようなシステム理論の考え方が、ソーシャルワークの実践においても有用だと指摘されている[3][4]。

・システムの構成要素は、相互に関係があり作用している。したがって、システムのある一つの構成要素に変化を起こすことは、システムの他の構成要素に、あるいはシステム全体に変化を及ぼすことになる。

・システムは何らかの**境界（boundary）**をもっている。境界には強弱があり、消滅するなどの変化も起こる。また、複数の境界が重なりあっていることもある。いずれにせよ、他のシステムとの区別が可能な、何らかの境界が存在する。

・システムの構成要素あるいはシステム全体が、他のシステムの構成要素あるいはシステム全体と相互に作用しているシステムは、**開放（open）システム**と呼ばれる。開放システムには、環境からの入力（input）と環境への出力（output）が存在するが、そのような入出力がないシステムは、**閉鎖（closed）システム**と呼ばれる。

・通常、一つのシステムは、その内部に別のシステム、すなわちサブシステムをもっていることがあり、システムは複数のサブシステムから構成されることが多い。

・システムの総和は、構成要素を単に積算したものを超える。システム

★オートポイエーシス マトゥラーナ（Maturana, H.R.）とヴァレラ（Varela, F.J.）の著書 *Autopoiesis and cognition:The Realization of the Living*, Springer, 1980.（H. R. マトゥラーナ・F. J. ヴァレラ, 河本英夫訳『オートポイエーシス——生命システムとは何か』国文社, 1991.）で提唱された概念。システムは、自ら構成要素を産出し自己を維持しているネットーワークであると特徴づけられている。

内の構成要素の属性を足し上げることに加えて、構成要素間の相互作用を積算することによって、システム全体としての新しい機能や状況を産み出すことが可能となる。

・システムはフィードバック機能をもっている。システムは静的ではなく動的であるので、フィードバック機能を働かせることによって、初期の状態から変容していく。

・システムはある目標達成を追求するとともにホメオスタシス＊を維持しようとする。システムは目標達成のために機能しようとするが、そのことによってバランスが崩れ、ホメオスタシスが保てなくなることもある。その際には、システムは機能を停止して元に戻ろうとする。

２ システム理論からみたソーシャルワーク実践

ソーシャルワークの分野においては、支援の対象となるクライエントや利用者の状況の理解のために、システム理論を活用した論評が数多くみられる。それらに加えて、ピンカス（Pincus, A.）とミナハン（Minahan, A.）は、ソーシャルワーカーの実践全体を、システム理論を活用して捉えようと試みた[5]。ピンカスらは、ソーシャルワーカーが支援に携わる際に、誰に会い、どこに働きかけ、どこに変容をもたらそうとしているのかを、システム理論を利用して説明しようとした。そのために、以下の四つのシステムを提唱した。

❶チェンジ・エージェント・システム（change agent system）

何らかの変化をもたらすために、ほかの三つのシステムとかかわるシステムであり、通常は、正規に雇用された専門職から構成されるシステムである。ソーシャルワーカーも、このシステムの一つの構成要素となる。また、ソーシャルワーカーを雇用している機関や団体なども、チェンジ・エージェント・システムとみなされる。ボランティアやその組織、あるいは子どもの親なども変化をもたらすものと考えられるが、このシステムには含まれないとされている。

❷クライエント・システム（client system）

ここでのクライエントは、❶チェンジ・エージェントからのサービスを求めている人々あるいはサービス受給者として承認された人々、❷サービスの受益者として期待される人々、❸明文化されているかどうかにかかわらずチェンジ・エージェントと契約あるいは合意を結んだ人々の三つのタイプが含まれるとされている。クライエントが個人の場合でも、そのクライエントが構成要素となっているシステムあるいはサブシ

ステムを含めて、クライエント・システムとして捉えることが可能である。このようなクライエントの捉え方を、山辺は「マルチパーソンクライエントシステム」と呼んでいる[6]。クライエントが家族、集団、組織、地域などの場合は、当然マルチパーソンクライエントシステムである。

❸ターゲット・システム（target system）

チェンジ・エージェントが、掲げた目標達成のために、変化を促し影響を及ぼす個人、集団、組織、地域あるいは制度などを指す。クライエント・システムと、かなりの部分で重複することが多い。しかし、ターゲット・システムは、ソーシャルワーカーの直接的あるいは間接的な介入によって、一定の変化が期待されるシステムのことであり、可能ならば測定可能、観察可能な目標が設定されることが望ましいとされている。

❹アクション・システム（action system）

ターゲット・システムの目標達成あるいは変化を目指すために、ソーシャルワーカーが協働するシステムのことであり、さまざまな人、集団、組織、制度などが考えられる。さらには、専門的・制度的ではない、よりインフォーマルな、家族・親族、知人・友人、近隣・趣味的なサークルといったものも、アクション・システムとして捉えられる。ソーシャルワーカーは、ターゲット・システムに設定された目標の達成を目指して、アクション・システムに参加していく、あるいはソーシャルワーカー自らが構築していくことになる。

これら四つのシステムは、相互排他的なシステムではなく、重なりあうシステムである。クライエント・システムとターゲット・システムの重複はすでに述べたが、クライエント・システムがアクション・システムと重なりあうこともあり得る。たとえば、あるターゲット・システムに変化を及ぼすために、クライエント・システムの一部と協働しアクション・システムとして働きかけるなどである。つまり図1-4に示すように、ソーシャルワーカーとは、「クライエント」「ターゲット」「アクション」システムと、「チェンジ・エージェント」として臨機応変にかかわりながら支援を展開していく専門職なのである。

以上のように、ピンカスとミナハンによるシステム理論の活用は、ソーシャルワーカーの多様な介入活動を理解するのに有用である。さらにこの四つのシステムを、ソーシャルワークのミクロ・メゾ・マクロの実践レベル別に検討したモデルが、表1-1のように示されている[7]。表1-1に整理されたソーシャルワーカーの実践の内容をみると、人と環境の交互作用の接点に介入する専門職であるソーシャルワーカーの強

Active Learning

ソーシャルワーカーが協働するアクション・システムとして、どのような人、集団、組織、制度などがあるのか、具体例を挙げて考えてみましょう。

みが、より明確に理解できるといえる。

図1-4　ピンカスとミナハンの四つのシステム

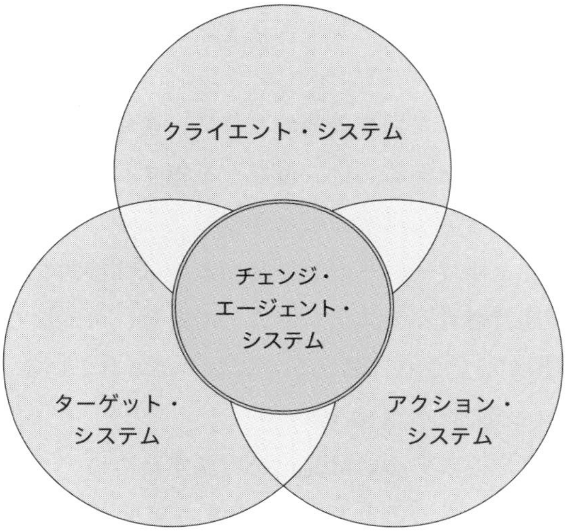

表1-1　ピンカスとミナハンの四つのシステムと、ソーシャルワークの三つの実践レベル

	ミクロレベル 利用者や個人	メゾレベル グループ、組織、 地域社会	マクロレベル 制度・政策、 社会意識
ワーカー・ システム	ワーカー個人やワーカー仲間（個人レベルでの専門職知識や技術の向上など）	ワーカーが所属する組織、専門職団体等の働きかけ等（専門職による会議等も含む）	専門職団体のあり方、国家資格化、国際ソーシャルワーク等
クライエント・ システム	利用者や家族へのアプローチ（従来のクライエントとその家族に対する支援、援助）	利用者の自助グループや同様の課題をもつ団体の組織化等	患者・利用者の全国団体の組織化等
ターゲット・ システム	ターゲットとなる利用者以外の友人、知人、隣人、他専門職への働きかけ等	ターゲットとなるグループ、専門職団体や組織、地域の自治会等への働きかけ等	ターゲットとなる制度・政策、政党、専門職団体、国民の意識に働きかけ等
アクション・ システム	アクションを起こす利用者以外の友人、知人、近隣、他専門職への働きかけ等	アクションを起こすグループ、専門職団体や組織、地域社会への働きかけ等	アクションを起こす政党、政治家、専門職団体への働きかけ、国民の意識改革のための SNS の利用等

※表中の「ワーカー・システム」と「チェンジ・エージェント・システム」はほぼ同意

出典：石川久展「わが国におけるミクロ・メゾ・マクロソーシャルワーク実践の理論的枠組に関する一考察──ピンカスとミナハンの4つのシステムを用いてのミクロ・メゾ・マクロ実践モデル体系化の試み」『Human Welfare』第11巻第1号，2019.

◇引用文献

1） Bertalanffy, L., *General System Theory: Foundations, Development, Applications*, George Braziller, 1968.（L. ベルタランフィ，長野敬・太田邦昌訳『一般システム理論——その基礎・発展・応用』みすず書房，1973.）

2） Wiener, N., *Cybernetics : or Control and Communication in the Animal and the Machine*, John Wiley & Sons, 1948.（N. ウィーナー，池原止戈夫・彌永昌吉・室賀三郎・戸田巌訳『サイバネティックス——動物と機械における制御と通信』岩波書店，2011.）

3） Hoffman, K.S. & Sallee, A.L., *Social Work Practice: Bridges to change*, Pearson, 1994.

4） Teater, B., *An Introduction to Applying Social Work Theories and Methods*, Open University Press, 2010.

5） Pincus, A. & Minahan, A., *Social Work Practice: Model and Method*, Peacock Publishers, 1973.

6） 山辺朗子『新・MINERVA 福祉ライブラリー⑫ ジェネラリスト・ソーシャルワークの基盤と展開——総合的包括的な支援の確立に向けて』ミネルヴァ書房，2011.

7） 石川久展「わが国におけるミクロ・メゾ・マクロソーシャルワーク実践の理論的枠組に関する一考察——ピンカスとミナハンの 4 つのシステムを用いてのミクロ・メゾ・マクロ実践モデル体系化の試み」『Human Welfare』第11巻第 1 号，pp.25-37，2019.

第 3 節　生態学理論

学習のポイント

● 生態学の基本的な考え方を理解する
● エコシステム的視座とは何かを理解する
● ライフモデル（ジャーメインとギッターマン）の考え方を理解する

1　生態学の再認識と広がり

1　生態学の再認識

　生物学の一分野として研究が続けられてきた生態学は、生物とその生物を取り巻く環境との相互の関係を探求する学問である。1970 年代に砂漠化や種の絶滅などの環境問題が表面化してきたことを契機に再認識されるようになり、広大な地域や地球全体規模での環境問題への関心が高まるにつれて、それらの地域全体や地球全体を一つのシステムとみなす生態系（ecosystem）という考え方が提示されるようになった。生態系のなかの生物は、他の生物のみならず、水、土壌、気候といった要素と相互に関係をもちながら生命を維持していくという考え方である。システム内の各要素が関係をもちつつ存続していくという点では、システム理論と同様の考え方である。両者の違いとしては、システム理論が当初は無機の物質を取り扱う物理学分野から発展してきたのに対して、生態学理論は最初から有機体（生物）を取り扱う生物学分野から発展してきた点にある。したがって、人間を対象とする心理、教育、ソーシャルワークといった分野が、生態学理論により親和性を感じるのは不思議ではない。

2　ブロンフェンブレンナーの生態学的システム理論

　人間を対象とした生態学理論の応用例としては、発達心理学者のブロンフェンブレンナー（Bronfenbrenner, U.）が、子どもの発達に関しての生態学的システム理論を提唱している[1]。この理論によると、子どもは生まれたときから「環境のなかの子ども」として成長していくと捉えられ、子どもを取り巻く環境を、入れ子構造になっている四つ（マイク

図1-5　ブロンフェンブレンナーの生態学的システム理論

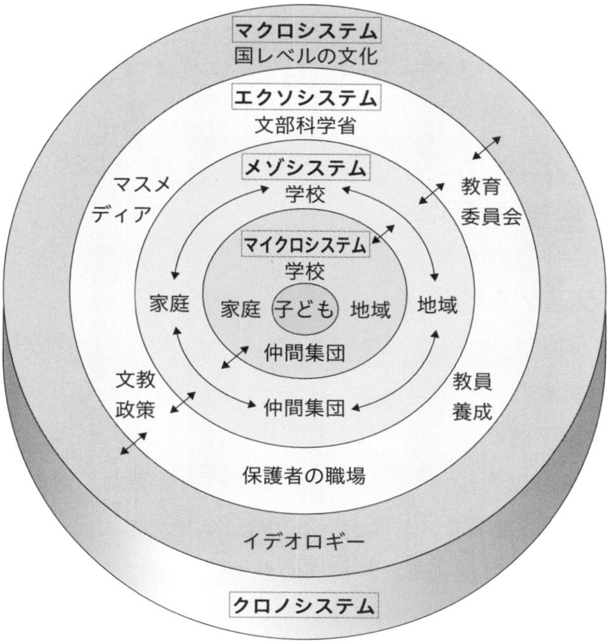

出典：中井大介「学校心理学に関する研究の動向と課題——生態学的システム理論から見た学校心理学」『教育心理学年報』第55巻，p.135，2016.

ロ、メゾ、エクソ、マクロ）に分け、それぞれが相互に関係しつつ子どもの成長に影響を与えていると説明している（**図1-5**）。

　マイクロシステムは、子どもに最も身近で直接影響を与える環境で、家庭、学校、友人、近隣などである。エクソシステムは、マイクロシステムに影響を与える親の職場環境や、学校教育に影響を与える教育委員会などである。その上にすべてのシステムに影響を与える環境としてマクロシステムが想定され、たとえば国の教育政策や日本のしつけ方の文化などが該当する。さらに、ある意味生態学的な考え方を最も象徴している環境としてメゾシステムが想定され、このシステム内では、マイクロシステムの要素間での相互作用、たとえば親とほかの兄弟間での、あるいは親と教師間でのやりとりなどが該当し、それらが子どもの発達に影響を与えていると考えられている。ブロンフェンブレンナーは、その後クロノシステムを追加し、時代性や歴史性といった環境も影響を与えていることを示唆している。こういった生態学的システム理論を子どもの発達に適用することによって、それまでの発達心理学ではあまり考慮されてこなかった地域性、文化性、歴史性といった要因が、子どもの成長に大きくかかわっていることを示すことが可能になった。ブロンフェ

Active Learning

ブロンフェンブレンナーが述べるメゾシステムの例にあるように、ある二者の要素間の相互作用が、第三者に影響を与えている具体例を、さらに考えてみましょう。

ンブレンナーの生態学的システム理論が示すように、生態学理論の導入によって、比較的抽象的な説明に終始していたシステム理論とは異なり、より実践的に有用である説明ができるようになった。

2 ソーシャルワーク分野における生態学理論

1 エコシステム的視座

システム理論に続いて、生態学理論もソーシャルワーク分野に積極的に導入されてきた。特にソーシャルワーカーが行うアセスメント過程において、生態学的な視点が取り入れられ、すでに導入が進んでいたシステム的思考をも包含しつつ、ソーシャルワークのアセスメントにおける固有の視点として、「エコシステム的視座（ecosystem perspective）」が提唱された[2]。エコシステム的視座のもつ特質としては、以下の四つが挙げられている[3]。

❶ 個人のパーソナリティや行動の理解から個人と環境との交互作用の理解に焦点を移すことを促す。

❷ ソーシャルワークが対象とする多様なクライエント・システムの理解や、ソーシャルワーカーの幅広い実践を理解するのに適している。

❸ アセスメントにおける手続きのガイドラインやエコマップ*などの手法を、具体化していくことが可能となる。

❹ ソーシャルワーカーが行う支援において、特に環境に対する働きかけの展開を考察するのに有用である。

エコシステム的視座は、現代の北米を中心としたソーシャルワーク教育の教科書の多くに、ジェネラリスト・ソーシャルワークを支える基本的かつ第一義的な視座として記述されている。ただし、統一された定義があるわけではなく、その概念の説明も多種多様であり、今では心理や医療といったほかの分野での使用例もみられる。また、"ecological perspective"や"ecological framework"といった用語もほぼ同義で使われている。エコシステム的視座の説明の一例を挙げると、「人間の生活という生きざまが、人と環境との相互変容関係より生成・循環されるところから、人の適応能力を高め、環境を整備することによって、再び両者の適合関係を改善するよう働きかける発想[4]」ということになる。このようなエコシステム的視座は、ソーシャルワーク分野におけるシステム理論と生態学理論との統合の成果として、ソーシャルワーカーが理

★エコマップ
対人支援のアセスメントにおいて利用されるツールの一つ。ソーシャルワーク分野においては、ハートマン（Hartman, A.）やマイヤー（Meyer, C. H.）らによって提唱されてきた。支援の対象となる個人や家族、その他関係する人々、組織、制度などを配置していき、それぞれの関係を線や記号で図示したもの。複雑な状況を視覚的にわかりやすくするのが目的である。エコロジー（生態学）の導入を機に提唱されてきたのでエコマップと呼ばれている。

解し習得すべき必須の視点である。

2 ジャーメインとギッターマンのライフモデル

　ソーシャルワーク分野において、早くから生態学理論の導入を提唱し、エコシステム的視座を基盤にソーシャルワーカーの実践を体系化したものが、ジャーメイン（Germain, C. B.）とギッターマン（Gitterman, A.）のライフモデルである。ただし、モデルと呼称されているが、支援の具体的な手続きや技法を示したものではない。むしろ、前述したエコシステム的視座を、生態学からの概念を駆使してより豊かなものとし、ソーシャルワーカーが習得すべきものの見方や考え方を提示したものである。その意味において、現代のソーシャルワーカーの実践や養成に、強く影響を与え続けているモデルでもある。

　ライフモデルは、人々の「生活（ライフ）」を、その人々を取り巻く環境と相互に影響を与えあっている場として捉える。したがって、その生活の場において何らかの困難や問題が生じた際には、人々とその環境の全体の関連状況を俯瞰し、どこにどのような介入を行っていくのがよいのかを見出そうとする考え方である。この考え方は、当時まだ主流であった一方向で直線的な「原因─結果」論、つまり個人の側のどこかに、あるいは環境の側のどこかに困難の原因となる欠点が存在し、その除去・改善に焦点が当てられるといった考え方を大きく転換させるものであった。つまりライフモデルが提示する考え方とは、「原因を個人の内側に求めるのか、それとも環境に求めるのかという対立軸で判断するのではなく、生活空間という環境と個人の間で起こっている問題を、両者間の不適切な交互作用とみなし、介入を行っていく認識枠組み」であり、「ソーシャルワーク実践の目的とは、原因探しや悪者探しをすることではなく、（中略）何が起こっているのかを包括的に理解することで、（中略）その焦点は原因特定ではなく問題解決の糸口を探ることにある」というものである。

3 ライフモデルによる「問題／ニーズ」の捉え方

　ライフモデルにおける個人と環境との相互の関係は、単に二者間の関係を示す相互作用（interaction）よりも、**交互作用**（transaction）という用語が使われる。その意味するところは、環境が個人に影響を及ぼし変化を引き起こすとともに、個人が環境に影響を及ぼし変化を引き起こす可能性を示し、さらには、ある二者間の相互の関係が、それら以

外の第三者に影響を及ぼし変化を引き起こす可能性も示している。ライフモデルでは、人の生活は、こういったさまざまな交互作用のバランスの上に成立していると考えられている。そして人がバランスを維持しようとする過程を、生態学上の概念である適応（adaptation）と捉え、バランスがうまくとれている状態を、良好な適合状態（goodness-of-fit）と呼ぶ。つまり人が成長し生活を送るということは、良好な適合状態を目指して適応を繰り返す過程であると概念化される。

したがってライフモデルでは、人がうまく適応できず良好な適合状態となっていない状況を、介入が必要な問題あるいはニーズとみなす。そしてそのような状況をもたらす原因を生活ストレッサー（life stressor）と位置づけ、以下の三つに整理している。

Active Learning

人が生活していくうえで、良好な適合状態が保たれていない状況の具体例を、さらに考えてみましょう。

❶ 生活上の移行・変化

転居、就学、就職、結婚、子育て、介護、病気、災害など、人はさまざまな移行（transition）や変化を経験する。そしてその都度、良好な適合状態となるよう適応を迫られる。

❷ 環境からの圧力

環境との交互作用は、望ましい影響を与える側面もあり、望ましくない影響を与える側面もある。たとえば家族という環境も、個人に対して何らかの圧力をかける存在になり得る。

❸ 不適切な対人関係・コミュニケーション

適応していくために取り結ぶさまざまな対人関係やコミュニケーションが、逆に適応を妨げる障害となることがある。たとえば、意思疎通の欠如や家族内の葛藤などである。

こういった問題を解消しニーズを満たすために、人はさまざまな努力を試みる。ライフモデルでは、そういった試みを対処（coping）と呼ぶ。そしてソーシャルワーカーとは、人々が対処していける状況を支援する目的のために、専門職としての機能を発揮していく存在であると位置づけられている。

前述したように、ソーシャルワーク分野に取り入れられたシステム理論や生態学理論に対して、具体的な介入技法を導いていないという批判があり、ライフモデルに対しても、個人を対象とするケースワーク的支援の枠組みから脱しきれていないといった批判があることは確かである。それでもこれらの理論的枠組みは、ソーシャルワーカーが「人と環境との接点に介入する」専門職であることを理解するために、すべてのソーシャルワーカーが習得すべき知識である。

◇引用文献
1）Bronfenbrenner, U., *The Ecology of Human Development : Experiments by Nature and Design*, Harvard University Press, 1979.（U. ブロンフェンブレンナー，磯貝芳郎・福富護訳『人間発達の生態学（エコロジー）──発達心理学への挑戦』川島書店，1996.）
2）Meyer, C.H., *Assessment in Social Work Practice*, Columbia University Press, 1993.
3）中村佐織「アセスメント概念におけるエコシステム的視座の意味」『長野大学紀要』第19巻第2・3号合併号，pp.143-151，1997.
4）太田義弘「ソーシャルワーク実践へのエコシステムの課題」『ソーシャルワーク研究』第16巻第2号，pp.4-9，1990.
5）Germain, C.B. & Gitterman, A., *The Life Model of Social Work Practice*, Columbia University Press, 1980.
6）佐藤亜樹「人と環境の相互作用を理解するための価値・知識・技術──ソーシャルワーカーを専門家たらしめるもの」東洋大学福祉社会開発研究センター編『新・MINERVA 福祉ライブラリー㉟ 社会を変えるソーシャルワーク──制度の仕組みを越え社会正義を実現するために』ミネルヴァ書房，pp.80-123，2020.

◇参考文献
・山辺朗子『新・MINERVA 福祉ライブラリー⑫ ジェネラリスト・ソーシャルワークの基盤と展開──総合的包括的な支援の確立に向けて』ミネルヴァ書房，2011.

● おすすめ
・L. C. ジョンソン・S. J. ヤンカ，山辺朗子・岩間伸之訳『ジェネラリスト・ソーシャルワーク』ミネルヴァ書房，2004.

第4節 バイオ・サイコ・ソーシャルモデル

学習のポイント

● バイオ・サイコ・ソーシャルモデルの基本的な内容を理解する
● ソーシャルワーク実践とバイオ・サイコ・ソーシャルモデルの関係を理解する

 1 バイオ・サイコ・ソーシャルモデルの基本

　バイオ・サイコ・ソーシャルモデル（以下、BPS モデル）の基本を提示したのは、内科医であり精神科医でもあったエンゲル（Engel, G. L.）である。それは今から半世紀ほど前の 1970 年代後半以降のことであり、権威ある雑誌『サイエンス』（*SCIENCE*）第 196 巻に掲載された「新しい医療モデルの必要性――生物医学への挑戦[1]」や、『アメリカン・ジャーナル・オブ・サイキャトリー』（*The American Journal of Psychiatry*）第 137 巻の「バイオサイコソーシャル・モデルの臨床応用[2]」等でその内容を示した。その基本的な意味は、身体疾患を生物的視点のみではなく、心理的かつ社会的な視座から理解することを明示したことにあり、「当時の主流であった生物的要因を重視する医療モデルの限界を克服するものとして登場した[3]」といえる。

　ベルタランフィ（Bertalanffy, L.）による一般システム理論の影響を色濃く受けたエンゲルの BPS モデルでの主張は、すべての疾患を単なる生物学的な異常とみる生物医学モデルが不適切であること、医学においては生物的要因だけではなく、心理的要因や社会的要因の考慮が不可欠であること、そして、BPS モデルは、研究と臨床双方において重要であることであり[4]、多元主義の立場に立っているといえる。

　結果、BPS モデルは、身体医学や精神医学、臨床心理学や家族療法といったソーシャルワークの近接領域においても積極的に取り入れられてきた。たとえば臨床心理学においては、「生物―心理―社会モデル（biopsychosocial：BPS）とは、生物、心理、社会の三つの側面からクライエントの症状や生活の質を理解する枠組み」であり、「生物的要因だけでなく、認知や感情（例：自動思考、落ち込み）といった心理的要因と、ソーシャルサポート（例：家族、職場）やライフイベント（例：

死別、結婚）といった社会的要因なども含めて、より包括的にクライエントを理解するよう試み」「治療者主体からクライエント主体の援助を展開する上で非常に有用である[5]」と説明されている。

　また、BPSモデルが広く人間を支援する分野・領域で積極的に用いられ、基本的な視点とされてきた理由には、チーム医療やチームアプローチ、多職種の連携・協働の文脈がある。専門性を追求すればするほど、その専門的視座や視点に集中することになってしまい、結果として、狭く小さな見方に陥ってしまう可能性を否定できない。そこで、そのような事態に陥ってしまわないように、総合的な見方を必要とする。たとえば身体医学が人間を生物的視点から捉えようとすればするほど、心理的視点から、そして社会的視点からも理解を促進しようとする態度が求められる。結局のところ、人間が抱える何らかの課題を解決に導こうとする際に、BPSモデルは多面的視点を提供し、包括的に全体像を理解するのに役立つと考えられる。厳密には異なった学問的基盤のもと、専門的知識と技術を有した専門職がチームを組んで治療や支援にあたる際、安易な役割分担に陥ることなく、共通の要素から「人」や「状況」を理解することが不可欠であり、BPSモデルは、それぞれの専門的視点に偏ることなく、かつ分断を避けるために、共通の視野・視点をもたらし協働を促進することに貢献することになる。

　図1-6は、BPSモデルの多面的視点の内容を示したものである。BPSモデルはこれまで述べてきたように、人間を生物的視点、心理的視点、社会的視点から包括統合的に捉えようとするものである。まず、生物的視点であるが、生物学や医学のなかでは身体医学を基盤にし、人間の身体的健康状態、日常生活動作（ADL）や手段的日常生活動作（IADL）の状態や身体能力等に着目し、人間を捉えようとする視点である。次に心理的視点は、心理学や精神医学を学問基盤に、心理（精神）状態、意志や意欲、嗜好、また生活やサービスへの満足度等から人間を理解しようとする視点といえる。そして社会的視点であるが、環境学や社会医学、社会学や社会福祉学の視座から、家族や親族との関係、近隣や友人との関係、住環境、就労や収入（家計）の状況、そして生活を営むうえで必要かつ利用可能な社会資源状況等の観点から、人間を理解しようとするものである。[6][7]

図1-6　BPS モデルによる多面的視点

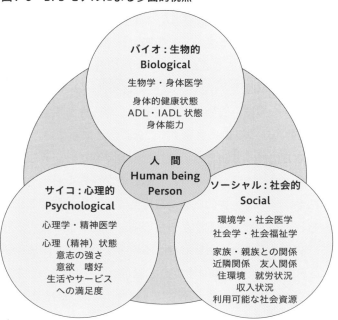

2　バイオ・サイコ・ソーシャルモデルと ソーシャルワーク実践

　これまでBPSモデルの基本について述べてきたが、ここではソーシャルワーク実践との関係について述べる。ソーシャルワークにおいて、人間を捉える基本的視点として「状況のなかの人（Person in his/her situation）」があるが、この基本的視点に立つとき、以下のような捉え方がソーシャルワークにおいて基本となる。

　（前略）相互に関係する人間（個人）と環境のなかでクライエントが置かれている困難状況を把握しようとすると、より厳密にはバイオ（bio）／サイコ（psycho）／ソーシャル（social）という３つの側面からクライエントの状況や環境を把握する必要がある。（中略）バイオ・サイコ・ソーシャル・モデルでは、クライエントの置かれている困難な状況は、こうした生理的・身体的要因、精神的・心理的要因、そして社会環境的要因がそれぞれに独立したものではなく、相互に関連し合い、複合的に作用し合って困難な状況をもたらしていると捉える。こうした捉え方は、エコロジカル・モデルやシステム理論とも通底するものである[8]。

図1-7 BPS モデルとソーシャルワーク実践

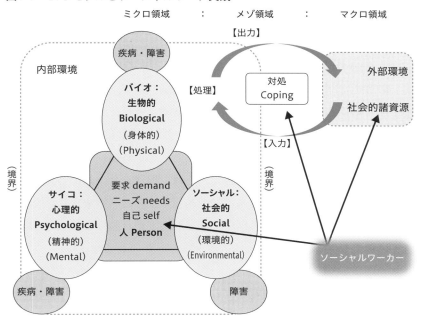

そもそも交互作用や相互作用に着目し、包括統合的に事象を捉えることを基盤とするソーシャルワーク実践にとって、BPS モデルは親和性が高いといえ、「ソーシャルワーカーの物事の見方や捉え方の基本的枠組みとして[9]」理解されている。

図1-7 は、BPS モデルとソーシャルワーク実践の関係を端的に示したものである。ソーシャルワーカーは「人と環境の交互作用」を基本に据え、実状を捉えアセスメントし、課題解決に向けた実践を展開する。その際、ソーシャルワーカーによるアセスメントと実践（介入）は、その「人」、その人が関係する「外部環境」、そしてそれらの「交互作用」に向けられる。実際には、その「人」が首尾よく対処（Coping）できているかどうか、生活上の課題を抱え続ける結果に陥っていないかということが焦点になる。ソーシャルワーカーがかかわるその「人」は、何らかの疾病や障害を抱えていることが想定されるが、BPS モデルは、その「人」の要求やニーズ、疾病・障害や生活課題を理解するうえで、生物的、心理的、社会的という側面からの多面的理解を促進することに不可欠なものといえる。

バイオ・サイコ・ソーシャルモデルの
課題

　そもそも BPS モデルを提唱したエンゲルは、身体的疾患を、心理的
かつ社会的な状況のなかで捉えることを強調したが、我々は、人間を理
解しようとする際の多面的でかつ包括統合的な視点を手に入れることが
できた。他方で BPS モデルに対しては、**還元主義**（あるいは要素還元
主義）に陥ることへの危惧がある。結果としてそれは、ある人の現在の
状態を、まずは生物的視点から捉え、それで解決しなければ心理的視点
ではどうか、それでも難しければ社会的視点からと、事象や状態を要素
に分解することによってのみ理解可能となるという誤りにつながる危険
性があるといえる。

　また BPS モデルをめぐっては、「バイオサイコソーシャルアプローチ」
という呼び方もみられ、混在しているのが現実である。現にソーシャル
ワークの領域でも、ロジャース（Rogers, A. T.）は、バイオサイコソー
シャルアプローチとして「人間の行動を、人の生物学的、心理学的、社
会的機能を含むいくつかの構成要素に分解するアプローチ」と端的に表
している[10]。「モデル」と「アプローチ」の異同についてはさまざまな議
論があり、ここでは「モデル」を事象・状況に対する把握・理解の「枠
組み」や「視点」、「アプローチ」を「接近法」と捉えておくことにする
が、つまりは、具体的な援助や支援を考えた場合には、「理解の枠組み」
と「接近法」の双方が整っている必要がある。BPS モデルをめぐっては、
具体的アプローチの提示が脆弱ではないのかという課題がある。

　そのほか、BPS モデルが、多職種協働を促進する共通のツールとな
ることはすでに述べたが、そこでは、チームとしてのコラボレーション
が基本となる。他方で、「分業」や「役割分担」を強調し過ぎてしまう
といった課題や、そもそも人間の理解を進めるうえで、なぜ、「生物」・
「心理」・「社会」という三要素なのか、それらの相互作用関係はどうなっ
ているのか、ほかに考慮すべき要素はないのかといった議論も残されて
いる。

◇引用文献

1）Engel, G. L., 'The Need for a New Medical Model : A Challenge for Biomedicine', *SCIENCE*, The American Association for the Advancement of Science, 196（4286）, pp.129-136, 1977.

2）Engel, G. L., 'The Clinical Application of the Biopsychosocial Model', *The American Journal of Psychiatry*, The American Psychiatric Association, 137（5）, pp.535-544, 1980.

3）武部匡也「生物―心理―社会モデル」日本認知・行動療法学会編『認知行動療法事典』丸善出版, pp.44-45, 2019.

4）鈴木貴之「精神医学の多元性と科学性」榊原英輔・田所重紀・東畑開人・鈴木貴之編著, 植野仙経ほか『心の臨床を哲学する』新曜社, pp.173-188, 2020.

5）前出3）

6）小原眞知子「第1章 ソーシャルワークの体系」木村容子・小原眞知子編著『しっかり学べる社会福祉② ソーシャルワーク論』ミネルヴァ書房, pp.11-26, 2019.

7）日本ソーシャルワーク教育学校連盟「『社会福祉士養成課程の見直しを踏まえた教育内容及び教育体制等に関する調査研究事業』実施報告書」（厚生労働省令和元年度生活困窮者就労準備支援事業費等補助金社会福祉推進事業）, pp.97-99, 2020.

8）同上, p.99

9）岡田まり「序章 相談援助演習の目的と意義、内容」日本社会福祉士養成校協会監, 長谷川匡俊・上野谷加代子・白澤政和・中谷陽明編『社会福祉士相談援助演習 第2版』中央法規出版, p.9, 2015.

10）Rogers, A. T., *Human Behavior in the Social Environment : Perspectives on Development and the Life Course* 5 th Edition, Routledge, GLOSSARY/INDEX Ｉ-3, 2019.

● おすすめ

・渡辺俊之・小森康永『バイオサイコソーシャルアプローチ──生物・心理・社会的医療とは何か？』金剛出版, 2014.

ミクロ・メゾ・マクロレベルにおけるソーシャルワーク

学習のポイント

● 人の生活に生じる課題は、「人と環境の交互作用」から生じることを理解する
● 生活課題をミクロ・メゾ・マクロのそれぞれのレベルから捉える視点を養う

1 ソーシャルワークの基盤的な視点

　1900年代前半に、ソーシャルワークの母と呼ばれるリッチモンド（Richmond, M. E.）がソーシャルワークを体系化し、「ソーシャル・ケース・ワークとは、人間と社会環境との間を個別に、意識的に調整することを通してパーソナリティを発達させる諸過程からなり立っている」と定義した[1]。この考え方と人の生活課題を緩和・解決する手法は世界中に広がり、1928年7月にパリで国際ソーシャルワーク会議が開催されるまでになった。さらに、その約30年後の1956年には、国際的なソーシャルワーカーの職能団体である国際ソーシャルワーカー連盟（International Federation of Social Workers：IFSW）が発足するに至った。

　ソーシャルワークの定義は、その後から今日までにIFSWにおいて、1982年、2001年、2014年と3回改訂されてきた。それぞれの定義を比較してみると、改訂ごとに使用される表現や文言、また内容の分量に変化はあるものの、ソーシャルワークが支援や変化をもたらそうとする対象は、人とその人を取り巻く環境であることは今日まで一貫している。

　このことから、ソーシャルワークは、人と環境は連動しており、それぞれ交互に影響・作用しあうことで、ともによい状況も悪い状況も生み出されるという考え方を継承してきており、それがソーシャルワークの基盤的な視点であることが理解できる。

2　ソーシャルワーカーの視点と専門性

　課題が生じている人の支援をする職業は数多く存在しているが、それぞれの専門職は課題が生じている人に着目して課題の解決を目指すのが一般的である。たとえば、医師は人の病気の治療をし、心理カウンセラーは、課題がある人の内面の変化に働きかけることを試みる。また、理学療法士や作業療法士といったセラピストは、身体の動きや作業能力の回復、向上を目指したかかわりをする。つまり、課題はその人自身から生じるものであり、その人自身に働きかけることによって課題の解決を試みる。

　しかし、ソーシャルワーカーは、「人と環境の交互作用」という視点をもとに、人に生じている生活課題そのものの解決はもとより、なぜその課題が生じているのか、その根本的な原因はどのような環境から生み出されているのかを分析して見出そうとする。そして、個人の課題の緩和・解決の支援をしながら、その課題が同じ状況にあるほかの人にも生じないよう、その困難や問題を発生させる構造的な原因の解消まで視野に入れる。

　このように課題を捉えようとする視点、また課題解決を本人のみならず環境にも働きかけて緩和・解決をしようとすることこそが、ソーシャルワーカーの独自性、専門性の大きな要素であるといえる。

　これを行っていくために、ソーシャルワーカーは、その人と環境の交互作用の理解のために、ミクロ・メゾ・マクロの三つのレベルを一体的に捉えて臨む。以下では、ミクロ・メゾ・マクロの三つのレベルとはどのようなものか、それぞれを説明していく。

3　ミクロ・メゾ・マクロの視点

　ソーシャルワーカーが人の生活課題を環境との交互作用から捉える際、その生活課題をミクロ・メゾ・マクロの三つのレベルから捉えることが試みられる。ミクロは小さい、メゾは中くらい、マクロは大きいという意味をもつ。このように捉える意味は、大別して二つある。

　一つ目は、「人と環境の交互作用」という抽象的な概念から、個人のケースの生活課題について、個人をミクロ、その個人を取り巻く環境を

メゾとマクロに整理し可視化することで、課題がどのような社会構造から生じているかの理解と分析をしやすくするためである。

　二つ目は、対人援助職は人に視点が固定されがちであるため、環境や社会構造から人の生活課題が生じるという視点を意識的に継続してもち続けるためである。

　これらを行うことにより、個人との接点から出発することはもとより、たとえば地域の社会資源や国の政策の把握・分析から、人に生じている生活課題を予測したり見出すことも可能となる。

　ここで注意したいのが、「ミクロは個人、メゾは地域、マクロは国の政策」との整理をよく目にするが、必ずしもそうではないということである。つまり、ミクロ・メゾ・マクロは、それぞれ個人・地域・国の政策と固定されたものを指す概念ではなく、問題の範囲や捉え方によって、それぞれが何を指すかが変動するもの、言い換えるとそれぞれの概念の捉え方には幅があるということである。これについては以降で詳説するが、ソーシャルワーカーが問題解決にかかわる際は、それぞれをどのように設定することが課題の緩和・解決につながりやすいのか、あるいは課題を生じさせている構造や根源の理解の促進につながるのかを見極めることが求められる。

■1 ミクロレベルにおけるソーシャルワーク

　ソーシャルワークにおいて、ミクロレベルは、個人・家族やその個人を含む小集団の最小のシステムを指す。ソーシャルワーカーは、ミクロレベルの実践においては、支援の対象となる個人や集団と対面して直接的にかかわる。

　ミクロレベルにおいては、生活課題がある相談者と直接かかわりをもつ。そして、生じている課題が何であるのか、またどのような関係性からその課題が生じているのか、どのような方法をとるのが最善なのかなどを、クライエントやその家族とともに考えながら、課題の緩和・解決を目指す。また、対象は個人や家族に限らず、ある共通の問題意識や課題をもつ小集団が支援の対象になることもある。

■2 メゾレベルにおけるソーシャルワーク

　メゾレベルにおけるソーシャルワークは、ミクロレベルで支援を行う個人・家族や小集団が所属する組織・団体のほか、居住・活動する場所である地域において展開されることが多い。

　具体例として、地域住民の組織化の支援、共通の課題や利益、関心を抱く人々のコミュニティの形成、また自治体の地域計画の立案などが内容として挙げられる。市町村といった基礎自治体の範囲で捉えられることが多いが、前述したように、問題解決の内容によってメゾレベルをどこに設定するかは変化する。

　ただし、メゾレベルのソーシャルワークは、ミクロとマクロの中間に位置することから、岡本は「概念としては曖昧なものにならざるを得ない」と説明している。[2] メゾレベルのソーシャルワークに曖昧さが生じるのは、メゾレベルのシステムをソーシャルワーカーがどこ（何）と見立てたり、設定するかによって変化してくるためである。

　したがって、ソーシャルワーカーが向きあう課題の分析によって変化するという意味では、見立てや設定の自由度が高く、何をメゾと設定するかによって、課題解決のアプローチや方法、またマクロレベルをどのように見立て、設定するかも変わってくる。何をメゾレベルと見立てて設定するかは、ソーシャルワーカーの所属や立場等によって異なる可能性も出てくること、また同じケースにおいても時間の経過とともに変化し得ることに留意が必要である。

3 マクロレベルにおけるソーシャルワーク

　マクロレベルは、ソーシャルワークにおいては一番大きなレベル・視点である。これも、先に説明したメゾレベルと同じように、どこ（何）をマクロレベルのシステムと見立てるか、設定するかによって、何を指すのかが異なってくる。

　マクロレベルにおけるソーシャルワークは、これまでIFSWにおいて3回提案されてきたソーシャルワークの定義に共通して示されていた「社会変革」に該当する部分である。つまり、人々の生活課題を引き起こしている社会構造に変化をもたらすことを目的としたソーシャルワーク実践が、マクロレベルのソーシャルワークであるといえる。

　具体例として、国の政策立案や法律改正、慣習や人々の意識の変化への働きかけなどが挙げられる。また、マクロレベルのソーシャルワークの方法としてよく挙げられるのがソーシャルアクションである。ソーシャルアクションには、伝統的な方法として、陳情、請願、署名活動、団体交渉、裁判闘争などが挙げられる。また近年では、ソーシャルネットワーキングサービス（Social Networking Service: SNS）を活用して、同じ問題意識をもつ人々にともに活動をすることを呼びかけたり、

社会課題の理解を促すような方法もとられるようになってきている。

4 ▶ ミクロ・メゾ・マクロの設定例

　ここで、ミクロ・メゾ・マクロの見立てや設定について、具体的な例を挙げてその考え方を共有する。前述したとおり、ミクロレベルは個人・家族・小集団のように捉え方に幅がある。これと同じように、メゾとマクロの設定例を挙げると、メゾは個人が所属する組織と設定されることもあるだろうし、町内会や町村の単位、自治体、あるいは、関東地方などの一部地域や日本に設定することも考えられる。一方、マクロレベルは、メゾレベルで挙げた例より大きな地域を設定する。

　たとえば、メゾが自治体であればマクロは都道府県あるいは日本、またメゾが日本であればマクロはアジア太平洋地域や世界といった設定となる。ただし、これはあくまでも一例にすぎず、すべてに当てはまるものではない。人が一人ひとり違うように、それぞれの課題の文脈も一つひとつ異なる。したがって、それぞれのレベルを設定することに基準はない。課題がどのような構造から生じているのかを整理し、ソーシャルワーカーが見立てていくことが求められる。

5 ▶ ミクロ・メゾ・マクロを連動させる
―ソーシャルワーカーの専門性と力

　ここまで、ミクロ・メゾ・マクロレベルのソーシャルワークについて説明してきたが、ここで大切なのは、それぞれのレベルが単体ではない、言い換えると、「ミクロ・メゾ・マクロレベルのシステムは一体であり、すべて連動している」という認識をもち、常にその連動を確認することである。具体的には以下に説明する。

　まず、ミクロレベルのシステムにおける問題の発見から、メゾレベル・マクロレベルに展開していく例をみてみる。

　知的障害のある人から、日中に活動をする場がないという相談があったとする。その人の日中の活動の場を、本人の意向を聴きながらともに検討していくことがミクロの支援になる。しかし、本人の希望に沿った社会資源の提供のみでケースが終結したとしたら、それはソーシャルワーカーの働きとして十分ではない。なぜ日中の活動の場がなかったの

かという分析が必要である。それが本人の情報収集の方法の課題であるのか、地域にそのような社会資源が不足していることが理由であったのかを検討する必要がある。さらに、国にそのような制度があるのか、なかったとしたら必要性を訴えていくこと、あったとしたら、なぜ市民に届かないのかを検証することが求められる。

　次に、ミクロレベルのシステムからではなく、マクロレベルからメゾレベル・ミクロレベルを見立てていく例をみてみる。たとえば、新しい制度が国でつくられたり、既存のものが改正されたとする。その場合、その制度ができたこと、あるいは変わったことにより、自治体でどのように運用されるのか、運用されるとしたらどのような課題が生じるのかといったメゾレベル、またその制度に関係する人々にどのような影響があるのか、さまざまなケースを検討するミクロレベルの見立てを行うことが求められる。そこで特に課題が見つからなければよいが、もしどこかのレベルにおいて課題が見つかるようであれば、制度の内容の見直しや自治体等におけるよりよい運用方法の提案（メゾレベル）、制度を利用する個人への注意喚起やどのようにすれば不利益がもたらされないか等の助言（ミクロレベル）を行っていくことなどが想定される。

　また、メゾレベルの課題が起点になり、ミクロレベルやマクロレベルに連動した課題を見出していくことも可能である。メゾレベルにおいて何かしらソーシャルワークがターゲットとする課題を見つけたとする。たとえば、自治体の報告書などで、自身が居住する自治体の児童相談所の数が、ほかと比較して少ないことが明らかになったとする。そのような場合、個人や家族といったミクロレベルにはどのような影響が生じているのか、ミクロレベルに落とし込んでみる視点が必要である。あるいは、国が定める基準があるか否か、あるとしたらそれに適合しているか否か、また、ほかの福祉先進国の基準と比較してみるなどといった広がりをもたせて検討することができる。

　ミクロ・メゾ・マクロの三つのレベルについて説明してきたが、ソーシャルワーカーには、どのレベルに焦点化しても、ほかのレベルにどのように影響するのか、どのように連関しているのかを見立てる力量が求められる。これは、つまり「人と環境の交互作用」から課題の分析を実施するためであり、それがソーシャルワーカーの専門性、独自性の大きな要素の一つであるといえる。

◇引用文献
1）Richmond, M. E., *What Is Social Case Work? : An Introductory Description*, Russell Sage Foundation, pp.98-99, 1922.（M. E. リッチモンド，小松源助訳『ソーシャル・ケース・ワークとは何か』中央法規出版，p.57，1991.）
2）岡本民夫「マクロ・ソーシャルワーク」京極髙宣監，小田兼三ほか編『現代福祉学レキシコン 第 2 版』雄山閣出版，p.168，1998.

● **おすすめ**
・宮本節子『ちくまプリマー新書 ソーシャルワーカーという仕事』筑摩書房，2013.
・木下大生・藤田孝典『岩波ブックレット 知りたい！ソーシャルワーカーの仕事』岩波書店，2015.

第6節 ソーシャルワークの目標と展開過程

学習のポイント

● ソーシャルワークの目標について理解する
● ソーシャルワークの展開過程について、その概要を理解する

1 ソーシャルワークの目標

　国際ソーシャルワーカー連盟（IFSW）および国際ソーシャルワーク学校連盟（IASSW）は、「ソーシャルワーク専門職のグローバル定義」において、ソーシャルワークについて次のように定義している。

　ソーシャルワークは、社会変革と社会開発、社会的結束、および人々のエンパワメントと解放を促進する、実践に基づいた専門職であり学問である。社会正義、人権、集団的責任、および多様性尊重の諸原理は、ソーシャルワークの中核をなす。ソーシャルワークの理論、社会科学、人文学、および地域・民族固有の知を基盤として、ソーシャルワークは、生活課題に取り組みウェルビーイングを高めるよう、人々やさまざまな構造に働きかける。

　この定義は、各国および世界の各地域で展開してもよい。

　このグローバル定義を踏まえて、日本ソーシャルワーカー連盟（JFSW）を構成する四つの団体および日本社会福祉教育学校連盟が採択したのが、次の「ソーシャルワーク専門職のグローバル定義の日本における展開」（一部抜粋）である。

・ソーシャルワークは、人々と環境とその相互作用する接点に働きかけ、日本に住むすべての人々の健康で文化的な最低限度の生活を営む権利を実現し、ウェルビーイングを増進する。
・ソーシャルワークは、差別や抑圧の歴史を認識し、多様な文化を尊重した実践を展開しながら、平和を希求する。
・ソーシャルワークは、人権を尊重し、年齢、性、障がいの有無、宗教、

国籍等にかかわらず、生活課題を有する人々がつながりを実感できる社会への変革と社会的包摂の実現に向けて関連する人々や組織と協働する。
・ソーシャルワークは、すべての人々が自己決定に基づく生活を送れるよう権利を擁護し、予防的な対応を含め、必要な支援が切れ目なく利用できるシステムを構築する。

　グローバル定義にあるように、ソーシャルワーク実践は、社会正義、人権、集団的責任、および多様性尊重の諸原理に基づいて行われる。つまり、ソーシャルワークは、❶これらの原理にかかわる問題に直面し、困難な状況にある人を支援したり、❷そのような問題に直面するリスクがある人を早期発見・早期介入して困難な状況になることを予防したり、❸そのような問題の発生予防や社会機能の向上を目指して、人や家族、グループ、組織、コミュニティなどの社会参加・活動の支援を行う。

　ソーシャルワークは、生活課題に取り組みウェルビーイングを高めるよう、人々やさまざまな構造に働きかけるが、具体的に目指すこととして、次の目標が挙げられる[1]。

❶権利侵害、社会的不正、不平等、貧困の撲滅とソーシャルインクルージョンの実現

　人権尊重や社会正義を推進するような政策、組織運営、サービス提供を推進する。また、差別や排除などの社会的抑圧行為がなくなり、すべての人々の社会参加を認め支えることができる社会を目指す。

❷基本的ニーズの充足

　基本的ニーズが満たされていない人、人権侵害を受けている人や家族、グループを保護して直接サービスを提供したり、社会資源を活用できるように支援することで、ニーズ充足を目指す。困難に直面している人が安心や居心地のよさを感じ、社会に受け入れられ、意味のある生活を送れることを目指す。

❸社会機能の向上

　社会機能とは、自分の基本的ニーズを満たしたり、社会的に期待されている役割を果たしたりするなど、社会生活を行うための能力である。ソーシャルワーカーは、障害や疾病、社会的抑圧などによって機能不全となっている人や家族を支援し、社会機能の回復・増進を図る。また、機能不全になるリスクのある人、家族、グループ、組織を適時に支援す

ることで、問題が拡大・深刻化することを予防する。リスクのない人でも、将来のリスクを回避したり社会参加するために、社会機能の向上を支援する。

❹社会政策や制度、事業やプログラム、サービスの整備

人の基本的ニーズを満たし、能力の発達を支えるような社会政策や制度、事業やプログラム、サービスが開発・整備されることを目指す。ソーシャルワーカーがこれらを立案・企画・実施する場合と、国や自治体、民間組織にその実施を求め、支えていく場合がある。

❺人の基本的ニーズを満たし、生涯にわたる発達を支える地域環境の実現

住民同士、関係者や関係機関などがつながり、協力して問題解決を行うこと、あるいは起こり得る問題の予防に向けて取り組むことを通して、人の基本的ニーズを満たし、発達を支える地域環境の実現を目指す。

これらの目標を達成するにあたり、ソーシャルワーカーは、本章の第1節から第5節で述べている理論に基づいて、人と環境が相互に影響を及ぼしあっていることを認識し、人や環境がその機能を向上できるよう支援したり、人と環境の交互作用が建設的なものになるよう、さまざまなシステム（個人、家族、グループ、組織、近隣、コミュニティ）に働きかける。その働きかけの内容に応じて、ソーシャルワーカーは**図1-8**のようにさまざまな役割・機能を担う。

図1-8　ソーシャルワーカーの役割

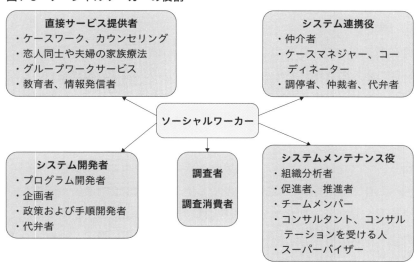

出典：Hepworth, D. H., Rooney, R. H., et al., *Direct Social Work Practice : Theory and Skills*（10th ed.）, Brooks/Cole, p.29, 2016.

2 ソーシャルワークの展開過程

　近年、PDCA という言葉がよく聞かれる。これは、Plan（計画）、Do（実行）、Check（評価）、Action（改善）の頭文字をとったもので、品質管理や業務改善に用いられるものである。PDCA サイクルを回しながら、各段階をレベルアップすることで、継続的に改善していくことができる。ソーシャルワークでは、プランを立てる前の段階も重要であり、次のような過程を通して実践が行われる。

❶ケースの発見とエンゲージメント（インテーク）

　ソーシャルワーク過程は、課題に直面している、あるいは、そのリスクがあるシステム（個人、家族、集団、組織、地域）に気づいたり、出会ったりするときから始まる。クライエント・システム（以下、クライエント）がワーカー・システム（以下、ワーカー）のもとに自ら、あるいは紹介されて現れる場合もあれば、ワーカーが課題に直面している人やそのリスクがある人を発見できるような仕組みを地域につくり、それによって彼らの存在が発見される場合もある。ここでソーシャルワーカーが行うのは、クライエントや関係者との関係づくりと、その人たちとともに取り組むことへの合意づくりである。これをエンゲージメントという。ミクロレベルでは、インテーク面接（受理面接）で行われ、メゾレベルおよびマクロレベルでは、ミーティングや会議で行われる。この段階では大まかにクライエントの状況や課題を確認し、ワーカー側が提供できることを説明し、ともに取り組むことに合意できれば、次の段階に移る。

❷アセスメント

　取り組みの合意ができたあとは、クライエントとその環境について理解し、これから何を目指してどのような取り組みを行えばよいか判断するために、より詳細な情報を収集し、分析するアセスメントを行う。ミクロレベルやメゾレベルでは、面接や観察、質問紙を通して情報収集したり、マクロレベルでは、地域アセスメントのために、統計等の資料を調べたり、地域をよく知る人へのヒアリングや地域を対象とする調査を実施したりする。収集する情報や収集方法は異なるが、どのレベルであっても包括的な視点をもち、人と環境の交互作用に着目しながら、課題やニーズ、ストレングス（強さ、健全な側面、可能性、潜在能力など）を明らかにすることが重要である。それらが、支援計画を策定するため

の基盤となる。

❸プランニング

　アセスメントで明らかになったことに基づいて、何を目指して、どのような取り組みをするのか具体的に決めていく段階である。まず、クライエントのウェルビーイングの向上につながり、現実的な取り組みができるような目標を設定する。そして、その目標を達成するためには、どのような変化が必要で、その変化を起こすためには、誰が、いつ、どこで、何に対して、どのように働きかければよいかという計画の内容を具体的に考えて決めていく。プランニングは、ワーカーとクライエントの協働作業であるとともに、関係者の間で情報を共有し、連携にあたっての役割分担を行い、取り組みの進捗状況をモニターする方法を確認する機会でもある。

❹計画の実施とモニタリング

　クライエントと関係者の間で計画についての合意が得られたら、計画を実施する段階である。計画実施と同時に、取り組みの状況やその成果についてのプロセス評価、すなわちモニタリングを始める。モニタリングでは、計画が予定どおりに実施されているかどうか、クライエントやワーカーの満足度や意向はどうか、目標に近づいているか、新たに対応が必要なことはないか、目標や計画内容は適切であったかなど、ソーシャルワーク実践およびクライエントの状況について、そのプロセスを評価する。そして、必要があれば目標や計画内容を見直して改善し、再度計画を実施する。

❺支援の終結と結果評価、アフターケア

　終結となるのは、目標が達成された、あるいはソーシャルワーカーによる介入の必要性がなくなったと判断されたとき、またはクライエントが転居や死亡等で対象外となった場合、そしてあらかじめ設定されていた終了時期が来たときである。終結を迎えるにあたっては、ともに取り組んできた人たちの間で、これまでの取り組みを振り返り、成果を確認するとともに、終結後の見通しを立てるなど、今後に向けての準備をすることが必要である。終結後にアフターケアが必要な場合もある。また、終結時には、取り組みの結果についての評価を行う。介入の効果や利用者・市民の満足度、計画や計画実施の適切さなどを評価し、その結果を今後のソーシャルワーク実践に役立てることが重要である。

なお、展開過程のそれぞれの段階については、第2章から第6章で学ぶ。事例を用いた具体的な展開については、社会専門⑦『ソーシャルワーク演習』と共通⑬『ソーシャルワーク演習』で学ぶことができる。

図1-9　ソーシャルワークの過程

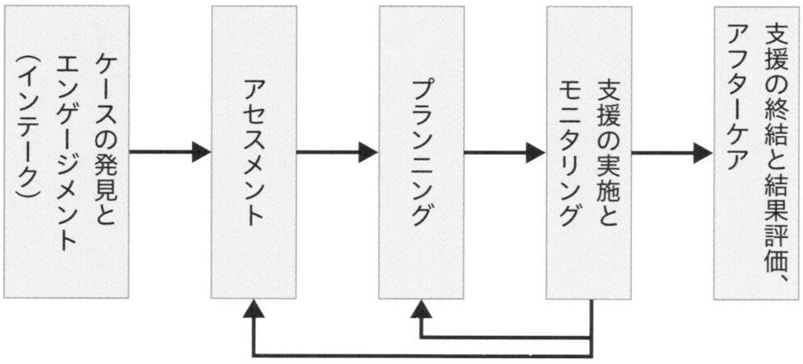

```
┌──────────┐   ┌────────┐   ┌────────┐   ┌────────┐   ┌────────────┐
│ケースの発見と │   │        │   │        │   │支援の実施と │   │支援の終結と結果評価、│
│エンゲージメント│──▶│アセスメント│──▶│プランニング│──▶│モニタリング │──▶│アフターケア     │
│(インテーク) │   │        │   │        │   │        │   │            │
└──────────┘   └────────┘   └────────┘   └────────┘   └────────────┘
                    ▲            ▲            │
                    └────────────┴────────────┘
```

◇引用文献
1）「2-1-2　ソーシャルワーク演習のための教育ガイドライン」日本ソーシャルワーク教育学校連盟「『社会福祉士養成課程の見直しを踏まえた教育内容及び教育体制等に関する調査研究事業』実施報告書」（厚生労働省令和元年度生活困窮者就労準備支援事業費等補助金社会福祉推進事業），pp.79-127，2020.

第2章

ソーシャルワークの過程
ケースの発見とエンゲージメント（インテーク）

　第1章では、ソーシャルワークで用いられる理論とソーシャルワークの概要について学んだ。それらを踏まえて、第2章から第6章では、ソーシャルワークの展開過程について学ぶ。第2章は、ソーシャルワークの展開過程の最初の段階についてである。まず、困難な状況にある人が援助を受けることを決断するプロセスと、ソーシャルワーカーに出会うまでの経路について学ぶ。次に、ソーシャルワーカーがクライエントと出会って初めに行うエンゲージメント（インテーク）について学ぶ。援助が必要な人のなかには、さまざまな事情で援助を自ら求めない人がいるので、そのような人たちへのかかわり方についても学ぶことが必要である。

第1節 ケースの発見

学習のポイント

- 人が他者から援助を受け入れるプロセスを学ぶ
- ケース発見のさまざまな形について学ぶ
- インボランタリー・クライエント、援助希求力の弱い人たちへの支援について学ぶ

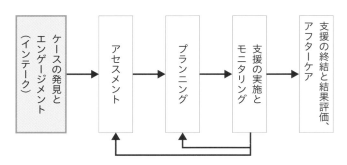

ケースの発見とエンゲージメント（インテーク） → アセスメント → プランニング → 支援の実施とモニタリング → 支援の終結と結果評価、アフターケア

ケース発見の方法

1 ケースの発見

ケース発見は、ソーシャルワークの展開過程の最初の段階である。ミクロ実践では、ソーシャルワーカーは援助を必要としている人と出会い、援助関係を構築し、問題解決の道筋を協働作業で歩んでいく。メゾ・マクロ実践では、ある一定層の人たちが共通の生活上の困難を抱えていることを知り、その解決のために当事者や関係者と問題意識を共有し、解決のための歩みを始めようとする。それはミクロ実践における一人の人が抱える困難を、ほかにもこの困難を抱える人がいるかもしれないと考えること、あるいは実態調査等によってある一定層の人たちの存在が浮かび上がってくることで始まる。

　ただ実際には、自らの意思で援助機関を訪れる人が多いわけではない。たとえば、何らかのサービス（ホームヘルプサービス等）が社会一般に知られてくれば、そのサービスを自分も利用できるかもしれないと考えて相談機関に連絡する人は増えてくる。しかし、本人は自ら援助を求めず、その家族や親族、あるいは周囲の関係者がその人の状況を問題視して、援助機関に接触することでケース発見がなされることも多い。

2 人が他者から援助を受け入れるプロセス

　人が何らかの困難に直面し、他者から援助を受け入れるプロセスは図 2-1 のように説明することができる[1]。まず、何らかの問題が発生し（❶問題の種類）、それによって起こる出来事を本人が問題と認知するか（❷Ⓐ）、価値・比較水準の影響で問題とみなさないか（❷Ⓑ）、判断能力欠如のため問題とみなさないか（❷Ⓒ）によって、その出来事を問題とみなすかどうかは変わってくる（❷問題の存在認知）。さらに、問題と認識された場合でも、本人の反応は、問題に対して何らかの働きかけをしたい（❹Ⓐ）、問題があるとは感じているが、それがどこに起因するのか整理がつかない（❹Ⓑ）、問題に対して働きかけをしたくない（❹Ⓒ）に分かれる。そして、本人が問題に対処したいと考える場合でも、その対応は、必要な援助を受けながらやっていきたい（❻Ⓐ）、自分のもっている資源内でやっていきたい（❻Ⓑ）、つまり他者からの援助は受けないというものに分かれる。

　この援助を受けるか否かの判断には、❶問題の種類、❸個人のもつ特性・背景、❺援助者のもつ特性・背景に加えて、それぞれの段階での「援助者の働きかけ」が影響する。ここから、その人の援助を受け入れる動機づけを高めるソーシャルワーカーの働きかけが重要になってくることがわかる。

3 相談への動機づけ

❶ボランタリーなクライエント

　自ら相談機関にアクセスする人たちは、自身の状況を問題と認識していたり、何らかの解決策を得たいと考えている。その背景には、制度やサービスについて知識があったり、自分と同じような状況にある人が何らかのサービスを利用して問題に上手に対処できていることを知っていたりすることなどがあるかもしれない。この意味で、彼らの援助を活用しようとする力（ワーカビリティ）は高いと考えられる。ただし、彼らがサービスに期待していることと、実際にサービスができることとの間に差異がある場合もある。ソーシャルワーカーは、簡単に「援助を受け入れる意思がある人」とみなすのではなく、その人が援助に対してどのような期待をもっているのかにも注意を払う必要がある。

❷インボランタリー・クライエント

　インボランタリー・クライエントは専門職に会うことを強制（法的に委任）されたり、会うことに圧力を感じている人たちだと理解される[2]。

> **Active Learning**
> 自分に問題があると気づいたとき、どのような気持ちになるか考えてみましょう。

図2-1　ある人が援助を受けることを決断するプロセスモデル

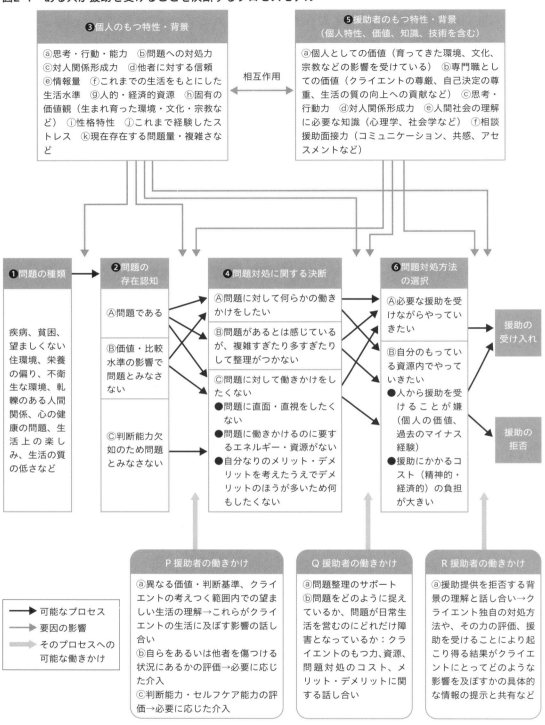

モデル作成：渡部律子　2001年12月

出典：渡部律子「『拒否』を突破するために」『ケアマネジャー』第4巻第1号，p.24，2002. を一部改変

彼らには、①援助を受けることの意味や意義を理解していない、②援助を受けることに拒否や反発などのマイナスの感情をもっているという二つのタイプがある。

① 援助を受けることの意味や意義を理解していないクライエント

援助を受けることの意味や意義を理解していなければ、援助を求める行動は起こらない。また、家族や関係者からの依頼でソーシャルワーカーがかかわろうとしても、そのかかわりを拒否する。このようなクライエントに対しては、粘り強くかかわり、クライエントが自らの状況を問題だと認識できるように促していくアグレッシブ・ケースワークの手法が有用である。また、ソーシャルワーカーがクライエントのことを知りたいと思っている、気遣っているということを伝え、援助関係の形成に努める必要がある。クライエントのおかれている状況と、それに対するクライエントの感情に共感的にかかわりながら、ソーシャルワーカーは何ができる存在なのかを理解してもらえるように働きかけていく。

② 援助を受けることにマイナスの感情をもっているクライエント

こうしたクライエントは、ソーシャルワーカーとの面接を避けがちだったり、ソーシャルワーカーに対して不満や怒りの感情を投げかけてくることがある。それだけにソーシャルワーカーもかかわることに難しさを感じる。こうした場合、ソーシャルワーカーはそのマイナスの感情がどこから生まれてきたものかを知るところから始めなければならない。そのためには、クライエントの不満や怒りといった感情に丁寧に向きあうとともに、そうした感情が形成された背景や出来事に注意を向けていくことが必要になる。それは過去の被援助体験によるものかもしれないし、今回の援助を受けるに至ったいきさつによるものかもしれない。ソーシャルワーカーは、傾聴や非審判的態度、そしてソーシャルワーカーの側がもっている価値判断をいったん保留して、クライエントに「このソーシャルワーカーは自分の話を聴いてくれるんだ」と感じてもらえるようにかかわることが大切である。そうすることで、クライエントがマイナスの感情を抱く理由が理解できれば、そこから援助関係の形成へと進んでいくことができる。

4 ケース発見の形

❶援助を必要とする人が自分の意思で相談機関を訪れる場合

この場合は、前述したボランタリーなクライエントへの対応となる。

Active Learning

どのようなことがきっかけで、援助を受けることについてマイナスの感情をもつようになるのか、想像してみましょう。

❷家族や関係者の勧めで相談機関を訪れる場合

　相談機関に行くことを勧めるのは、家族や親族であることが多い。そのため、同居家族がいない場合、生活困難な状況に陥っていても援助機関につながりにくい。また、知人や民生委員、地域の福祉委員などが、その人のことを心配して、相談機関に接触することを勧める場合も多い。このような場合は、民生委員等からの求めに応じてソーシャルワーカーがアウトリーチすることでかかわりが始まる。

　また、援助を必要とする人と近隣住民との間で摩擦が起こり、近隣住民から近隣トラブルの相談、あるいはクレームが相談機関に持ち込まれることでケース発見に至る場合もある。このような場合、クレームを持ち込んだ人の怒りの扱いは難しい。過度に同調することは慎みつつ、その人への感謝やねぎらいを伝える一方、援助を必要とする人の側から状況を理解しようと試みることが大切になる。

❸何らかの専門職・専門機関からの紹介による場合

　援助を必要とする人は、何らかの専門機関との接触によって発見される場合もある。高齢者では、何らかの疾患をもっていることが多く、医療機関が最初の発見者となることも多い。そこから相談機関へのケースの受け渡しができれば、早期のケース発見に至ることができる。障害のある人であれば、学齢期が終了する段階で特別支援学校から、児童であれば、学級担任教諭や学年指導主事等からスクールソーシャルワーカーに受け渡すことができる。また、刑務所であれば、収監時に福祉的課題を発見し、出所支援に向けた取り組みへとつなげていくことができる。

　援助を必要とする人と接触した機関が、自機関の機能では必要とされる援助を提供できないとき、より適切な機関へと援助を必要とする人を受け渡していく機能を送致（リファー）という。もちろん、ソーシャルワーカーの側からより適切な支援ができる機関に送致することもあり得る。この送致が適切に機能するためには、先にかかわった機関がより適切な支援ができる機関を知っていること、あるいはそれらの機関間に何らかの日常的なかかわりがあることが促進要因となる。そうした機関間連携を図るためのネットワークを日頃からつくっておくことも、ソーシャルワーカーの大切な役割といえる。

　また、ソーシャルワーカーの所属機関が送致された側であれば、送致元の機関がもっているクライエントに対するアセスメント情報を得ると同時に、その情報に過度に引きずられることなく、より客観的にクライエントを理解できるように、クライエント理解に関する一次情報を注意

深く収集することが大切である。

❹ソーシャルワーカーがアウトリーチを行うことで発見する場合

　アウトリーチとは、「顕在化している利用者のみならず、潜在的にニーズを持っているサービス対象者や地域に対し、ワーカー及び機関が積極的に関わり、サービス利用を働きかけること」[3]である。たとえば、利用者宅への家庭訪問、路上生活をしている人を訪ねる、夜の繁華街で青少年に声をかけるなどの活動は、アウトリーチの実践といえる。

　ここでは、アウトリーチのいくつかのポイントを整理しておく[4]。

・自ら援助を求めようとしないクライエントの動機づけを高めることで、サービス利用や問題解決行動を促すための援助技術を含む。

・アウトリーチの対象は、自ら援助を求めようとしない個人やその家族だけでなく、彼らの周囲にいる地域住民や地域社会そのもの、あるいは関係機関までをも含む。

・アウトリーチは、個人や家族に対して発見・関係づくり・情報提供・動機づけを高めること・サービス提供を行うこととともに、彼らを取り巻くシステムに対してケース発見や支援を行えるネットワーク構築までを含むものである。

5 ニーズキャッチシステム構築の重要性

　ソーシャルワーカーとの対面的な接触だけでなく、電話相談やインターネット上のかかわりが実際のケース発見へとつながっていくことも多くなっている。自殺予防の電話相談は従来から取り組まれており、また生活困窮者自立支援窓口の web サイトにアクセスした人が相談窓口を訪れるといった例もある。ただし、こうした方法では相手の非言語的な情報が把握できない。非言語的コミュニケーションは人の感情面の情報を伝えるチャンネルであるため、その情報の欠如は相手の感情面を見誤る危険性につながることに十分留意する必要がある。

　また、援助を必要とする人と最初の接触を果たした人や機関が、総合相談窓口へとつないでいくニーズキャッチシステムを地域で構築していくことも重要である。関係機関間での情報交換や相互の相談が行いやすい関係づくり、あるいは援助を必要とする人を発見したときに、どこに、どのようにつないでいくかという仕組みを構築しておくことは、ケース発見段階を円滑に進めるうえで有用である。

■6 「助けてと言えない」人たち（援助希求力の弱い人たち）への支援

前述したインボランタリー・クライエントについて、近年では援助希求力の弱さという観点から捉え直そうとする見方がある。こうした人たちは、直面する問題の程度にかかわらず一貫して援助を要請しない、いわゆる「助けてと言えない」人たちである。こうした人たちは、従来は接近困難（hard to reach）なクライエントと呼ばれてきた。その代表的な姿は多問題家族であるが、そのほかにもホームレス、8050世帯、社会的ひきこもり、精神科未受診者、性犯罪被害者等さまざまな人たちがいる。

援助希求力の弱い人たちは、社会的に孤立している場合が多い。たとえば、社会的に孤立した家庭では、子どもの学力低下、発達・行動上の問題、教育権の剥奪という連鎖が生じ、放置された多次元の生活問題は累積して、重篤な児童虐待やひきこもり、非行の拡大につながる。このように、孤立が問題の深刻化をもたらし、それがさらなる孤立につながるという悪循環が起こるという指摘がある。こうした悪循環はかかわりの難しさを生み、かかわろうとする人たちのなかに専門職がいたとしても、「求めがない以上、何もできない」「様子をみましょう」というような、何もしない選択がとられてしまう場合がある。しかし、ソーシャルワーカーは個人と環境の相互作用の観点から、こうした援助希求力の弱さが環境のあり方によって形成されているという視点をもつことが求められる。

こうした人たちの問題は、契約利用制度、制度の狭間、バルネラビリティ（vulnerability）という観点から再考する必要がある。そもそも、契約利用制度はサービス利用の意向が乏しい人への援助が難しい状況をつくり出す側面がある。また、さまざまな制度が用意されたとしても、制度の対象層は細分化されるため、そうした社会的なセーフティネットの網の目にかからずに、抜け落ちてしまう人たちが生まれてしまう。この「制度の狭間」という現象は、社会制度の充実に伴い必然的に生じてしまうものである。ソーシャルワーカーには、この現象が制度の狭間に陥っている人の側に起因するものではなく、社会制度の側が生み出していることを認識し、そのうえで援助を制度の側からの視点ではなく、利用者の側からの視点で考えていく姿勢が求められる。

バルネラビリティは「脆弱性、傷つきやすさ」などと訳され、身体、こころ、社会の諸相から捉える必要があるが、ソーシャルワーカーには、

こうした脆弱性を生み出す社会環境的側面の変容に向けて働きかけていくことが求められる。

7 メゾ・マクロレベル（組織や地域）でのケース発見

メゾレベルおよびマクロレベルにおいても、ソーシャルワークの展開過程はケース発見から始まる。たとえば、メゾレベルでは、福祉サービスの提供機関のなかでサービスの質や組織運営に課題があったり、組織の間や組織と住民の間での連携や協働、住民による小地域福祉活動などがうまくいっていないことがある。それに気づくことがケース発見である。マクロレベルにおいても、地域課題について住民や専門職、行政機関が認識することがケースの発見である。

ミクロレベルでのインボランタリー・クライエントと同様に、メゾレベルやマクロレベルにおいてもインボランタリー・クライエントは存在する。組織においても地域においても、課題に気づき、改善に向けての取り組みが必要だと考える人もいれば、課題の存在そのものに気づかない、認めない、あるいは存在は認めていても取り組みの意義を認めない人もいる。そのような人が多かったり、意志決定に大きな影響力をもつリーダーがそうであれば、そのシステムはインボランタリー・クライエントを生み出してしまう。このような組織やコミュニティでは、課題を抱えた人が相談したり、苦情を申し立てたり、課題で被害を被っている人を支えエンパワメントしたりする仕組みや機会をつくっていくことが必要である。

◇引用文献
1）渡部律子「『拒否』を突破するために」『ケアマネジャー』第 4 巻第 1 号，pp.23-26，2002.
2）伊藤冨士江「『自発的に援助を求めないクライエント』に対するソーシャルワーク実践──ルーニイによる具体的方策の検討」『社会福祉学』第39巻第 2 号，p.104，1999.
3）座間太郎「在宅介護支援センターにおけるアウトリーチ実践に関する研究」『ソーシャルワーカー』第 6 号，p.60，2001.
4）福富昌城「ソーシャルワークにおけるアウトリーチの展開」『ソーシャルワーク研究』第37巻第 1 号，pp.35-39，2011.
5）金子恵美「虐待・貧困と援助希求──支援を求めない子どもと家庭にどうアプローチするか」松本俊彦編『「助けて」が言えない──SOS を出さない人に支援者は何ができるか』日本評論社，pp.103-104，2019.
6）平野方紹「支援の『狭間』をめぐる社会福祉の課題と論点」『社会福祉研究』第122号，pp.19-24，2015.
7）玉木千賀子「ヴァルネラビリティに対する意向確認についての考察──社会福祉制度の動向にみる支援を必要とする人の意向確認のあり方」『沖縄大学人文学部紀要』第19号，p.86，2017.
8）中村裕子「バルネラビリティ概念の考察──ソーシャルワーカーの実践への示唆」『札幌学院大学人文学会紀要』第105号，pp.76-78，2019.

● おすすめ
・松本俊彦編『「助けて」が言えない──SOS を出さない人に支援者は何ができるか』日本評論社，2019.
・岸恵美子編集代表，小宮山恵美・滝沢香・吉岡幸子編『セルフ・ネグレクトの人への支援──ゴミ屋敷・サービス拒否・孤立事例への対応と予防』中央法規出版，2015.
・川北稔『NHK 出版新書 8050問題の深層──「限界家族」をどう救うか』NHK 出版，2019.

第2節 エンゲージメント（インテーク）

学習のポイント

● エンゲージメント（インテーク）の意味と役割を学ぶ
● クライエントとの関係構築の留意点を学ぶ
● メゾ・マクロ実践におけるエンゲージメント（インテーク）の留意点を学ぶ

 ## エンゲージメント（インテーク）と ソーシャルワーカーの役割

1 エンゲージメント（インテーク）の意味と役割

　クライエントを個人・家族（ミクロ）だけでなく、集団、組織、地域、制度（メゾ・マクロ）までを視野に入れて「共通」のものとして説明しようとする際に、主にケースワークで使われてきた「インテーク」では汎用性に欠けることから、1990年代以降に確立された「ジェネラリスト・ソーシャルワーク」においては、「インテーク」を含んだ、より拡大した概念として「エンゲージメント」という用語が使われるようになってきた。

　エンゲージメントとは、ソーシャルワーカーがクライエントと出会い、これからその人の抱える生活問題の解決を協働作業で取り組んでいくための関係を築いていくことという意味合いをもつ。エンゲージメントは「利用者が自分の問題や感情を表出することによってそれらを意識化し、取り組む目標を明確にすること、その過程をとおして利用者とソーシャルワーカーが対等な援助関係を結ぶこと」を目的とする。[1]

　エンゲージメントとして行われる内容について、デュボワ（DuBois, B.）らは、❶パートナーシップの構築、❷状況の明確化、❸方向性の決定が含まれるとしている。[2] ソーシャルワーカーは自己紹介し、「私はあなたの抱える問題を解決するために一緒に考えさせていただく役割です」と援助者としての役割を説明する。また、クライエントの話に耳を傾け、クライエントが直面する問題状況を「○○ということですか」と言語化し、クライエントと共有する。また、その解決のために提供することになる援助プログラムの概略や、それがどのように進んでいくかを説明する。さらに、もしそれに満足できない場合にクライエントがとる

ことができる手立て（苦情申し立て）の方法を説明する。また、今後連絡をとる場合の手立てなどを説明する。これらを通して、クライエントとともに問題解決の道筋を一緒に歩んでいこうとすることを示す。ヒーリー（Healy, K.）は、エンゲージメント段階でソーシャルワーカーが自分自身の役割を説明し、クライエントがそのことを理解することが援助の結果に影響を与えると述べている[3]。

❶パートナーシップの構築

　ソーシャルワーカーはクライエントとの関係構築を図るために、最初の出会いの段階でクライエントの話をよく聴くことを心がけなければならない。しかし、私たちが犯しがちな失敗は、「どのようなことでお困りですか？」という問いかけをしてしまうことである。クライエントはソーシャルワーカーとの最初の接触の段階で、自らの直面している問題を整理して他者（ソーシャルワーカー）に語ることができないかもしれない。また、他機関等からの紹介による場合であれば、ソーシャルワーカーが他機関等から得ている情報に目を奪われて、問題をソーシャルワーカー側が規定してしまって援助を進めようとするかもしれない。渡部は、クライエント自身が何を問題としているかを、クライエントが述べた言葉から把握することの重要性を指摘している[4]。クライエントが自身のおかれている困難な状況をクライエント自身の言葉で語ってもらうことなしに援助を進めれば、クライエントを置き去りにしてしまうことになる。ソーシャルワーカーはクライエントの言葉に耳を傾け、クライエントが認知している状況とそれに対する感情を語ってもらうよう働きかけていく。そのうえで、その問題の解決を手伝いたいと伝え、協働関係を構築していく。

❷クライエントのおかれた状況と感情面の理解

　クライエントの認識する現状を理解するために、たとえば相談に至る経路を語ってもらうことが有効である。相談に至る状況はいつ頃から起こり出し、クライエントはそれにどのように対処してきたのか、そして、自力で、あるいは家族や親族・友人からの支援では状況が好転せず、援助機関とかかわりをもつに至った一連のエピソードを語ってもらうことで、ソーシャルワーカーはこの状況がどのようなシステム間の交互作用の結果として生起しているかについて、クライエントとともに理解することができる。

　エピソードを語ってもらうことで、ソーシャルワーカーは状況を理解する客観的な情報を入手することができる。また、そのエピソードのそ

れぞれの局面でクライエントがその出来事をどのように感じ、考えたかについて語ってもらうことで、クライエントの感情面や認知面を理解することができる。さらに、その過程でクライエントが行ってきた対処行動を聴かせてもらうことで、ソーシャルワーカーは「そんなに大変な状況のなかでも、○○のように努力してこられたんですね」というねぎらいの言葉を率直にかけることができる。

　また、クライエントが行ってきた対処行動からは、クライエント自身のストレングスと、問題解決に役立つかもしれないクライエントの周囲のシステムの存在を知ることができる。このように、強み（ストレングス）と資源を認識していくことは重要である。

❸メゾ・マクロレベルでのエンゲージメント

　メゾレベル、マクロレベルの実践においてもエンゲージメントは重要である。ソーシャルワーカーが他機関との間で協働関係を構築するためには、これから解決を図ろうとする問題について情報共有するとともに、その問題がなぜ解決されなければならないかという問題意識を共有していく。しかし、各機関はそれぞれに異なる役割をもっており、考え方も異なる。その違いが対立を生むのではなく、目標を共有できるように各機関に働きかけることが求められる。そのためにソーシャルワーカーは、各機関の役割・考え方・立場などを理解したうえで、その問題解決によって支援対象層となる人たちの生活がどのように改善されていくのかというビジョンを共有する。そのうえで、問題解決に取り組むことが各機関にとってそれぞれに意義があると感じられるような Win-Win の関係を築けるように調整していく。

　この際、ソーシャルワーカーはその機関の窓口となる担当者とかかわるが、そこでは、ミクロレベルの実践と同じような事柄に留意する必要がある。たとえば、これから協働しようとする機関が、過去にその問題にどのように対応してきたか、その意図や努力を理解することは、担当者との関係構築を促進し、それを通じて機関との信頼関係を育むことに役立つだろう。反対に、できていない点を指摘したり、ソーシャルワーカー側の論理でその機関を批判することは、担当者の感情を損ない、関係構築を難しくしてしまう。ソーシャルワーカーは中立的な立場をとりながら、それぞれの機関の意見を聞き、共通点を見つけ出し、合意できる点を探ることにより、意見の相違を解決していく必要がある[5]。

　こうした働きかけを行う際、それぞれの機関のもつストレングスに目を向け、それを引き出すようにしていくことが大切であることはいうま

でもない。

2 二重の不安

　援助を必要とする人は、ソーシャルワーカーとの初めての出会いにおいて二重の不安をもつ。それは、❶自分自身の直面している問題や、この先についての不安と、❷自分と向きあっている援助者が自分自身のことを理解してくれるだろうか、大切に扱ってくれるだろうか、非難したりしないだろうかと感じる不安である。

　援助者は相手の役に立ちたいという動機づけによって行動しているため、相手が援助者自身に対して不安を抱いていることに思い至りにくい。そのため、こうした不安を見過ごしがちになる。たとえば、若いソーシャルワーカーに対して、相談に来た母親が「ソーシャルワーカーさんには子どもさんはいらっしゃるのですか？」と尋ねるとき、その背景には「子育てをしたことがない人に私のつらさはわかってもらえないのではないか」という不安が隠れている。こうした不安に適切に対処しながら関係構築を図っていくことが大切である。

3 抵抗感の理解──アンビバレント

Active Learning

アンビバレントの例
として、どのような
ことがあるか考えて
みましょう。

　援助を求めない人の行動は、通常、問題解決の意欲の欠如と受け取られがちである。しかし、動機づけ面接では、こうした行動をアンビバレント、すなわち「解決のための行動をとりたい、でも試みたことがなく不安なので、このままでいるほうがよい」というように、変化に対して両方の感情が同居している状態だと考える。[6]このような見方をすることで、ソーシャルワーカーは相手の話をよく聴き、そのなかに隠れている「変わりたい」という気持ちを見つけ出し、それを拡大していくように働きかけていく。

4 信頼関係構築とかかわり技法

　信頼関係（ラポール）は、クライエントが援助者に対して「この人は私の話を関心をもって聴いてくれる」「誰かと比べたり、批判したりせずに接してくれる」という感情を抱くことで形成される。そのため、援助者はクライエントの話を傾聴し、クライエントが「どのような状況」におかれ、そこから「どのような感情」を抱いているのかを理解しようとしてかかわり続けることが必要になる。

　こうした面接を行うにあたり、ソーシャルワーカーはクライエントそ

の人とそのおかれた状況自体に関心を向けていることを、さまざまなチャンネルを通じてクライエントに伝える必要がある。マイクロカウンセリングの技法では「かかわり行動」と呼ばれる、❶アイコンタクト、❷身体言語の意識、❸声の調子、❹言語的追跡（相手の話についていく）等は、こうした関係構築に役立つ。[7]

　さらに、開かれた質問を適切に用いること、クライエントの思考と感情の両方に焦点を当てること、クライエントがどのような状況におかれ、それをどのように感じたのかについての正確な共感と伝え返し、メモをとる場合も「大切なことなので、メモをさせてください」と了解を得たうえでメモをとることなども、クライエントを重視しようとしていることを表す方法である。

5 緊急性の判断

　ソーシャルワークの展開過程のすべての段階で、緊急性の判断が必要とされる。特に初期段階であるケース発見とエンゲージメント（インテーク）の段階においては、クライエントが緊急に対処すべき問題を抱えているか否かを判断することは非常に重要である。虐待を受けていたり、緊急に治療を要する健康状態である場合、権利や生命の保護がより優先される。ソーシャルワーカーはエンゲージメント（インテーク）業務を進めつつ、同時に緊急性の判断を行うことが必要である。

6 取り組みに向けての合意形成

　ソーシャルワーカーは、相談に来た人、紹介されて来た人に対して自身が支援することが適切か確認することが必要である。福祉施設・機関のなかには、一定の要件を満たさなければ支援の対象とならないことがある。たとえば、福祉事務所で生活保護を担当するソーシャルワーカーは、経済問題で相談に来た人に定められた生活保護基準以上の収入があった場合、生活保護にかかる支援は行わない。また、介護保険施設では、要支援・要介護認定で要支援・要介護と認定されている人に介護保険制度のサービスを提供する。また、相談に来た人が求めているものが、福祉サービス以外のものの場合もあり、教育委員会、警察、弁護士、医師など、福祉サービス以外の機関や専門職による支援が適切な場合がある。

　そのため、最初の段階で、相談者の困りごとの概要を把握し、自身が対応可能かどうか確認する必要がある。また、ソーシャルワーカーの所

属組織の機能とソーシャルワーカーができることを相談者にわかりやすく説明し、相談者が納得するかについても確認が必要である。そして、両者の間でともに取り組むことについて合意することが必要である。

　なお、相談者の話を聴くなかで、他機関・他施設のほうが適切だと判断した場合は、支援ができないことを伝えるだけでなく、対応してくれる地域の機関・施設を紹介してつなぐことを忘れてはならない。

◇引用文献
1）玉木千賀子「介護保険制度のケアマネジメントとソーシャルワークの関係——過程における両者の機能に着目して」『沖縄大学人文学部紀要』第 7 号，p.111，2006.
2）B. デュボワ・K. K. マイリー，北島英治監訳，上田洋介訳『ソーシャルワーク——人々をエンパワメントする専門職』明石書店，p.261，2017.
3）K. ヒーリー，杉本敏夫・熊谷忠和監訳『ソーシャルワークの方法とスキル——実践の本質的基盤』みらい，p.126，2016.
4）渡部律子『高齢者援助における相談面接の理論と実際 第 2 版』医歯薬出版，p.63，2011.
5）前出 2），pp.313-314
6）須藤昌寛『福祉現場で役立つ動機づけ面接入門』中央法規出版，pp.20-27，2019.
7）福原眞知子監『マイクロカウンセリング技法 ——事例場面から学ぶ』風間書房，pp.6-7，2007.

● おすすめ
・須藤昌寛『福祉現場で役立つ動機づけ面接入門』中央法規出版，2019.
・寺本紀子・中恵美・林田雅輝・馬渡徳子『ケアマネジャーのためのアセスメント力向上 BOOK ——「アセスメント見える化ツール」で自信がつく！』メディカ出版，2019.
・E. H. シャイン，金井真弓訳，金井壽宏監訳『人を助けるとはどういうことか——本当の「協力関係」をつくる 7 つの原則』英治出版，2009.

第3章

ソーシャルワークの
過程
アセスメント

第2章では、ソーシャルワークの展開過程の最初の段階であるケースの発見とエンゲージメントについて学んだ。エンゲージメントにおいて、クライエント・システムとソーシャルワーカーの間でパートナーシップが構築され、ともに取り組む合意ができたら、次は詳細な情報を収集してクライエントとその状況について理解を深めるアセスメントの段階である。第3章では、アセスメントの意義と方法、留意点について学ぶ。第1章で学んだ理論とモデルがアセスメントを支えていること、そして実際の技法に活かされていることを学ぶ。

アセスメントの意義と目的

学習のポイント

● ソーシャルワークにおけるアセスメントの重要性について学ぶ
●「生活者」や「生活」への接近の方法としてのアセスメントについて学ぶ
● 個人と社会環境への視点に基づくアセスメントについて学ぶ

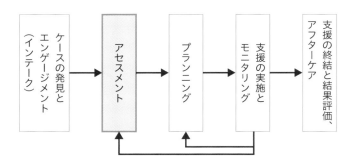

1 ソーシャルワークのアセスメント

　ソーシャルワークは、個人や家族への支援から、人々が暮らす地域への支援、そしてサービスの質の向上や制度改革、さらに社会変革の働きかけまでを視野に入れた実践である。このことについて、ミクロレベル、メゾレベル、マクロレベルのソーシャルワークという言葉を使って表現されるが、生活困難を抱える一人ひとりへの支援と、そのような生活困難を生み出す地域や社会環境の改善のための働きかけ、そして必要な制度や施策の変革を求める活動が、相互に重なりあい、ダイナミックに連動するのがソーシャルワークの実践である。

　そして、そのようなソーシャルワークの実践において、その後の展開を左右するほどに重要な役割を果たすのがアセスメント（assessment）である。日本語では「事前評価」と訳されることが多いが、支援の対象となる人々や地域の状況について把握し、理解する過程である。このアセスメントの結果に基づいて、具体的な支援や働きかけの方法、必要なサービス等の社会資源が明らかになり、ソーシャルワーク実践の過程が展開されていくことになる。

　アセスメントでは、まず支援が必要な当事者・利用者本人や家族、あ

るいは関係者などから必要な情報を集め、その情報を整理・分析する作業を行う。集めた情報をもとに「個人と社会環境および両者の相互作用」への視点から、当事者・利用者本人や家族の生活状況の全体、また地域の状況等も把握しつつ、困難状況に対する認識を深めて、支援の目標やその達成のために取り組むべき課題を見出す。

　ここでソーシャルワーカーに求められるのは、必要な情報を関係者や関係機関等から的確に集めることができる情報収集力である。何らかの生活困難を抱える当事者や家族から、アセスメントに必要なさまざまな情報を得るための面接を「アセスメント面接」と呼ぶが、何よりソーシャルワーカーが相手に信頼されていなければ、得られる情報も限られる。ソーシャルワーカーが当事者本人やその家族、また地域住民から信頼されることで、支援を展開していくうえでの大切な情報が提供されるのである。その意味でも、ソーシャルワークにおける関係者との信頼関係の構築とそのためのコミュニケーションスキルは、ソーシャルワーカーにとって、適切なアセスメントのために欠かせない実践力である。

　アセスメントを行う際には、当事者本人の身体的、心理的、社会的な状況や家族の状況、そして本人と家族との関係や地域との関係などについて、現在だけでなく、本人や家族の歴史など過去に関する多方面からの情報収集が必要である。そして、実際に支援を開始したあとでも、本人や家族、地域住民その他関係者とのかかわりのなかで、新しい気づきや発見がソーシャルワーカーにもたらされたり、新たな情報が得られたりして、支援の目標や内容の見直しにつながることがある。その意味で、情報収集やアセスメントの作業は、ソーシャルワークの初期段階にとどまらず、ソーシャワークを実践する過程のなかで、継続して行われるという理解が大切である。

　さらに、このアセスメントの作業もまた、ソーシャルワーカーが一人で行うものではない。当事者や家族あるいは地域の状況に応じて、ほかの専門職や地域住民、関係者や関係機関等との連携、協働によって行われるという認識が必要である。アセスメントの作業を通しての、多職種連携や協働の仕組み、また地域におけるつながりやネットワークの構築を可能にしていく働きかけも、ソーシャルワークの実践として重要である。

2 ▷ 社会福祉士に求められる アセスメントの力

　厚生労働省の第10回社会保障審議会福祉部会福祉人材確保専門委員会（2017（平成29）年3月28日）での資料「ソーシャルワーク専門職である社会福祉士に求められる役割等について」は、ソーシャルワーカーとしての社会福祉士に求められる実践能力について記されたものである。**表3-1**は、その資料のなかから、「個人、世帯、集団及び地域のニーズの発見及びアセスメント」の箇所を抜粋したものである。

　また、同じく社会保障審議会福祉部会福祉人材確保専門委員会が、翌年の2018（平成30）年3月27日に発表した同名の報告書では、地域共生社会の実現に向けて、社会福祉士によるソーシャルワーク機能の発揮への期待が記されている。この報告書では、「複合化・複雑化した課

表3-1　個人、世帯、集団及び地域のニーズの発見及びアセスメント

- 個人や世帯の多様なニーズや課題に対して適切な支援を提供し、活用可能な社会資源を調整するためには、解決が必要なニーズを確定し、支援の目標を設定することが重要となる。また、支援が必要な人と環境との相互作用に着目し、個人を取り巻く集団や地域のアセスメントも重要となる。
- 個人や世帯のアセスメントは、各種サービスの利用に合わせて社会的、身体的、心理的、経済的等の側面から情報収集が行われているが、地域アセスメントや地域課題の解決に向けた取り組みは十分とは言えず、更なる取り組みが求められる。
- そのため、社会福祉士は、自治会や住民の身近な地域における住民同士の関係性や地域活動への参加状況、集合住宅や新興住宅地など住まいの状況と生活問題との関係、医療・保健・福祉等の機関、社会資源、人口動態等について把握し、その地域において解決すべき地域課題の内容や優先度を明らかにする役割が求められる。
- このような役割を果たすため、社会福祉士には、他の専門職と協働し、地域特性、社会資源、人口動態等を把握するとともに、インタビュー調査法等によって地域住民の生活課題やニーズのありのままの状況を質的に把握し、質問紙調査法等によって地域住民やサービス利用者のニーズを量的に把握するための知識と技術を統合し実践する能力が必要となる。
- また、地域には、自分から支援を求めることができない人、自分から相談に来ることができない人、社会資源やサービスの存在を知らない人、社会的に孤立した状態にある人などが存在している。
- そのため、社会福祉士は、相談者が支援を求めてくるのを待つのではなく、他の専門職と協働して積極的に潜在的なニーズや地域課題を発見する役割を果たすことが求められる。
- このような役割を果たすため、社会福祉士には、情報を得やすい環境整備を行い、地域アセスメントや調査結果並びに関係者からの情報提供を踏まえてアウトリーチの対象や方法を決定し、支援対象者のアセスメントを改めて実施し、具体的なサービスや社会資源の利用につなぐための知識と技術を統合し実践する能力が必要となるのではないか。

資料：厚生労働省第10回社会保障審議会福祉部会福祉人材確保専門委員会資料「ソーシャルワーク専門職である社会福祉士に求められる役割等について」（2017（平成29）年3月28日）より抜粋。下線は筆者による

表3-2　ソーシャルワーク機能としてのアセスメント

- ・相談者が抱える課題を包括的に理解するための社会的・心理的・身体的・経済的・文化的側面のアセスメント
- ・相談者個人、世帯並びに個人と世帯を取り巻く集団や地域のアセスメント
- ・アセスメントを踏まえた課題解決やニーズの充足及び適切な社会資源への仲介・調整
- ・地域特性、社会資源、地域住民の意識等を把握するための地域アセスメント及び評価
- ・潜在的なニーズを抱える人の把握、発見

資料：厚生労働省社会保障審議会福祉部会福祉人材確保専門委員会「ソーシャルワーク専門職である社会福祉士に求められる役割等について」（2018（平成30）年３月27日）より抜粋

題を受け止める多機関の協働による包括的な相談支援体制を構築するために求められるソーシャルワークの機能」および「地域住民等が主体的に地域課題を把握し、解決を試みる体制を構築するために求められるソーシャルワークの機能」が挙げられているが、**表3-2**は、報告書に記されたソーシャルワーク機能のなかから、アセスメントに関連する記述を抜粋したものである。

　これらによれば、アセスメントは、支援が必要な個人へ、社会的、心理的、身体的、経済的、そして文化的な側面から多角的に行われる必要があることがわかる。また個人だけでなく、世帯や集団へのアセスメント、そして地域特性★や地域住民の意識等の把握も含めた地域へのアセスメントの必要性も挙げられており、そのようなアセスメントを踏まえて、課題解決等に向けたソーシャルワークが展開されることになる。さらに、地域住民の潜在的なニーズの把握もアセスメントの重要な役割である。

　これらの報告書の記述からも、個人や世帯へのアセスメントと合わせて、地域住民のニーズ把握や地域課題の発見など、ほかの専門職や関係者と協働しての地域アセスメントができる実践能力、すなわちミクロレベルからメゾレベル、マクロレベルに至るアセスメント能力が、社会福祉士に求められているといえる。

★地域特性
地域の人口や高齢化率、子どもの数、また街並みや歴史、文化、さらに住民同士のつながりの強さなど、その地域の統計や文化、環境的な特徴のこと。地域支援ではその地域の地域特性を把握することが欠かせない。

３　「生活者」への理解と、その「生活」への接近としてのアセスメント

　ソーシャルワークの過程においてアセスメントが重要な役割を担うのは、ソーシャルワークが、地域で暮らす生活者としての人々とその生活にかかわり、支援する営みや方法であるからである。いうまでもなく、

人々の生き方やライフスタイル、暮らしの価値観や生活状況は、一人ひとり異なる。また、人々が生活する地域をみても、地域によって人口や年齢構成等も異なり、住宅状況、子どもや高齢者の数、さらにはその地域の伝統や慣習などの文化の違いもある。それぞれの地域の特性のなかで、それぞれの人々の、それぞれの生活がある。いわば、人の数だけ生活や生き方があり、それぞれに個別性と独自性がある人とその生活に、ソーシャルワークはかかわるのである。

　支援者といえども、誰かの生活や人生を代わりに生きることができない限り、ソーシャルワーカーに求められるのは、その人が自らの生活の主体として、その人生の主人公として生き続けることを支えることである。その人の生活はその人のものであり、その人の人生はその人のものなのである。このことは、ソーシャルワークが、その人が自らの生活や人生を生きる権利を守る権利擁護の実践であるということとも重なる。そして、そのような個々に異なる生活状況の把握と理解を可能にし、それぞれの個人や世帯、地域の状況に応じたソーシャルワークを展開していくための重要な作業がアセスメントである。

　今日の人々が抱える生活問題や生活課題の多様化、複雑化、複合化のなかで、そのような生活状況をいかに把握し、理解するのかは、ソーシャルワークの実践において、ますます重要な課題となっている。昨今の社会状況のなかで、人々がその生活で直面している生きづらさや生活のしづらさといった状況や、その個別のニーズを理解するという能力がソーシャルワーカーにますます求められている。対象となる状況に対する支援者の理解力や判断力が、その後の支援の方向や内容に重要な影響を与えるのである。当事者や家族がおかれている状況に対する誤った理解や偏った理解をもったままでは、適切な支援には結びつかない。

　たしかに、ソーシャルワークの実践においては、当事者・利用者や家族とその生活、そして地域に対して、どのようにかかわり、働きかけ、支援するかということの検討や考察はもちろん重要である。しかし、その展開の前提となる、またその展開の方向性や方法を示すという意味でも、ソーシャルワークの対象となる状況をどのように把握し、理解するかというアセスメントの作業が重要なのである。

個人と社会環境および両者の相互関係への視点に基づくアセスメント

ソーシャルワークは、何らかの生活困難を抱える人々の、その困難状況、すなわち生きづらさや生活のしづらさと、それを生み出す関係的、社会的、地域的、環境的、構造的な要因への視点を重視する。その実践は、支援を必要とする当事者本人や家族にかかわるだけでなく、その困難状況を生み出す要因となっている社会環境にも働きかける。アセスメントの作業においても、それがソーシャルワークの過程における実践である限り、この社会環境への視点は重要である。

ここでいう社会環境とは、具体的には個人を取り巻く人々や場所、地域などを総称していう言葉であり、たとえば家族、地域、学校、職場などの場所やそこで関係する人々のほか、地域の人々の意識や価値観、生活様式や行動様式、また広くは社会全体の仕組みや文化、さまざまな制度やサービスなども含まれる。人は誰でも自分を取り巻く社会環境との関係のなかで、それぞれの生活を営んでいる。それゆえに、誰かの生活を知るためには「その人自身」と「その人を取り巻く社会環境」および両者の相互関係をみること（個人と社会環境との関係性への視点）が必要であり、それはすなわちソーシャルワークのアセスメントにおいても重要な視点となる。アセスメントの作業においてソーシャルワーカーは、常に何らかの社会環境との関係のなかで生きる「生活者」としての個人と、その生活状況へのまなざしを手放してはいけない。

何らかの生きづらさや生活のしづらさを抱える人々やその家族の訴えや経験は、私たちが暮らす地域や社会がもつ課題を代弁していると捉えることが重要である。前述したように、個人的なことは関係的、社会的、地域的、環境的、構造的なことであり、個人の生活課題は地域や社会の生活課題であるという認識、個人が抱える生活問題の背景には、それを生じさせる関係的、社会的、地域的、環境的、構造的な要因が必ずあるという認識が、ソーシャルワークのアセスメントに求められる。

5 「地域生活課題」へのアセスメント

2017（平成 29）年 6 月に改正され、2018（平成 30）年 4 月に施行された社会福祉法第 4 条によれば、社会福祉従事者は地域住民等と

Active Learning

あなたの住まいがあるところでは、どのような「地域生活課題」があるか考えてみましょう。

して、地域住民や関係者と相互に協力して、地域住民および世帯が抱える「地域生活課題」に対応していくことが求められている。この「地域生活課題」とは、福祉や介護、保健医療における課題だけでなく、住まいや就労、教育、また地域住民の地域社会からの孤立といった生活課題、そして地域におけるさまざまな活動への参加の機会の確保における課題とされている。この「地域生活課題」へのアセスメントが、今日のソーシャルワークに求められている。

★生活困窮者自立支援法
さまざまな事情で生活に困窮している状態にある人に対して、生活保護に至る前の段階で包括的な支援を行うことを目的とした法律。2013（平成25）年12月に成立、2015（平成27）年4月より施行されている。

さらに、2018（平成30）年6月に改正され、同年10月に施行された生活困窮者自立支援法第2条では、生活困窮者に対する支援について、「生活困窮者の就労の状況、心身の状況、地域社会からの孤立の状況その他の状況に応じて」行うとあり、第3条では生活困窮者の定義として、「就労の状況、心身の状況、地域社会との関係性その他の事情」によって困窮状態にある者とされている。個人の心身の状況だけでなく、地域との関係やその他の事情についてのアセスメントが、生活困窮者支援のソーシャルワークには求められるといえる。

人々が抱えるさまざまな生活問題の背景には、その時々の社会状況における環境的・構造的な要因があり、その要因となる社会環境や社会構造の改善を抜きにしては、生活問題の抜本的な解決はない。ソーシャルワークのアセスメントとは、当事者・利用者本人や家族へのアプローチだけではなく、その人が暮らす地域やその人を取り巻く社会環境が、その人の主体的な生活をどのように阻害しているのか、生活問題や生活困難状況に至った社会的な背景、すなわちそれらを生じさせる社会構造的な要因へと切り込むものなのである。

◇参考文献
・B. デュボワ・K. K. マイリー，北島英治監訳，上田洋介訳『ソーシャルワーク——人々をエンパワメントする専門職』明石書店，2017.
・D. H. ヘプワースほか，武田信子監，北島英治ほか監訳『ダイレクト・ソーシャルワークハンドブック——対人支援の理論と技術』明石書店，2015.
・空閑浩人編著『新・基礎からの社会福祉② ソーシャルワーク』ミネルヴァ書房，2015.
・空閑浩人『シリーズ・福祉を知る② ソーシャルワーク論』ミネルヴァ書房，2016.
・野口定久編集代表，ソーシャルワーク事例研究会編『ソーシャルワーク事例研究の理論と実際——個別援助から地域包括ケアシステムの構築へ』中央法規出版，2014.
・東京社会福祉士会監，『ソーシャルワークの理論と実践の基盤』編集委員会編『ソーシャルワークの理論と実践の基盤』へるす出版，2019.
・渡部律子『新・MINERVA 福祉ライブラリー㉞ 福祉専門職のための統合的・多角的アセスメント——相互作用を深め最適な支援を導くための基礎』ミネルヴァ書房，2019.

学習のポイント

● アセスメントを支える理論について学ぶ
● アセスメントの方法や構成要素について学ぶ
● アセスメントに有効なマッピングの技法について学ぶ

 ソーシャルワークのアセスメントを
支える理論や視点

　アセスメントは、ソーシャルワーク実践の展開過程（プロセス）を支え、推進するための重要な局面・作業である。支援の対象となる人や家族、あるいは地域とその状況をどう認識するか、受けとめるかのなかに、ソーシャルワークの専門性があると言っても過言ではない。ソーシャルワークのアセスメントにおいては、何より「**状況のなかの人（Person in his/her situation）**」という人間観が重要である。これは、あくまでも社会関係や環境との関係のなかで、関係的、社会的、構造的に生じた困難状況（生きづらさや生活のしづらさ）と、そのような状況のなかの人（「生活者」としての当事者、利用者、クライエント）への視点である。

　併せて、アセスメントの作業においては、「**Bio（バイオ：生物的・身体的）-Psycho（サイコ：心理的・精神的）-Social（ソーシャル：社会的・環境的）モデル（BPS モデル）**」による当事者や利用者への理解も欠かせない。この BPS モデルは、「生物―心理―社会モデル」とも訳され、人間の「生物的・身体的側面」「心理的・精神的側面」「社会的・環境的側面」の三つの側面は相互に影響し、関連しあっていることを示す。すなわち、当事者や利用者が抱える何らかの困難状況に対して、何か一つの原因に還元して捉えるのではなく、あるいは特定の側面だけを切り取って別々にみるのでもなく、三つのそれぞれの側面におけるさまざまな要因の相互作用の現れとして、その状況を認識する。

　そして、ソーシャルワーカーは、これら三つの側面のなかでも、特に「社会的・環境的側面」、つまり家族関係や地域の状況など、その人を取り巻く環境を重視する。しかしその際にも、三つの側面の相互性や関連

性を視野に入れながら、その人がおかれている状況を統合的に捉え、全体的・総合的に理解する視点が重要である。

ソーシャルワークの特徴である人と環境および両者の相互関係への捉え方としては、システム理論（systems theory）や生態学的視点（ecological perspective：エコロジカル・パースペクティブ）が援用される。システム理論とは、何らかのシステムを構成する複数の要素が相互に有機的に関係しあう「相互作用」の現れとして、そのシステムの全体や状態を把握する考え方である。これに基づいて、たとえば個人、家族、集団、地域の状況を「システム」と捉えることで、対象への理解やソーシャルワーカーの介入の仕方、アプローチのポイントを探る助けになる。

また、生態学的視点とは、人と周囲の環境との適合状態やその均衡の保ち具合、相互の関係性、影響の及ぼしあいに着目するものである。この視点に基づいて、その人とその人を取り巻く環境の相互関係の状態を把握し、両者の適合や均衡の度合いを上げるための介入やアプローチのポイントを探る助けになる。

システム理論や生態学的視点に基づくソーシャルワークのアセスメントでは、対象となる人や家族の困難状況、地域の課題等に対して、原因─結果の直線的な因果関係ではなく、さまざまなことが相互に関係をもち影響しあっている状態として認識する。たとえば、「家族システムの機能不全」「家族関係に生じている悪循環」「その人と周囲の環境との適合の不具合」「その人と周りの人々との対話がうまくいっていない状態」「地域住民間での意識や認識のずれ」などと捉える。そして、「何がその人や家族にそうさせているのか」「人々がそうせざるを得ない状況は何か」「その人がそのような行動に至る背景には何があるのか」「今ここで、地域住民間の相互関係のなかで何が起こっているのか」を把握して、多職種や関係者とアセスメントの結果を共有しながら、人と環境との相互関係や地域や社会の変化の可能性を見出し、それらを促す介入やアプローチのチャンス、ポイントを探る。

また、アセスメントにおいては、個人や家族、環境、地域のストレングス（強み、よさ、魅力、可能性）に対する気づきも重要である。これは潜在化している社会資源の発見や開発にもつながる重要な視点である。個人にしても家族や地域にしても、支援の対象となる場合には、どうしても課題や問題あるいは不足や不十分さばかりにソーシャルワーカーの目が行きがちになる。しかし、その課題や問題を解決するのはあ

★システム理論
主に物理学や自然科学の領域で発展してきたが、20世紀半ばにベルタランフィ（Bertalanffy, L.）によって一般システム理論が提唱されてから、ソーシャルワークを含めさまざまな分野に取り入れられていった。

★生態学的視点
有機体と環境との関係を研究する生態学の考え方に基づくソーシャルワークの対象理解の視点。人と環境との間の接点（インターフェイス）に介入する実践を導く。ジャーメイン（Germain,C.B.）らにより生活モデルとして体系化された。

くまでもその本人や家族であり、地域住民である。本人主体や地域住民主体のソーシャルワーク実践の過程を進めていくために、個人や環境、場所や地域がもつストレングスを見出していくことも、ソーシャルワークのアセスメントにおける重要な役割である。

2 アセスメントの方法と構成要素

　アセスメントを行う際には、何よりも支援の対象に関する情報収集が欠かせない。個人や家族を対象とした支援の際には、クライエント本人や家族から面接などによって直接的に情報を収集するほか、親戚や近隣の人々、民生委員、職場の同僚、学校の先生など、関係する人々からの情報収集も大切である。さらには、クライエント本人や家族が利用している地域の社会資源の側からの情報収集も重要である。たとえば、よく利用している施設やかかりつけの病院、サービスなどの側から得られる情報も、クライエント本人や家族の状況把握に有効である。

　地域に対するアセスメントの際には、たとえば人口や高齢化率、世帯数や世帯の種類別の数など、その地域の統計データのほか、地域の歴史や地理的条件等に関する情報収集も有効である。また、自治会等の状況や社会資源の状況、地域の慣習や住民の生活習慣などに関する情報も大切である。そして、実際にその地域で暮らしている自治会等の会長や役員、民生委員や地域住民などから直接的に得られる情報は非常に重要である。

　そうして得られた情報を総合的に整理・分析することによって、クライエント本人や家族、地域の状況を、いわば多角的、関係的、立体的、構造的に把握することが可能になる。それをもとにして、ソーシャルワークとしてどのような支援や働きかけを、どのように展開するかを見出していくのである。

　ソーシャルワークのアセスメントは、いかなる分野や領域での実践、あるいは支援の対象であっても、ソーシャルワーク実践の展開過程を支え、推進するための重要な局面であり、作業である。それは、何らかの困難状況を抱える本人とその本人の生活状況や地域の状況を把握するために、関連するあらゆる情報の収集や分析、制度や政策レベルも含めた社会資源の抽出や整理、また本人や家族等の経験やもっている能力、さらには本人と家族、地域の関係者・関係機関間の相互の関係性、困難状

表3-3　アセスメントを構成する要素

1. 支援の対象となる人や困難状況にかかわるすべての人や場所、組織、機関等を明らかにするとともに、それぞれについて必要な理解を進めること
2. これらの関係するそれぞれがもつ役割や特徴、相互の関係性などを明らかにして整理すること
3. 困難状況のなかのニーズと、ニーズ充足のための障害や妨げとなっていることを明らかにすること
4. 本人がこれまでにうまくいった問題解決の経験や、その他、本人や本人を取り巻く環境（家族や地域など）のストレングスを見出すこと
5. 家族や地域あるいは社会全体に共有されている行動様式や生活習慣、また人々の生活に浸透している価値観や慣習などの文化が、その困難状況に及ぼしている影響、また支援の過程で及ぼすと考えられる影響を見極めること
6. 「人と人」や「人と地域」、「人と社会状況」など、さまざまな相互作用の観点から、対象となる状況を関係的、社会的、構造的に把握して、支援の目標や働きかけの対象などを明らかにすること
7. さらに収集が必要な情報、対象理解のために必要な知識、また支援の過程や具体的場面でソーシャルワーカーに求められる価値観や倫理観について明らかにすること
8. 支援の過程で活用可能なあらゆる情報やデータを整理・分析・評価すること
9. 関係する政策や制度、具体的なサービスや支援などの顕在的な社会資源だけでなく、関係者や関係機関、地域や場所がもつ潜在的な社会資源についても見出していくこと
10. システムとして捉えられる状況のなかで生じる何らかの変化（たとえば本人や家族関係の変化、地域住民の意識の変化など）が、そのシステム全体に与える影響や、状況が変化する可能性について検討すること

出典：L. C. ジョンソン・S. J. ヤンカ，山辺朗子・岩間伸之訳『ジェネラリスト・ソーシャルワーク』ミネルヴァ書房，pp.389-390, 2004. を参考に筆者作成

況の背景にある葛藤状況などを、幅広い視点から総合的・全体的に把握しながら、その状況への理解を深めるものである。

　その作業も、ソーシャルワーカーが一人で行うのではなく、多職種や関係者と連携・協働し、チームワークで行うことが重要である。そこから多角的な見方、多様な視点からの気づきや発見、かかわりや働きかけのヒントやアイデアがもたらされ、それによって、その後の支援の展開の柔軟性、多様性、創造性、幅の広さが導かれる。

　このようなアセスメントを構成する要素（アセスメントで行うべき作業の内容）について、**表3-3**のように整理することができる。

3　アセスメントを支えるマッピングの技法

　ソーシャルワークのアセスメントを支えるツールとして、ジェノグラム（genogram）やエコマップ（ecomap）がある。これらは、当事者

表3-4 ジェノグラムの描き方についての基本的な例

① 男性は「□」、女性は「○」で描き、年齢は記号の中、名前（呼び名）がわかる場合は記号のそば（または中）に描く（名前は書かないかイニシャルで表記する場合もある）。
② 夫婦を描く場合、原則的に男性は左、女性を右に描く。場所の関係で描きにくい場合は、反対になってもよい。
③ 夫婦の子どもたちは、一段下に並列に描き、生年順に左から描く。
④ 年齢をそれぞれの記号の中に描き、夫婦、親子、きょうだいなどを図 3-1 のように 1 本の直線でつなぐ。
⑤ 夫婦の場合、結婚した年あるいは婚姻期間がわかる場合は、直線上に描く。
⑥ 同居している人同士を線で囲い、居住する場所を描く（A 県あるいは B 市など）。
⑦ 学年や職業、疾患や病歴、健康状態（服薬の状況）がわかる場合は、記号のそばに描き込む。
⑧ 死亡した人の年齢がわかる場合は記号に描き込み、死因や長く患っていた病気や状況がわかる場合は、それを描き込む（何年前に死亡したかを描き加えてもよい）。詳しい情報が不明な場合は、記号に×を描き込むのみでよい。
⑨ 基本的には、関係の近い 3 世代を描く。重要な世代がさらに多ければ、加えてもよい。

出典：小林奈美『実践力を高める家族アセスメント Part I ジェノグラム・エコマップの描き方と使い方——カルガリー式家族看護モデル実践へのセカンドステップ』医歯薬出版, pp.56-57, 2009. を筆者により一部加筆

や家族の生活状況や社会関係を図で表すマッピングの技法として、アセスメントの作業や事例検討会などで広く活用されている。これによって、たとえば文章で表現するとなると非常に複雑になる家族構成や、当事者をめぐる人間関係などを可視化することができ、一目で状況を理解することができる。アセスメントの作業のなかで、このようなマッピングの技法を使いこなせることは、ソーシャルワーカーに求められる重要なスキルであるといえる。

　ジェノグラムとは、基本的には 3 世代以上の家族間の人間関係を図式化したものであり、家族関係や家族模様、さらには家族の歴史を視覚的に把握できる家族関係図である。ジェノグラムの描き方についての基本的な例は**表 3-4** のとおりである。また、ジェノグラムの描き方の例は**図 3-1** のとおりである。

　次にエコマップとは、支援の対象となる本人と家族との関係、本人や家族を取り巻く関係者や関係機関、また地域の社会資源等との関係を一定の記号で表したものであり、1975 年にハートマン（Hartman, A.）によって考案された。本人や家族が経験している社会関係や、おかれている状況を図式化することで、その全体を一度に把握することができる。

　たとえば、家族内の人間関係の様子は良好か否か、夫婦や親子あるいはきょうだい間の力関係はどうか、その家庭と地域住民との関係はどう

Active Learning
エコマップはどのようなことに役立つか考えてみましょう。

図3-1 ジェノグラムの描き方の例

ポイント
1. 関係の深い2～3世代を描く。
2. 性別、年齢、職業（学年）は基本。
3. 健康状態、服薬状況を描く場合もある。
4. 作成／改訂者、作図年月日を入れておく。

I-1G：2005.6.19：作成：小林奈美

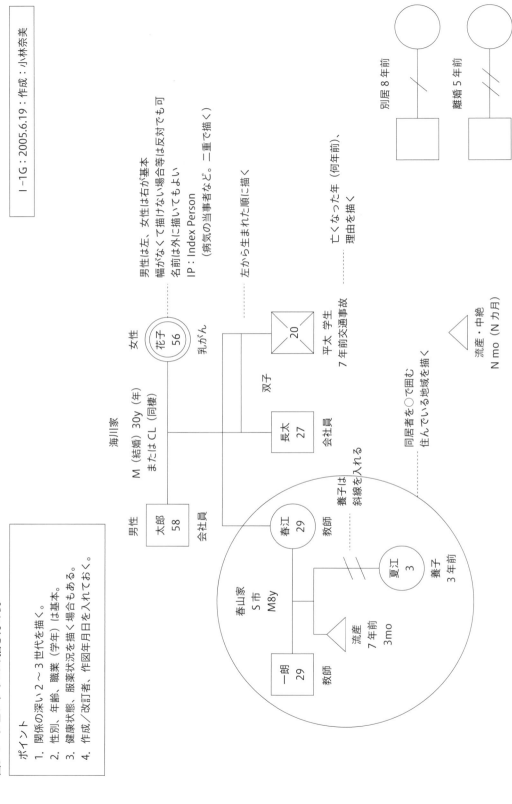

男性は左、女性は右が基本
幅がなくて描けない場合等は反対でも可
名前は外に描いてもよい
IP：Index Person
（病気の当事者など。二重で描く）

左から生まれた順に描く

亡くなった年（何年前）、
理由を描く

同居者を◯で囲む
住んでいる地域を描く

養子は
斜線を入れる

出典：小林奈美『実践力を高める家族アセスメント Part I ジェノグラム・エコマップの描き方と使い方──カルガリー式家族看護モデル実践へのセカンドステップ』医歯薬出版、p.57、2009.

70

か、子どもであれば学校や塾等との関係、大人であれば職場等との関係
に何か問題はないか、地域の相談機関による支援や、事業所が提供する
サービスは適切に利用されているかなどについて、視覚的に表すことが
できる。エコマップの描き方の例は**図3-2**のとおりである。
　ジェノグラム、エコマップともに、描き方の統一ルールがあるわけで
はないが、ここに示した例のような表記の仕方により、クライエントや
家族の状況把握やアセスメントの作業に活用されている。

図3-2　エコマップの描き方の例

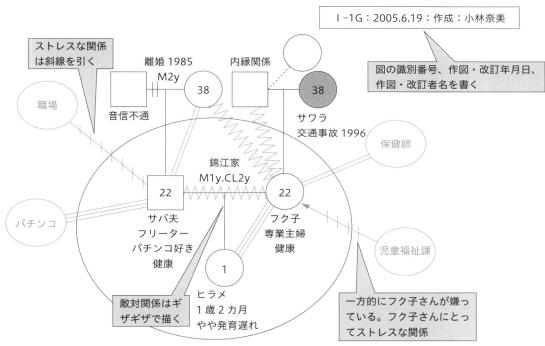

出典：小林奈美『実践力を高める家族アセスメント Part I ジェノグラム・エコマップの描き方と使い方──カルガリー式家族看護モデル実践へのセカンドステップ』医歯薬出版，p.62，2009.

◇**参考文献**
・団士郎『対人援助職のための家族理解入門──家族の構造理論を活かす』中央法規出版，2013.
・早樫一男編著『対人援助職のためのジェノグラム入門──家族理解と相談援助に役立つツールの活かし方』中央法規出版，2016.
・L. C. ジョンソン・S. J. ヤンカ，山辺朗子・岩間伸之訳『ジェネラリスト・ソーシャルワーク』ミネルヴァ書房，2004.
・小林奈美『実践力を高める家族アセスメント Part I ジェノグラム・エコマップの描き方と使い方──カルガリー式家族看護モデル実践へのセカンドステップ』医歯薬出版，2009.
・渡辺俊之・小森康永『バイオサイコソーシャルアプローチ──生物・心理・社会的医療とは何か？』金剛出版，2014.
・M. マクゴールドリックほか，渋沢田鶴子監訳，青木聡ほか訳『ジェノグラム──家族のアセスメントと介入』金剛出版，2018.
・寺本紀子・中恵美・林田雅輝・馬渡徳子『ケアマネジャーのためのアセスメント力向上 BOOK──「アセスメント見える化ツール」で自信がつく！』メディカ出版，2019.

 第 3 節 アセスメントの留意点

学習のポイント

● ソーシャルワークの固有性や専門性を表すアセスメントについて学ぶ
● アセスメントにおける関係者や当事者との協働の重要性について学ぶ
● 継続的で多角的な視点から個人と社会に迫るアセスメントについて学ぶ

1 ソーシャルワークの固有性や専門性を表すアセスメント

　本章では、ソーシャルワークの過程におけるアセスメントの意義や目的、その方法や視点について述べてきた。ソーシャルワークのアセスメントとは、支援の過程において、当事者が抱えている生きづらさや生活のしづらさ、また地域が抱える生活課題を把握し、そして、困難な状況への対処や問題解決の方向性を見出すための重要な作業である。

　それはソーシャルワーカーにとって、人々がその生活で抱えるさまざまな困難な状況の背景にある社会構造的な要因に多角的な視点で迫ろうというものであり、また人々の暮らしの場としての住みよい地域づくりへの実践を志向するものである。ソーシャルワークの過程におけるアセスメントとは、人と地域、人と社会をつなぎ、両者の相互関係に働きかける営みとしてのソーシャルワークが、いかにその対象を認識し、そして支援や働きかけの展開につなげていくかという、ソーシャルワークの固有性や専門性が発揮される場面でもある。その意味でも、支援の対象に対するアセスメント力は、ソーシャルワーカーの実践力を構成する重要な能力であるといえる。

　さらに、アセスメントの作業においても、それがソーシャルワークの価値や倫理に根差した営みであるべきことを忘れてはならない。いわば、アセスメントとは、ソーシャルワークの使命と役割、そして対象への視点や認識のあり方、さらにはその基盤となる価値や倫理が問われる営みであり、それはすなわち、自らが「ソーシャルワーク専門職」としてあり続けることを、そしてその営みがソーシャルワークであり続けることを支える作業であるといっても過言ではない。

2 ソーシャルワークにおける アセスメントの留意点

最後に、本章全体のまとめとして、アセスメントにおける留意点について、次の七つの観点から整理をしておく。

❶アセスメントにおける個別化の重要性

人それぞれに生活や人生は異なるがゆえに、たとえ同様の生活困難であったとしても、具体的な状況や事情はそれぞれに異なり、解決に向けた方法もそれぞれである。ソーシャルワークにおいては、一つとして同じ事例はないという認識が重要である。

❷アセスメントは継続的に実施される

ソーシャルワーカーといえども、誰かとその誰かの生活状況を完全に知り尽くすということはあり得ない。アセスメントは、ソーシャルワーク実践の過程を通して、継続的に繰り返して行われるという理解が重要である。

❸関係者との連携・協働によるアセスメント

一人の当事者の生活や一つの生活問題に対して、多角的な見方や多様な視点で分析することにより、多くの気づきやヒントが得られ、支援の多様性や柔軟性、幅の広さが生まれる。関係者や関係職種との連携・協働によるアセスメントが重要である。

❹当事者の参加や当事者側の視点の重要性

ソーシャルワーカーや支援機関の側からではなく、当事者・利用者本人の側から、家族の側から、地域住民の側からの視点でその状況や背景をみようとすることが重要である。人は誰一人として同じ環境では生活しておらず、皆それぞれ独自の現実やリアリティのなかで生きている。当事者の参加を得ながら、当事者から学び、当事者との共同作業で取り組む姿勢の大切さは、アセスメントにおいても同じである。

❺本人や家族、地域のストレングスを把握する

本人および家族、その他本人を取り巻く環境、そして地域がもつストレングス（強み、よさ、魅力、可能性）への視点は重要である。本人や家族が問題に向きあう力や生きる力を導くことにもつながり、また地域性や地域の強みを活かした地域支援のあり方を見出すことにもつながる。

❻システム理論や生態学的視点から相互関係を把握する

「状況のなかの人」への理解のために、システム理論や生態学的視点から、「今、ここで、その相互関係のなかで、何が起こっているのか」

をみる。ジェノグラムやエコマップを活用して、直線的な原因—結果ではなく、さまざまなことが相互に関係をもち、影響しあっている状況を把握することが重要である。

❼背景にある社会構造的な課題を見極める

　ソーシャルワークのアセスメントである限り、社会関係のなかで、関係的、社会的、構造的に生じた生きづらさや生活のしづらさへの視点と状況への理解が欠かせない。個人的なことは社会的なことであり、一人の生活課題は地域の生活課題であり、当事者・利用者の訴えは地域や社会が抱える課題を代弁している。ソーシャルワークの使命である社会変革に向けた社会構造的な課題に対する働きかけは、このようなアセスメントに基づいて導かれるのである。

◇参考文献
　・野口定久編集代表，ソーシャルワーク事例研究会編『ソーシャルワーク事例研究の理論と実際
　　──個別援助から地域包括ケアシステムの構築へ』中央法規出版，2014.
　・東京社会福祉士会監，『ソーシャルワークの理論と実践の基盤』編集委員会編『ソーシャルワーク
　　の理論と実践の基盤』へるす出版，2019.
　・渡部律子『新・MINERVA 福祉ライブラリー㉞ 福祉専門職のための統合的・多角的アセスメン
　　ト──相互作用を深め最適な支援を導くための基礎』ミネルヴァ書房，2019.

第4章

ソーシャルワークの過程
プランニング

　第3章では、クライエント・システムとその環境について、どのような情報が必要で、それらをいかに収集し、整理するかを学んだ。クライエント・システムの状況や課題、意向が明らかになったところで、次は、これから何を目指して、具体的にどのような取り組みを行えばよいかを決めていくプランニングの段階である。第4章では、ソーシャルワークの原理と理論・モデルに基づいて、目的、目標、そして計画内容を設定する方法を学ぶ。プランニングは、連携や協働の要ともなるものなので、留意点についても注意する。

プランニングの意義と目的

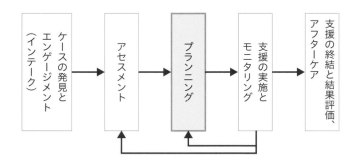

ケースの発見とエンゲージメント（インテーク）→ アセスメント → プランニング → 支援の実施とモニタリング → 支援の終結と結果評価、アフターケア

1 プランニングとは

　プランニングとは、何かをするときに事がうまく運ぶように、目的と目標を定め、そこに到達するための具体的な方法や手順などを考えて計画を立てることである。目的は最終的に目指していることであり、何のために取り組むのかという理由でもある。目的は抽象的であるが、目的を達成した状況をより具体的に示すのが目標である。そして目標は、目指す点に到達しているか確認する目印となる。たとえば、在学中の人が学校を卒業することを目的とするならば、目標は卒業に必要な科目がすべて履修済みで、所定の単位を取得できていることである。目的に到達するまでに複雑な取り組みが必要な場合は、複数の目標を設定したり、最終的な目標に向かう中継点として下位の目標を設定する。そして、現状をスタート地点とし、目標に到達するまでに何を行えばよいかを検討して決めていく。

　プランニングで検討した結果をまとめたものが計画書であり、ロードマップとも呼ばれる。ロードマップがないまま進むと、今どこにいて、何を目指しているのか、何をすべきかが不明瞭なために、無駄な時間や労力を費やすことになりがちである。また、道を誤り、望むところに行

き着かないこともある。プランニングは、これから行うことを「見える化」することであり、効果的な実践を行ううえで不可欠である。

2 ソーシャルワークにおけるプランニング

ソーシャルワークにおけるプランニングは、アセスメントで得た情報に基づき、クライエント・システム（以下、クライエント）（個人、家族、グループ、組織、地域）のウェルビーイングの向上を目指して、具体的にどのような取り組みをするかを決めていくプロセスである。個人や家族の場合は面談、グループの場合はグループミーティング、組織や地域ならば会議や委員会を通してプランニングは進められる。

クライエントが少人数の場合は対話を通しての意思決定が可能であるが、大きな組織や地域などメゾレベル・マクロレベルでは関係者の意見を確認し、集約することが必要である。そのため、会議の参加者をグループに分け、各グループにファシリテーターが入って話し合いを進め、各グループでの話し合いの内容を全体で共有し集約するという方法をとることがある。

また、広く市民を対象とするマクロレベルでは、自治体や社会福祉協議会の担当課が事務局となり、関係団体の代表者や学識経験者、公募市民などをメンバーとする計画策定委員会で計画が策定される。決定を要する事項については、ワーキンググループ（事務局を含む）が協議してたたき台を作成し、それを計画策定委員会で検討することでプランニングは進められる。

プランニングによってまとめられたものは、取り組みの根拠となる法律や制度、対象者により、さまざまな名称で呼ばれる。たとえば、介護保険のサービス利用者のためのケアプラン（居宅サービス計画）、子どものケアのための自立支援計画、市町村や都道府県が作成する地域福祉計画、子ども・子育て支援事業計画、老人福祉計画・介護保険事業計画、障害福祉計画・障害児福祉計画などである。また、特定の名称はなくても、何かを行うときには日常的にプランニングが行われており、ソーシャルワークにおけるプランニングは多岐にわたる。

3 ソーシャルワークにおける プランニングの意義

　プランニングは、倫理的・効果的・効率的な実践を行ううえで重要である。プランニングのステップをしっかり踏むことが、実践の質を高めることにつながる。具体的には、次のような点で意義がある。

❶　クライエントが自らの可能性を探り、希望を見出して次に進むステップとなる。問題解決スキルを習得する機会でもある。

❷　目的や目標を設定するにあたって、クライエントにとって本当に大切なことは何かを吟味することで、取り組みの方向性を適切に定めることができる。

❸　目標に到達するための方法を具体的に検討することで、支援に一貫性と継続性をもたせ、効果的な介入を行うことができる。

❹　プランニングを通して、クライエントと支援にかかわる人たちの間で共通認識をもち、合意形成をすることができる。その結果、適切な連携や協働が可能となる。

❺　プランニングで定めた目標と計画は、計画の進捗状況や成果をモニターするための評価基準になる。

第2節 プランニングのプロセスと方法

- 目的の設定について理解する
- 目標の設定について理解する
- 計画内容の設定について理解する

1 目的の設定

1 取り上げる問題・気がかりを決める

目的を設定するにあたっては、まず、アセスメントで明らかになった困難や気がかりのなかで何を取り上げるのかを決める。クライエントとソーシャルワーカーの間で問題についての見解が一致している場合はすぐに目的設定に進むが、人によって問題だと思うことが異なることがあるので、以下のステップで検討する。[1) ここでは、クライエントとソーシャルワーカーの2人で行っているが、グループで行うこともできる。

❶ クライエントが問題だと思うことや気がかり（変えたい、取り組みが必要だと思っていること）をリストアップする。

❷ ソーシャルワーカーは、クライエントが挙げたものと異なる問題・気がかりがあれば提案し、なぜそれが必要かを説明してリストに追加する。そして、取り組みが必要と思われる課題がすべてリストに含まれているようにする。

❸ リストにある問題・気がかりを整理し、関連するものはまとめる。クライエントは整理したリストから優先順位の高い問題・気がかりを二つか三つ選ぶ。次に、ソーシャルワーカーが優先順位の高い問題・気がかりを二つか三つ選ぶ。

❹ 選ばれた問題・気がかりについて、次の基準に基づいて話しあう。

　・クライエントが最も心配し、気になっていることはどれか。

　・対応せずに変わらない場合、クライエントにとって最も否定的で大変な結果になるのはどれか。

　・変わった場合、クライエントにとって最もよい影響があるのはどれか。

・時間やエネルギー、ほかの資源をさほど多く投入しなくても対応できて変われるのはどれか。

・変えることが難しいもの、あるいは、変えるためには時間やエネルギー、ほかの資源を大量に投入しなければならないのはどれか。

❺ これらの基準に基づいて、優先順位の高い問題・気がかりを三つ選ぶ。一度に取り組むのは一つか二つ、多くても三つ以下とする。

❻ クライエントの問題や気がかりは、常にクライエントにとって重要な人にかかわっているので、プランニングではこれらの人についても考慮することが必要である。

▎2 取り上げる問題・気がかりについて目的を設定する

取り上げる問題・気がかりが決まったら、現在の状況を踏まえて、望まれる状況（目指す状況：目的）を考える。国際ソーシャルワーカー連盟（IFSW）および国際ソーシャルワーク学校連盟（IASSW）が定める「ソーシャルワーク専門職のグローバル定義」には、社会正義、人権、集団的責任、および多様性尊重が原理として挙げられているが、取り上げる問題・気がかりは、これらの原理と照らしあわせたとき、何が問題なのか、クライエントにとって、その問題が解決されて得られるウェルビーイングとはどのような状況かを検討し、個別の状況に即した、わかりやすい目的を設定することが求められる。

さまざまなレベルの目的が想定されるが、細かいことは目標設定で取り扱われるので、ここでは取り上げる問題に関して最も包括的で、実現したい未来をイメージしやすいものがよい。社会構成主義では、言葉が人の見方や世界を形づくるとされる[2]。クライエントの内的世界と自己決定を尊重するため、目的はできるだけクライエントが用いた言葉で記述する。

メゾ・マクロレベル（組織や地域）では、多くの人がかかわるため、人々にわかりやすく、親しみやすく、明確なイメージが得られる目的を設定することが望ましい。また、ここでいう目的は、基本理念、ビジョン、実現したい未来、将来像、目指す姿、などと表現されることもあり、計画の根幹にかかわるものである。そのため、的確な目的を設定することが望ましい。

一方、ミクロレベルの個人や家族では、必ずしも明確な目的設定にこだわらなくてもよい。クライエントのなかには、不安定あるいは混乱のために目的設定が難しく、目的について明確にしようとすると、かえっ

て状態が悪化することがある。目的を設定することに焦点を当てすぎ
て、クライエントの実態から離れないように注意しなければならない[3]。
クライエント個別の目的が設定できなくても、ソーシャルワークには
ウェルビーイングの向上という目的があるので、その目的のもとでクラ
イエントにかかわり、無理のないペースで未来について考えていけばよ
い。

2　目標の設定

1　目標を設定する

　目標は、目的に示された「実現したい未来」をより具体的に示すもの
である。ソーシャルワークでは、社会正義、人権、集団的責任、および
多様性尊重に関する課題状況が改善・向上した結果、クライエントの
ニーズが充足されている、人・グループ・組織・コミュニティが高い社
会機能をもっている、地域の資源やネットワークが豊かに整備され暮ら
しやすい環境になっているといったことが実現したいことである。これ
らは抽象的なので、クライエントの状況に合わせて、わかりやすい目標
を設定することが求められる。

Active Learning

社会正義、人権、集団的責任、および多様性尊重に関する課題状況とはどのようなことか考えてみましょう。

　目標を設定するための方法として、次のようなやり方がある。これは、
グループでも同様に行うことができる。

❶　目的達成のために、クライエントが必要だと思うことをリストアッ
　プする。そのあとに、ソーシャルワーカーが必要だと思うことを追加
　する。

❷　リストの項目について、重要性、変化の難しさ、緊急性、取り組み
　たいものといった観点から優先順位をつける。項目が多い場合、
　図4-1のように、横軸を重要性、縦軸を変化の難しさとして、クラ
　イエントに各項目の位置を書き込んでもらい、なぜその位置か説明を
　聞く。緊急性のあるものや取り組みたいことについても説明を聞く。
　ソーシャルワーカーも項目の位置について意見を述べ、話しあいなが
　ら位置を修正する。

❸　重要性の高いものから一つ、多くても三つまでを目標とする。ただ
　し、緊急性のあるものがあれば、それを優先する。

❹　難しいものを目標に設定する際は、後述するように、取り組みやす
　いように小さな課題に切り分けられないか検討する。

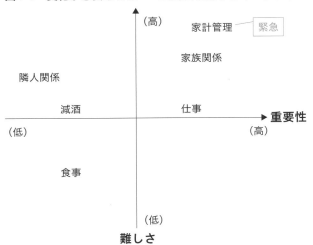

図4-1　変化が必要なこと――重要性と難しさのマトリックス

（高）　　　家計管理　緊急

家族関係

隣人関係

減酒　　　　　　仕事　　→重要性

（低）　　　　　　　　　（高）

食事

（低）

難しさ

　重要性が低く目標にはならなくても、クライエントがやってみたいと強く思う項目がある場合は、計画内容を決めるときに、その項目に関することを含むようにする。このようなストレングスは、取り組みの動機づけとなるため重要である。

　また、ソーシャルワーカーが重要だと判断しても、クライエントにとっては優先順位が低いために目標にならないことがある。そのようなときも、その項目と目標で共通する点を探すことで検討の対象とすることができる。たとえば、**図 4-1** は、飲酒問題で家族や職場、隣人とトラブルになっているケースである。本人は飲酒問題を否認しているが、家族から非難されるのが苦痛なので、家族とよい関係を取り戻すことを目的とすることで、ソーシャルワーカーはクライエントとともに取り組む機会を確保できる。家族関係を改善するために必要なこととして出されたもののなかで、飲酒はクライエントからみれば重要性が低いので目標に設定できないが、重要性の高い家計管理や家族関係と関連しているので、これらを目標としたときに飲酒についても併せて検討していくようにする。

▊2 目標を選んで記述する際のガイドラインと留意点

　ヘプワース（Hepworth, D. H.）は、目標を選んで記述する際のガイドラインとして、次の 8 項目を示している。[4]
❶　ボランタリーなクライエントの場合、目標はクライエントが望んでいる結果に関係していなければならない。

❷ インボランタリー・クライエントの場合、目標は動機づけになるものを含んでいなければならない。

❸ 目標は、明確で測定可能な形で定義しなければならない。

❹ 目標は、実現可能でなければならない。

❺ 目標は、ソーシャルワーカーの知識とスキルに見合ったものでなければならない。

❻ 目標は、成長を強調する肯定的な言葉で述べなければならない。

❼ ソーシャルワーカーがためらうような目標に同意するのは避けなければならない。

❽ 目標は、機関の機能に合ったものでなければならない。

このガイドラインに基づいて目標を設定するためには、次のことが重要である。

❶変化のステージに応じた目標を設定する

ガイドライン❶❷のボランタリーおよびインボランタリーについては、トランスセオレティカル・モデル★のなかの変化のステージについて理解することが必要である。プロチャスカ（Prochaska, J. O.）らは、表 4-1 にあるように、人が一定のステージを経て変化することを実証した。[5)] 変化に向けて支援する際には、ステージに応じた介入をすることが重要で、ステージに合わない介入は変化への抵抗を引き起こす。

無関心期にある人は、問題への気づきがないので、支援の必要性を感じていない。それなのに支援が必要だと言われ、改善方法についての話をされると、反発や怒りが起こり、インボランタリー・クライエントに

★トランスセオレティ
カル・モデル
個人の行動を変容させ
ることを目的とした理
論の統合モデル。

表4-1　変化のステージと支援のポイント

ステージ	特徴	支援のポイント
無関心期	問題への気づきがなく、変わる意志はない	傾聴と共感、情報提供
関心期	問題に気づいているが、アンビバレントで変わる準備はできていない	変化の必要性についての認識、自己効力感
準備期	変わる意志があり、変化に向けて行動を変えつつある	自己効力感、適切な目標設定とプランニング、フィードバック
行動期	変化に向けて行動している	自己効力感、適切な目標設定とプランニング、フィードバック
維持期	行動を変えて 6 か月以上が経つ	フィードバック、再発予防、再発への備え

出典：Prochaska, J. O. & Norcross, J. C., *Systems of Psychotherapy : A Transtheoretical Analysis*（9 th ed.）Oxford University Press, 2018. 第17章より筆者作成

Active Learning
自分あるいは身近な人の課題に関して、どのステージか考えてみましょう。

第4章 ソーシャルワークの過程　プランニング

なりがちである。無関心期の人を支援する際に目指すべきことは問題への気づきであり、そのためには、クライエントの話を傾聴し、取り組みの焦点として合意できること（たとえば、家族関係など）を見つけてかかわるなかで、問題への気づきを促す。

　関心期では、問題への気づきはあっても、変わるための心の準備はできていないので、具体的な方法を提案されてもなかなか実行に至らない。アンビバレントな気持ちに寄り添いつつ、変わる決断ができることを目指して支援することが肝心である。支援者がクライエントのアンビバレントな気持ちを理解せずに変わる必要性ばかりを強調すると、クライエントはインボランタリーになる可能性がある。

　準備期以降は、自分の状況を把握して主体的に課題に取り組むボランタリーなクライエントであるので、本人が必要だと考える取り組みができるように支え、適切にフィードバックすることが求められる。このように、インボランタリー・クライエントだけでなく、ボランタリーなクライエントについても、ステージに応じた目標設定が必要である。

　変化のステージは、個人だけでなく、グループや組織、コミュニティでも応用できる。そのシステムのなかで影響力のある人がどのステージにいるか、また多数の人がどのステージにいるかをみることで、そのステージに合った目標を設定すればよい。

❷大きなこと・複雑なことは分割して、わかりやすくする

　ガイドライン❸では、目標は明確で測定可能な形で定義することが求められているが、目的達成にはさまざまなことがかかわっているので、どこから手をつければよいかわからないことがよくある。そのため、まずかかわっているものを整理し、取り扱い可能な程度に分割して優先順位を決める。そして、分割したもの一つにつき、一つの目標を設定する。これは、課題中心療法で使われる方法である。さらに、目標達成までにいくつかのステップを踏むことが必要な場合は、目標の下に中継点となる目標を設定し、どのような流れで進むかわかるようにすればよい（図4-2）。長期目標の下に短期目標を置く場合もある。

　なお、人、組織、自治体によっては、図4-2の目的を理念、あるいは目標としていることがある。また、下位の目標を課題とすることもある。用語については使い方が一致していないが、最上位に最終的に目指したいことやねらいが置かれ、その下に具体的、現実的なことが置かれる。そして、具体的な取り組みの目標は、計画実施のプロセスと結果を評価できるものでなければならない。

図4-2 目的と目標の関係

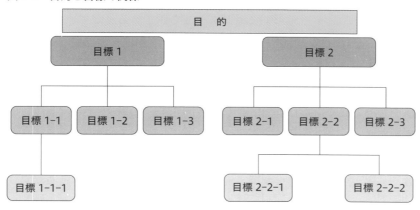

そのためには、目標は、取り組むプロセスではなく、取り組みが完了した状態を記述することが必要である。たとえば、「仕事を探す」は取り組みのプロセスであるが、「仕事がある」は取り組みが完了した状態であり、目標と実態を比較することで到達したか否かを簡単に判断できる。また、「利用者が満足するプログラムを提供する」はプロセスであるが、満足するプログラムがどのようなものか示されていないので評価ができない。たとえば、「毎月、利用者を対象に実施しているアンケートで、プログラム満足度が5段階評価で平均3.8点以上である」ならば、基準と比較して毎月の状況を評価できる。

❸実現可能な目標を設定する

　ガイドライン❹については、二つのポイントがある。バンデューラ（Bandura, A.）は、**社会認知理論**のなかで、人が行動を起こすかどうかに**結果期待**と**自己効力感**がかかわっていることを明らかにしている[6]。結果期待とは、何かをしたときに、どのような結果になるかという期待である。実行すれば自分が望むような結果になるという期待があるから実行するのであって、そのような期待がなければ実行しない。したがって、目標に向けて取り組むことで、自分が望む結果を得られるとクライエントが期待できるような目標を設定することが、実現可能な目標とする第一のポイントである。

　第二のポイントは、高すぎず低すぎない目標を設定することである。自己効力感は、ある特定の行動（たとえば、人からの誘いを断る、大勢の人の前で発表するなど）をとる自信のことであり、自己効力感と実際の行動の間には高い相関関係があることが明らかになっている。つまり、ある行動をとる自己効力感が高いほど、その行動を起こしやすく、

困難があってもその行動をあきらめず継続しようとする（できると思えば実行するし、少々難しいことがあっても頑張ることができる）。自己効力感が低ければ、行動を起こす確率は低く、困難に直面するとすぐに行動するのをあきらめる（はじめから無理だと思えば実行しない人が多い。実行しても難しいと思ったらすぐやめる）。自己効力感は、成功体験をすると高くなる。以上により、クライエントが高すぎると思う目標を設定すれば、クライエントが目標に向けて取り組む確率は低く、たとえ取り組んでも何か困難があればすぐに取り組みをやめることが推測できる。実現可能な目標を設定するためには、目標を達成できそうかクライエントに確認し、難しいという反応があった場合は、課題を分割して目標を下げ、クライエントができそうだと思えるものにすることが必要である。

　クライエントのなかには、ソーシャルワーカーからみると非現実的と思える目標設定を主張する人がいる。たとえば、障害が受容できていない、あるいは、認知症や統合失調症で妄想がある場合などである。ソーシャルワーカーは、どのような場合であっても、倫理綱領およびバイステック（Biestek, F. P.）の7原則に基づいて、非審判的な態度でクライエントの話を真摯に聞いて受容する。非現実的だと否定したり、批判することは信頼関係を損ない、クライエントの取り組む意欲を消失させるだけである。クライエントが強く望んでいることがあれば、クライエントと公共の福祉に反しない限り、クライエントの希望を尊重して、それを長期目標として設定する。そして、その目標に関連するもので、クライエントの状況改善につながるとクライエントが同意し、かつ実現可能なことを短期目標として設定する。短期目標に向けて現実的に取り組むなかで、当初の目的が変わってくることもある。

❹成長やポジティブな変化に焦点を当て、肯定的な言葉で目標を記述する

　ガイドライン❻にあるように、ストレングスモデルの観点から、目標は、クライエントの成長や望ましい変化に焦点を当てた記述であることが重要である。多くの研究から、成長や建設的な変化が起こる条件として、クライエント自身の要因（ストレングスや資源、偶然）とともに、良好な援助関係やポジティブな期待・希望（プラセボ効果を含む）があることが明らかになっている。つまり、ソーシャルワーカーがクライエントのストレングスを認め、協力的に話しあいながら目標を設定すること、そして、目標がクライエントの成長やポジティブな変化を期待する

★バイステックの7原則
援助関係の形成に役立つ以下の原則。
1．個別化
2．意図的な感情表出
3．統制された情緒的関与
4．受容
5．非審判的態度
6．クライエントの自己決定
7．秘密保持

ものになっていることが、成長や建設的な変化を促すのである。

一方、医学モデルに基づく支援では、ソーシャルワーカーはクライエントのなかに問題の原因があると考え、クライエントの病理や欠点、短所、不具合、不調、未熟さなどを探り、原因と思われるものを変えようとする。このような実践では、問題ばかりが焦点になるので、ソーシャルワーカーのクライエントに対する見方が否定的になり、クライエントの強さや可能性を見出し、促進する試みが減少する。クライエントにとっても、否定的な面ばかりを指摘されると自己イメージに影響する。そのため、目標はポジティブな変化に焦点を当てたものがよい。たとえば、子どもが口答えをすると怒鳴ってしまう親の場合、「子どもが口答えをしたときに怒鳴らないでいる」では、怒鳴るという問題が浮き彫りになっている。「子どもが口答えをしたときに、まず子どもの立場に立って、話を聴いている」では、望ましい行動を取り上げている。

クライエントのなかには、目的について問われても、何も思いつかない、希望もないという人がいる。長期間にわたって暴力などで抑圧されてきた人や、過酷な状況のなかで絶望的な日々を過ごしてきた人は、その状況から逃げようとしても逃げられなかったり、助けを求めても得られなかったりという経験を通して、自分は無力だということを学ぶ。これが学習性無力感である。このようなケースでは、特にストレングスに焦点を当てた目標を設定し、エンパワメントすることが重要である。

❺クライエントの最善の利益となるような目標を設定する

ガイドライン❺では、目標はソーシャルワーカーの知識とスキルに見合ったものとされ、❼では、ソーシャルワーカーがためらうような目標に同意するのは避けなければならないとされているが、これは専門性に基づく責任ある実践でクライエントの最善の利益を追求しなければならないということである。このため、ソーシャルワーカーは継続的に自分の専門性を高めていくことが求められている。また、❽で示されているように、ソーシャルワーカーは、所属する機関の機能に合った仕事を行わなければならないが、ソーシャルワーカーの所属機関ではできない支援をクライエントが必要とする場合には、その機能を果たせる人や組織と連携・協働することが必要である。

第4章
ソーシャルワークの過程　プランニング

3 計画内容の設定

1 目標を達成するために必要なことを決める

　目標に到達するためにはどのような変化が必要か、その変化を起こすためにはどのようにすればよいかを考えなければならない。変化が必要なのは、❶人（考えや気持ち、行動やふるまい）、❷環境、❸人と環境の相互作用のなかのどれか、その変化を起こすためには、どのレベルで、誰が、どこに、どのように働きかければよいか、サービス利用が必要な場合、どのサービスをいつ、どこで、どのくらいの頻度で利用するか、それにはどの程度のコストがかかるか、計画開始後の進捗状況はいかにして確認するかというように決めることが多いが、５W３Hと覚えれば漏れがない（**表4-2**）。

　計画づくりの際、焦点を当てるものの一覧が**図4-3**である。何を選択するかは、依拠する理論・モデルによって変わってくる。

　計画内容を決めるときに留意しなければならないのは、ソーシャルワーカーが所属する機関の機能や利用する制度の範囲内だけでサービス内容を決めてしまわないことである。クライエントのウェルビーイングのために、ほかの機関や住民の力が必要な場合は、それらも含めて計画（案）を作成する。

2 計画内容について共有し合意を得る

　計画の実施にかかわるのがクライエントとソーシャルワーカーだけの場合は、ソーシャルワーカーが計画（案）の内容をクライエントが理解できているか確認したうえで、両者の合意をもって計画は正式なものとなり、契約が結ばれたことになる。しかし、それ以外に参加を求められる人や機関がある場合、関係者の間で連絡をとりあったり、協議できる

表4-2　計画の検討事項

Why：何のために Who：誰が（Whom：誰に） When：いつ・どのくらいの頻度で（By When：いつまでに） Where：どこで What：何を How：どのように How：どのようにモニター・評価するのか How much：どのくらいの負担（時間、金銭、精神的…）

88

図4-3 プランニングでの選択

介入のレベル（働きかけのターゲット）
- 個人
- 家族
- グループ
- 組織・機関
- 近隣
- 地域

焦点を当てるところ
- サポート提供
- 問題とその原因の明確化
- 条件づけの再調整
- 具体的なサービス提供
- 情報提供
- スキル向上
- サポートシステムの拡充
- 機関の間の連携・協働
- サポートとコミュニケーションの強化
- 資源の再分配と政策の変化

支援におけるソーシャルワーカーの役割
- 仲介者
- 調停者
- アドボケーター
- イネーブラー
- ティーチャー
- プランナー

個人レベルで焦点を当てるところ
- アドボカシースキル
- 必要な資源を得るためのスキル向上
- 帰属
- 職業スキル
- 関係スキル
- 実存的ジレンマ
- レクリエーションスキル
- 自己管理スキル
- 情緒的・感情的パターン

家族レベルで焦点を当てるところ
- コミュニケーションスキル
- 世代間葛藤
- 意思決定スタイル
- 外部の資源
- ルール
- 共有の活動
- 異文化交流

グループレベルで焦点を当てるところ
- コミュニケーションスキル
- 世代間の葛藤
- 実践の透明性
- ソーシャルサポート
- グループプロセス

組織レベルで焦点を当てるところ
- ゴールの明確化
- リーダーシップのスタイル
- 文化・労働環境
- 意思決定スタイルの規範
- フォーマルなコミュニケーションシステム
- インフォーマルなコミュニケーションシステム
- プログラムプランニング／開発
- サービスの障害（バイリンガルスタッフの欠如）
- サービス提供者間のつながり
- 実践と結果の透明性
- 物理的環境

サービスシステムで焦点を当てるところ
- サービスの重複をなくす
- 資源を増やす
- 新しいプログラム／政策を導入する
- プログラムの効果を評価する
- ニーズのアセスメントをする
- 異なるプログラム／政策の効果を比較する
- 政策決定へのクライエントのかかわりを増やす
- サービスやケースアドボカシーへのアクセスを増やす
- 異なるサービスの間での移行をスムーズにする
- 政策・立法における変化を起こす

近隣・コミュニティレベルで焦点を当てるところ
- 住民のニーズ発見の支援
- 住民を政界の人に結びつける支援
- グループあるいは組織を監視
- 政治的な運動を起こす
- 問題や原因についての情報を提供

出典：Gambrill, E. D., *Social Work Practice: A Critical Thinker's Guide*（3rd ed.）, Oxford University Press, p.470, 2013. より筆者作成

機会を設けたりする。このような会合は、個人や家族を支援する際はケース会議やカンファレンスといい、組織や地域レベルではミーティング、会議、懇談会、委員会、地域ケア会議、計画策定委員会などさまざまな名称で呼ばれている。

　会合では、合意形成が重要であり、クライエントの状況とともに計画内容について情報を共有し、協議したうえで修正や変更、調整が行われる。さらに、役割分担とともに、連携や協働のあり方と方法、計画どおりに進まない場合の対応についても協議する。そして、参加者が合意したものが、ミクロレベル・メゾレベルでは正式な計画となる。マクロレベルでは、会合で承認された計画（案）が公表され、寄せられたパブリックコメントを踏まえて必要ならば微修正し、さらに自治体の場合は議会の承認を得て確定する。

◇引用文献
1）Sheafor, B. W. & Horejsi, C. R., *Techniques and Guidelines for Social Work Practice*（9th ed.）, Allyn & Bacon, pp.228–229, 2012.
2）Poulin, J. & Matis, S., *Social Work Practice: A Competency-Based Approach*, Springer Publishing Company, p.12, 2020.
3）Cournoyer, B. R., *The Social Work Skills Workbook*, Cengage Learning, p.413, 2017.
4）Hepworth, D. H., Rooney, R. H., et al., *Direct Social Work Practice: Theory and Skills*（10th ed.）, Brooks/Cole, p.320, 2016.
5）Prochaska, J. O. & Norcross, J. C., *Systems of Psychotherapy : A Transtheoretical Analysis*（9 th ed.）Oxford University Press, 2018.
6）Bandura, A., *Social Foundations of Thought and Action: A Social Cognitive Theory*, Prentice Hall, 1985.
7）Saleebey, D., *The Strengths Perspective in Social Work Practice*（4th ed.）, Allyn & Bacon, p.79, 2005.

◇参考文献
・F. P. バイステック，尾崎新・福田俊子・原田和幸訳『ケースワークの原則 新訳改訂版──援助関係を形成する技法』誠信書房，2006.
・Gambrill, E. D., *Social Work Practice: A Critical Thinker's Guide*（3 rd ed.）, Oxford University Press, 2013.

第3節 プランニングにおける留意点

学習のポイント
● 倫理的な実践のために留意すべきことを理解する
● 包括的な支援のために連携や協働の重要性を理解する

1 倫理的な実践のために

　プランニングでは、多くの意思決定が行われるが、その際に留意しなければならないのが倫理綱領である。公益社団法人日本社会福祉士会の「社会福祉士の倫理綱領」ならびに公益社団法人日本精神保健福祉士協会の「精神保健福祉士の倫理綱領」には、ソーシャルワーカーの理念と遵守すべき倫理基準が示されている。プランニングでは、常に倫理綱領を遵守したかかわりをすることが必要である。特に、目的や目標、計画内容を決めていく際、自己決定の尊重については十分に注意しなければならない。人はいつも合理的な意思決定をするとは限らない。情報不足のまま、あるいはよく検討しないまま決定をして後悔することがある。他者からの抑圧や他者への遠慮のため、本意ではない決定をしてしまうこともある。ソーシャルワーカーは、クライエントが必要な情報に基づいて、長期・短期の両方の視点から選択肢を十分に吟味し、納得できる意思決定ができるように支援することが必要である。そして、クライエントの意思決定能力の状態に応じてアドボカシーやエンパワメントを行い、パターナリズムに陥らないように自己点検しなければならない。

2 包括的な支援を目指して

　従来、我が国の法制度に基づくフォーマルな福祉サービスでは、対象者の要件やサービスの種類、内容が決まっているため、ソーシャルワーカーは、その範囲内で支援の目的と目標を設定してサービスを提供してきた。たとえば、児童福祉法に基づく家庭児童相談室は、児童や子育てについての個別の相談には応じるが、児童に影響することはわかってい

ても、地域の問題は担当外なので、表立っては介入しない。介護保険法に基づく地域包括支援センターは、高齢者支援やそのための地域環境整備には取り組むが、その過程で若者や中年世代のひきこもりに気づいても、支援を担当することは立場上できない。また、相談窓口や支援機関を紹介したりはするが、それ以上のことはなかなかできない。

このような制度別・分野別のサービス提供システムでは、社会的な排除や孤立、孤独、心身の障害や不安などで苦しんでいる人がいても、制度の狭間に落ちたり、問題が複合化して既存の制度では対応できなかったりして、適切な支援が行われていなかった。そのため、2020（令和2）年6月12日に「地域共生社会の実現のための社会福祉法等の一部を改正する法律」が公布され、「包括的な支援体制を整備」し、「地域生活課題を抱える地域住民及びその世帯に対する支援体制並びに地域住民等による地域福祉の推進のために必要な環境を一体的かつ重層的に整備する重層的支援体制整備事業」が行われることになった。

したがって、今後ソーシャルワーカーには、所属組織の機能や制度等に限定されず、ミクロレベルからマクロレベルまで視野に入れたうえで、クライエント（個人、家族、グループ、組織、地域）にとってのウェルビーイングとは何かという目的を設定し、地域の他機関や住民等と連携しながら一体的にクライエントを支援したり、地域福祉活動を推進していけるような計画を立案することが求められている。

第5章

ソーシャルワークの過程
支援の実施とモニタリング

　第4章では、プランニングの方法や留意点について学んだ。支援の目的、目標、計画内容が設定され、それらについて連携や協働する人々、関係機関・施設等との間で合意ができたら、次は計画を実施する段階である。第5章では、計画を実施するとともに、計画が適切に実施されているか、それによって目標達成に向かって進んでいるかなど、プロセスを確認するためのモニタリングの手続きと留意点について学ぶ。併せて、効果測定の目的と意義についても学ぶ。

支援の実施

学習のポイント
● 支援の実施における目的について学ぶ
● 支援の実施の方法と留意点について学ぶ

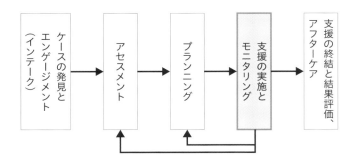

ケースの発見とエンゲージメント（インテーク）→ アセスメント → プランニング → 支援の実施とモニタリング → 支援の終結と結果評価、アフターケア

1 支援の実施における目的

　ソーシャルワーカーは、プランニングによってまとめられた計画を適切に実施していくために、さまざまな実践モデルとアプローチを用いながら、クライエント（個人、家族、小集団・組織、地域社会）、環境（サービスを提供する人・機関等の社会資源）、そしてクライエントと環境の関係（交互作用）に向けて支援を実施していく。**支援の実施**とは、ソーシャルワーカーによるこのような働きかけのことであり、計画に記載された目標を達成していくことを主な目的としている。なお、2014 年 7 月に国際ソーシャルワーカー連盟（IFSW）総会および国際ソーシャルワーク学校連盟（IASSW）総会で採択された「ソーシャルワーク専門職のグローバル定義」のなかの実践（プラクティス）の項にみられるように、「**介入（インターベンション）**」という概念が用いられることも多い。また、近年では「実施・実行（インプリメンテーション）」、「実践活動（プラクティス・アクション）」などの概念が用いられることもある。[1]

2　支援の実施の方法と留意点

　前述したように、ソーシャルワーカーによる支援は、❶クライエント、❷環境、そして❸クライエントと環境の関係（交互作用）に向けて実施される。

　第一に、クライエントに対しては、社会生活上の問題解決に向けて主体的に取り組むための対処能力を身につけ、強化していくことを目指した支援が実施される。そのため、ソーシャルワーカーは、エンパワメントの機能を果たしながら、クライエントへの直接的な支援を実施していく。ここでは、ソーシャルワーカーがクライエントとの専門的援助関係を構築していることが重要となる。また、クライエントに対してどのような内容、方法、方針等で支援を実施していくのかについて、事前にわかりやすく説明を行い、同意を得ておくことも必要である。

　第二に、環境に対しては、①クライエントにサービスを提供する人・機関の変革、②社会制度・政策の修正や開発などを目指した支援が実施される。ソーシャルワーカーは、これらの取り組みによって環境を整え、アドボケートの機能を果たしながら、クライエントへの間接的な支援を実施していく。ここでは、ソーシャルワーカーは、サービスを提供する人・機関の連携と協働を促進するための場となるケース会議（ケースカンファレンス）などを定期的に開催し、クライエントへの適切な支援やサービスの実施に向けて人・機関の変革に向けた検討を行うとともに、社会制度・政策の修正や開発を促進していくことになる。

　第三に、クライエントと環境の関係（交互作用）への働きかけは、クライエントと環境のインターフェイス（接触面）に向けて行われる。ソーシャルワーカーは、クライエントが環境と調和した状態になることを目指しており、クライエントが主体的に社会資源、制度やシステムを活用していけるように、調整（コーディネーション）機能を果たしながら支援を実施していく。

　ソーシャルワークの枠組みに基づいて、ソーシャルワーカーが支援を実施していく対象を整理すると、図5-1のようになる。ソーシャルワーカーには、クライエント、環境、そしてクライエントと環境の関係（交互作用）への働きかけが一体となった総合的な支援を実施していくことが求められる。

図5-1　ソーシャルワークの枠組み

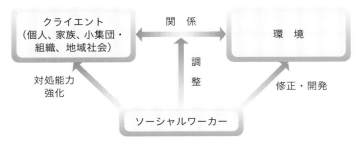

出典：白澤政和「第2章 相談援助の構造と機能」社会福祉士養成講座編集委員会編『新・
社会福祉士養成講座⑦ 相談援助の理論と方法Ⅰ 第3版』中央法規出版，p.30,
2015.

◇引用文献
1）佐藤豊道「第10章 相談援助のための介入の技術」社会福祉士養成講座編集委員会編『新・社
会福祉士養成講座⑦ 相談援助の理論と方法Ⅰ 第3版』中央法規出版，p.208，2015.

◇参考文献
・佐藤豊道『ジェネラリスト・ソーシャルワーク研究――人間：環境：時間：空間の交互作用』川
島書店，2001.

第2節 モニタリング

● モニタリングの目的と内容、方法について理解する
● モニタリングの手続きと留意点について理解する
● モニタリングから再アセスメントまでの流れを理解する

1 モニタリングの目的

　モニタリングとは、計画の進捗状況やクライエントのニーズへの対応状況、目標の達成状況などの観点から、支援開始後の経過を継続的に確認し、評価することである。支援の実施段階で行われるため、ソーシャルワークの**プロセス（過程）評価**として位置づけられる。ソーシャルワーカーには、モニタリングの結果に基づいて、このまま計画どおりに支援を継続していくのか、あるいは再アセスメントから計画の見直しと修正につなげていくのか、支援を終結していくのかを総合的に判断していくことが求められる。

　モニタリングの目的については、おおよそ以下の3点に整理することができる。

❶支援が適切に実施されているかを確認する

　プランニングによってまとめられた計画には、クライエントのニーズとその解決に向けた目標、実施される支援やサービスの種類と内容、頻度（回数）などが記載されている。ソーシャルワーカーは、支援やサービスが計画に沿って適切に実施されているかを継続的に確認するとともに、適切に実施されていない場合はクライエント、さらには支援やサービスを提供している人・機関などからその状況や原因に関する情報を収集し、適切な実施に向けて検討していく必要がある。このことは、クライエントへの**アドボカシー**の実践や**権利擁護**への取り組みの観点からも重要である。

❷クライエントのニーズに対応しているかを確認する

　支援やサービスがクライエントのニーズに対応していると確認された場合は、目標の達成に向かっていると判断することができる。しかし、

時間の経過とともにクライエントのニーズが変化していること、あるいは新たなニーズが生じていることがある。たとえば、クライエントが個人である場合、クライエントの身体的状況、心理的状況および社会環境的状況が何らかの原因によって変化したとき、それに付随してクライエントのニーズにも変化が生じていることが考えられる。このとき、ソーシャルワーカーは、クライエントがどのようなニーズに直面しているのかを明らかにするために再アセスメントを行い、計画の見直しと修正につなげていくことが求められる。

❸クライエント自身の問題解決に向けた取り組みが進んでいるかを確認する

　ソーシャルワーカーは、クライエント自身が認識し、自らの力で解決できると考えている社会生活上の問題とその解決目標をクライエントと協働して設定するとともに、クライエントが目標の達成に向けて課題に取り組むことを側面的に支援していく。また、クライエントの課題への取り組みやその達成状況について定期的に確認していくが、クライエントの課題への取り組みが進んでいない場合は、その状況や原因を詳しく検討して課題の見直しと修正につなげていく必要がある。さらには、ソーシャルワーカーはクライエントが問題解決の主体者であることを認識し、クライエントの問題解決能力を高めるように働きかけていくことも重要である。

2 モニタリングの内容と方法

　モニタリングは、支援やサービスを必要とするクライエント、支援やサービスを提供するフォーマルな社会資源、そして地域でクライエントへの見守りや声かけなどのサポートを提供しているインフォーマルな社会資源などを対象として行われる。

　クライエントを対象としたモニタリングを行うことの重要性について、ヘプワース（Hepworth, D. H.）らは、おおよそ次の❶❷のように指摘している[1]。

❶　支援やサービスの進捗状況に対するクライエントの考えを引き出すことによって、目標達成に向けた取り組みの継続性を高め、あるいはクライエントの失意や失望感を見抜いて、それに対応することができる。

❷　目標達成までの段階的な進捗状況を観察し、それがプラスの結果を生み出しているかどうかについてフィードバックを提供することにより、クライエントの動機づけを維持し、援助過程やソーシャルワーカーへの信頼を高めることができる。

　クライエントを対象としたモニタリングは、支援やサービスが適切に実施されているか、支援やサービスにどの程度満足しているか、ニーズがどの程度満たされているか、目標の達成に近づいているか、クライエント自身による課題遂行への取り組みが円滑に進められているか、ニーズが変化していないか、新たなニーズが生じていないかなどの内容について、主に面接等による聴き取り方式によって実施される。そして、これらの内容に対するクライエントの認識や意見を引き出し、確認していくことになる。そのため、ソーシャルワーカーには、受容や共感、傾聴的態度などの面接技法を活用することが求められる。また、面接によって直接聴き取った内容とともに、クライエントの表情、態度、健康状態、生活状況などの内容についてもよく観察し、そこからソーシャルワーカーとしての気づきを得ていくことが重要である。特に、クライエントが個人であり、認知症や知的障害、精神障害などの理由で日常生活上の判断能力が十分ではなく、自らの意見や感情を表明することに支障がある場合は、ソーシャルワーカーとしての気づきが重要な情報となることも多く、クライエントの権利擁護（ケース・アドボカシー）への取り組みが大切となる。

　支援やサービスを提供する社会資源を対象としたモニタリングでは、クライエントに対する支援やサービスの提供状況に関する情報について、定期的に連絡や報告を受けることになる。また、クライエントが個人である場合は、クライエントの身体的状況、心理的状況、社会環境的状況などの情報についても連絡や報告を受けることになる。ソーシャルワーカーは、支援やサービスを提供する人・機関との間でこれらの情報を共有し、目標の達成状況やクライエント自身の課題への取り組みへの状況などに関する意見交換を行い、必要に応じて再アセスメント、計画の見直しと修正につなげていくことになる。特に、支援やサービスの実施に支障をきたしている問題があれば、モニタリングの場としてのケース会議（ケースカンファレンス）のなかで重点的に取り上げていく必要がある。なお、ケース会議（ケースカンファレンス）には、支援やサービスを提供する人・機関のみならず、クライエントも参加することが望ましい。なぜなら、支援やサービスに対するクライエントの認識や評価

は、ニーズ優先アプローチによるソーシャルワークを実践していくうえでの重要な情報となるためである。ただし、クライエントのプライバシーや個人情報を収集し、支援やサービスを提供する人・機関との間で共有していくことになるため、専門職の職業倫理である守秘義務を徹底することが必要不可欠となる。

3 ▶ モニタリングの手続きと留意点

　モニタリングでは、前項で取り上げた内容について、ソーシャルワーカーが定期的に面接による聴き取りや観察などの方法を用いて確認を行っていくことになる。

　モニタリングを適切に実施していくためには、確認すべき内容が項目として過不足なく記載されている定型化された様式（シート）を活用することが有効である。また、誰が、いつ、どのような方法で、何を確認していくのか、さらにはモニタリングで収集された情報を誰がどのように管理するのかについて検討していくことも求められる。このようなモニタリングの手続きについては、事前にクライエント、支援やサービスを提供する人・機関などの関係者がケース会議（ケースカンファレンス）などの場で検討を行い、合意を形成しておかなければならない。

　モニタリングにおける留意点としては、第一に、クライエント、支援やサービスを提供する人・機関、そしてソーシャルワーカーの三者が対等な関係にあることである。関係の対等性が保障されていることによって、支援やサービスに対するクライエントの認識、満足度などが適切に把握されやすくなり、支援やサービスを提供する人・機関が有機的な連携を行っていくことにもつながる。第二に、モニタリングは、支援の実施段階で行われるプロセス（過程）評価であるため、支援の実施とモニタリングを切り離すのではなく、一連の流れのなかで把握していくことである。第三に、モニタリングの結果を正確に記録しておくことである。モニタリングの記録は、再アセスメントや計画の見直しと修正につなげていくための重要な情報となる。具体的には、モニタリングを実施した日時と場所、具体的な内容、記録者の氏名などの情報を記録していくことになる。また、記録された情報の管理を徹底しておくことも大切である。

4 モニタリングから再アセスメントへ

　モニタリングによってクライエントのニーズが満たされていない、あるいは時間の経過とともにニーズが変化していたり、新たなニーズが生じていることが判明したときに再アセスメントを実施する。基本的には、ソーシャルワークの初期段階に行われる事前評価としてのアセスメントと同じ方法であり、クライエントが個人である場合は、クライエントの身体的状況、心理的状況および社会環境的状況に関する情報の関係性に着目して社会生活上のニーズを明らかにしていく。ただし、再アセスメントでは、支援やサービスを提供する人・機関がクライエントの状況について観察し、支援を実施しているなかで気づいたことなどが新たな情報として加えられることに特徴がある。また、クライエントのニーズに変化が生じている場合は、その緊急性の有無や程度の観点も含めた対応が迅速に検討され、新たな支援の実施につなげていくことになる。そのため、ソーシャルワーカーは、モニタリングの定期的な実施によってクライエントに関する情報を多角的に収集し、必要に応じて再アセスメントの場としてのケース会議（ケースカンファレンス）を開催していくことが求められる。このように、モニタリングから再アセスメント、プランニングへの流れがソーシャルワークの展開過程を循環させていくことになる。

◇引用文献
1）Hepworth, D. H. & Rooney, R. H., et al., *Direct Social Work Practice : Theory and Skills 8 th edition*, Cole Cengage Learning, 1994.（D. H. ヘプワース・R. H. ルーニーほか，武田信子監，北島英治ほか監訳『ダイレクト・ソーシャルワークハンドブック——対人支援の理論と技術』明石書店，p.543, 2015.）

◇参考文献
・Johnson, L. C. & Yanca, S. J., *Social Work Practice : A Generalist Approach 7 th edition*, Allyn & Bacon, 2001.（L. C. ジョンソン・S. J. ヤンカ，山辺朗子・岩間伸之訳『ジェネラリスト・ソーシャルワーク』ミネルヴァ書房，2004.）

● おすすめ
・吉田光子『だいじをギュッと！　ケアマネ実践力シリーズ　モニタリング——準備から実践の流れ，事後対応まで』中央法規出版，2019.

第3節 効果測定

学習のポイント

● 効果測定の目的と意義について理解する
● 効果測定の基本的な方法であるシングル・システム・デザインについて理解する

効果測定

効果測定とは、クライエントへの支援の有効性について科学的に評価することである。ソーシャルワークでは、支援のプロセス（過程）評価およびアウトカム（結果）評価の方法として位置づけられている。ソーシャルワークの評価では、クライエント、支援やサービスを提供する人・機関が、支援の有効性についてどのように受けとめているかという主観的な評価も大切であるが、科学的な測定方法を用いて評価を行うことが重要である。なぜなら、ソーシャルワーカーがクライエントに対して行う、支援の有効性に関する説明には科学的な根拠（エビデンス）が求められること、また、それがソーシャルワーカーの専門職としての説明責任（アカウンタビリティ）となるためである。以下、本節では、効果測定の代表的な方法であるシングル・システム・デザイン（「単一事例実験計画法」ともいう）について取り上げていく。

シングル・システム・デザインとは、単一事例としてのクライエント（または一つの家族、集団、組織などの単位）を対象として、支援の開始前後における対象の「行動」変化の過程を時系列的に観察してデータを収集、分析することにより、支援の有効性を評価していく方法である。なお、ソーシャルワーカーが観察する「行動」については、クライエントの「活動」といった表面的な動作のみならず、「思考」や「感情」といった内面的な要素も含まれている[1]。

シングル・システム・デザインは、支援の開始前であるベースライン期、および開始後からのインターベンション期を組み合わせて構成されている。まず、ベースライン期では、ソーシャルワーカーがクライエントとの協働のもとに設定したクライエントの「行動」を表す指標を用いて、その有無や程度、出現頻度などを一定の間隔で複数回にわたり測定

Active Learning

ソーシャルワークの支援にとって、科学的とはどのようなことか考えてみましょう。

し、データを記録していく。このとき、データの推移をグラフ化して視覚的に把握しやすいようにまとめていくことになる。次に、インターベンション期では、支援の開始後からのクライエントの「行動」について、ベースライン期と同じ指標を用いて一定の間隔で複数回にわたり測定し、データを記録していくとともに、データの推移をグラフ化し、インターベンション期に「行動」を表す指標にどのような変化がみられるのかに着目していく。そして、クライエントにとって望ましい変化がみられた場合は、それが支援の実施によってもたらされた効果であるといえるのかについて検証していく。このように、シングル・システム・デザインは、支援の実施前後におけるクライエントの行動変化の過程を時系列的に観察し、その効果を評価していくことを特徴としている。

シングル・システム・デザインの基本型は、ベースライン期（A）のあとにインターベンション期（B）を設定する**AB デザイン**である。このデザインによる効果測定は、シンプルで実施しやすいというメリットがあるが、支援の実施がクライエントの問題解決をもたらしたという因果関係を確証させることはできない。

本節では、湯浅による「うつ状態にあるクライエントの改善を目標とした面接を中心とした介入」を具体例として取り上げる[2]。ここでは、面接を中心とした介入の前後でクライエントのうつ状態の程度がどのように変化したのかを自己測定スケール（5段階評価）を用いて定期的に測定し、モニタリングを実施している（**図5-2**）。その結果、クライエントのうつ状態の程度は、インターベンション期に介入が行われてから

図5-2　クライエントのうつ状態の程度とその変化（AB デザイン）

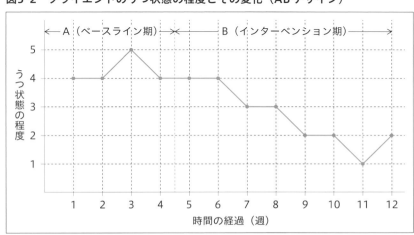

出典：湯浅典人人「モニタリング」黒木保博・山辺朗子・倉石哲也編著『福祉キーワードシリーズ ソーシャルワーク』中央法規出版, p.89, 2002. を一部改変

改善していることを視覚的に確認することができる。

　シングル・システム・デザインによる効果測定を行うときの主な留意点としては、効果測定の対象者が任意に選ばれたクライエント（または一つの家族、集団、組織などの単位）であり、有意抽出法に基づいているため、結果の一般化の可能性が保障されていないことである[3]。また、評価主体であるソーシャルワーカーとクライエントの主観的な判断が含まれる評価であることが前提となるため、両者間の信頼関係の構築が重要となることである[4]。

◇引用文献
　1）平山尚「第 7 章 シングル・システム・デザイン」平山尚ほか『MINERVA 福祉専門職セミナー
　　⑨ ソーシャルワーカーのための社会福祉調査法』ミネルヴァ書房，p.129，2003．
　2）湯浅典人「モニタリング」黒木保博・山辺朗子・倉石哲也編著『福祉キーワードシリーズ ソー
　　シャルワーク』中央法規出版，pp.88-89，2002．
　3）芝野松次郎「ソーシャルワーク研究における評価研究法──マイクロレベル実践における評価
　　調査を中心として」『ソーシャルワーク研究』第29巻第 4 号，pp.292-301，2004．
　4）岡田進一「ソーシャルワークの評価」日本社会福祉学会事典編集委員会編『社会福祉学事典』
　　丸善出版，pp.190-191，2014．

◇参考文献
　・坂田周一『有斐閣アルマ 社会福祉リサーチ──調査手法を理解するために』有斐閣，2003．
　・岩田正美ほか編『有斐閣アルマ 社会福祉研究法 ──現実世界に迫る14レッスン』有斐閣，
　　2006．

第6章

ソーシャルワークの過程
支援の終結と結果評価、アフターケア

　第5章では、支援の実施とモニタリング、そして効果測定について学んだ。支援によって目標が達成されたり、ミクロレベルではクライエントの転出や死亡等によって、マクロレベルでは計画の期間終了等によって、支援は終結となる。第6章では、支援の終結を迎えるにあたり行うことを学ぶ。また、支援の全体を振り返って、適切な実践ができたか、実践の効果があったかなど、評価を行うことが重要である。したがって、その考え方や方法も学ぶ。

第 1 節　支援の終結

● 支援の終結が「過程」であることを理解する

● ソーシャルワーカー・クライエント双方で行うことの意味について理解する

● 支援の終結後の生活課題の再燃の可能性と、新たな課題の発生を予測する視点の重要性を理解する

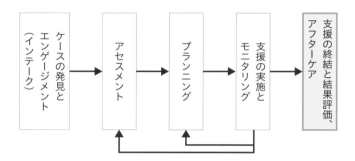

1 　支援の終結とは何か

　支援の終結は、ケースの発見とエンゲージメント（インテーク）、アセスメント、プランニング、支援の実施とモニタリングを経て至るソーシャルワーク過程の最終段階であり、ターミネーション（termination）と呼ばれる。エンゲージメント（インテーク）では支援を終結する状態、いわゆる生活課題に対する支援の短期目標・長期目標が予想され、アセスメントでは具体的に予測され、プランニングの段階において明確化される。そのため、支援の終結を行う状態と時期は、各々の段階においてクライエントとの間で検討あるいは一定の共有がなされていることが多い。しかし、ソーシャルワークの展開過程のなかで、さまざまな生活課題に対して支援が実施されることにより状況が変化し、さらに新たな情報が加わること等により、当初の想定どおりに支援の終結を行うことができなくなる場合も少なくない。それは、支援の実施に対するモニタリングにより、再アセスメントが逐次行われ、新たな課題の発見等により支援の終結に影響を与えることとなるからである。

　『ソーシャルワーク基本用語辞典』によると、支援の終結

図6-1　「支援の終結」の過程

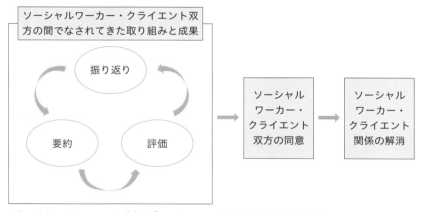

出典：日本ソーシャルワーク学会編『ソーシャルワーク基本用語辞典』川島書店，p.101，2013．をもとに筆者が図式化

（termination）は「（前略）たんに終わらせることではなく、それまでにワーカー・クライエント双方の間でなされてきた努力の成果について、両者が共に振り返り、要約し、評価し、同意のもとにワーカー・クライエント関係を解消することで、クライエントにとって「援助の場」から分離していくことが成長に役立つ機会となるよう、ワーカーによって意図的に進められていく援助過程の部分でもある。クライエントに即していえば、新しい生活のシステムに結び付き、自律的に自らの生活を選びとっていく過程でもある[1]」と述べられている（**図6-1**）。それでは、ソーシャルワーカーは支援の終結にあたり、具体的にどのように実践すべきであろうか。

2　ソーシャルワーカーとクライエントの取り組みと成果の振り返り

　ソーシャルワーカー・クライエント双方が取り組みと成果を確認するためには、当初、どのような生活課題が存在し、ソーシャルワーク実践とクライエントの取り組みがどのように生活課題を変化させたか、あるいは変化させなかったかを振り返る起点を設けることが必要となる。

　当初の生活課題の振り返りの起点に関しては、ブラッドショー（Bradshaw, J.）の**ソーシャル・ニード（Social Need）**を用いることが有用である[2]。ブラッドショーは、ニーズキャッチに対する考え方として、❶ノーマティブ・ニード＊（Normative Need）、❷フェルト・ニード＊（Felt Need）、❸エクスプレスト・ニード＊（Expressed Need）、❹

★ノーマティブ・ニード
専門家や研究者、行政職員等の支援者側が客観的に評価するニード。

★フェルト・ニード
クライエント側が支援の必要性を認識したニード。

★エクスプレスト・ニード
クライエントが実際に支援を求めたニード。

★コンパラティブ・
　ニード
支援を受けているほか
のクライエントとの比
較により自らも支援の
必要性があると認識さ
れたニード。

コンパラティブ・ニード[*]（Comparative Need）の四つを示している。

　クライエントはフェルト・ニードに関してどのように変化したか、ま
たノーマティブ・ニードは適切に充足されたかなど、ソーシャルワー
カーは、これらのニーズが取り組みによってどの程度充足されたか、確
認することが必要である。

3 ソーシャルワーカーとクライエントの 取り組みと成果の要約

　取り組みと成果を共有するためには、クライエントがその内容を理解
できることが重要であり、理解を促すためには一連の支援過程を要約し
て伝えることが必要である。ソーシャルワーカーはクライエントの視点
に立ち、支援経過の重要な部分を選定し（要約）、共通言語（ソーシャ
ルワーカーとクライエントの双方が理解できる言語）、共通概念（ソー
シャルワーカーとクライエントの双方がもち得ている知識により理解で
きる概念）を用いて伝えることが望まれる。また、その内容が理解され
ているか否かを確認するための双方向のコミュニケーションも欠かせな
い。山辺は面接におけるコミュニケーションの基本形について、「待つ」
「聴く」「理解する」「反射する」の繰り返しであることを述べている[3]が、
取り組みと成果の要約がクライエントにどのように理解されたかを確認
する際にも有用な技法である。特に「反射する」は、クライエントの理
解度をソーシャルワーカーが言語化して確認する局面であり、双方の認
識の一致度を確認する重要な場面となる。

Active Learning

最近取り組んだこと
（勉強やサークル活
動など）を振り返り、
何が変化したか考え
てみましょう。

4 ソーシャルワーカーとクライエントの 取り組みと成果の評価

　取り組みと成果の評価において重要なことは、生活課題を乗り越えた
ことによるクライエントの成長を評価することである。リッチモンド
（Richmond, M. E.）はソーシャル・ケースワークについて、その終局
目標は人格の発達に置かれなければならないと述べている[4]。支援の終局
目標は、クライエントが生活課題を抱えている人から生活課題を解決で
きた人へと成長することである（図6-2）。現代のエコシステムモデル
やバイオ・サイコ・ソーシャルモデルに基づけば、人格だけでなく、環
境の変化まで視野に入れて評価することが必要である。取り組みを通し

図6-2 ソーシャルワーカーとクライエントの取り組みによるクライエントの成長

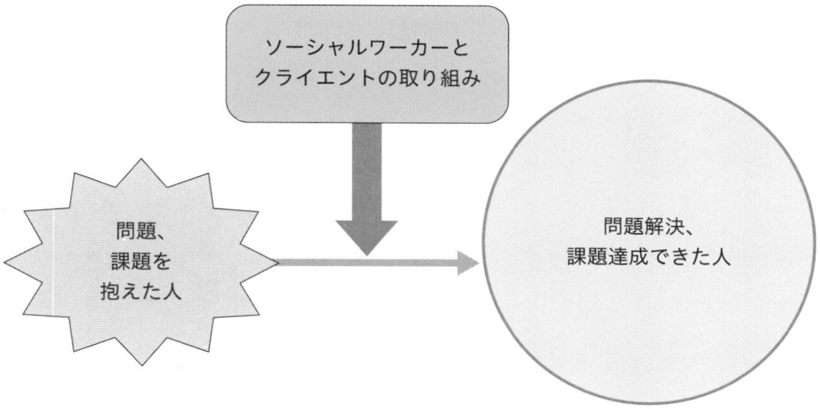

て、具体的にクライエントとその環境にどのような望ましい変化が起こったのかを話しあい、どのような点で成長できたのかを確認することが大切である。クライエントによりその成長の程度はさまざまである。その成長を評価することがクライエントをエンパワメントすることとなり、自己効力感を高め、**自立**に向けた成長を促すことにつながる。

5 ソーシャルワーカー・クライエント関係の解消

　クライエントは支援の経過のなかで、ソーシャルワーカーをはじめとする専門職から支援を受け、生活課題を軽減・解決するための諸制度・サービスを活用している。このような環境下での支援の終結は、クライエントとソーシャルワーカーの支援関係が対等であるといえども、一定の依存関係が生じていることは否めない。それゆえ、支援関係の解消は依存関係の解消とも解釈でき、双方の心理に抵抗感と**不安**を生じさせることになる。

　スピルバーガー（Spielberger, C. D.）らは、不安には「状態不安」（ある一定の状況下で起こる不安：別離に際して生じる不安など）と「特性不安」（個人の性格傾向としての不安）の2種類があると述べている。「状態不安」は介入可能な不安であり、クライエントが抱く不安の内容とその原因などを面接により言語化させ、不安軽減に向けた具体的な助言を行うことが必要である。「特性不安」は性格傾向のため介入は難しいが、「状態不安」の軽減の経験を通じて若干の改善が期待できる。支援の終結後の生活課題の再燃の可能性と、新たな課題の発生が予測されるケー

スにおいては、終結後の支援再開等の方法についてクライエントへの説明が求められる。残された課題があり、ソーシャルワーカーの所属する機関で継続支援が困難である、あるいは専門機関での支援が望ましいなど、他機関への送致が必要な場合は、クライエントの相談能力を評価し、その程度に応じたリファー（refer：つなぐ）が求められる。

　また、ソーシャルワーカー側においても、クライエントの転移（transference）に対して私的感情を抱く逆転移（counter transference）が起こることもある。ソーシャルワーカーには逆転移を統制するための自己覚知が必要となる。

　以上の過程を経て、双方の同意のもとにソーシャルワーカー・クライエント関係は解消される。

◇引用文献
1）日本ソーシャルワーク学会編『ソーシャルワーク基本用語辞典』川島書店，p.101，2013.
2）Bradshaw, J., 'The concept of social need', *New Society*, Statesman & Nation Publishing, 30, pp.640-643, 1972.
3）山辺朗子『ワークブック社会福祉援助技術演習② 個人とのソーシャルワーク』ミネルヴァ書房，pp.64-65，2003.
4）M. E. リッチモンド，小松源助訳『ソーシャル・ケース・ワークとは何か』中央法規出版，pp.161-163，1991.

◇参考文献
・Spielberger, C. D., *Anxiety and Behavior*, Academic Press, 1966.
・池上直己ほか編『臨床のための QOL 評価ハンドブック』医学書院，2001.
・ソーシャルワーク演習教材開発研究会編『ソーシャルワーク演習ワークブック 第 2 版』みらい，2013.
・社会福祉士養成講座編集委員会編『新・社会福祉士養成講座⑦ 相談援助の理論と方法Ⅰ 第 3 版』中央法規出版，2015.

●おすすめ
・岡本民夫監，平塚良子・小山隆・加藤博史編『ソーシャルワークの理論と実践——その循環的発展を目指して』中央法規出版，2016.

第2節　支援の結果評価

学習のポイント

● 結果評価の意義を理解する
● 結果評価の視点を理解する
● 結果評価の方法を理解する

1　結果評価の意義

　結果評価とは、支援の終結段階において、一連のソーシャルワーク実践が適切に行われたか、かつクライエントに望ましい変化が起こったのかを評価することである。

　結果評価の意義は、ソーシャルワーク実践が役立ったか否か確認できること、今後のソーシャルワーク実践の向上に役立てることができること、そしてアカウンタビリティ（説明責任）を果たすことの3点である。

1　支援が役立ったか否か確認できる

　「ソーシャルワーカーの倫理綱領」にあるように、ソーシャルワーカーには、最良の実践を行う責務がある。自ら行った支援が役立ったか否か確認することが求められる。具体的にどのような介入により支援の効果が上がったのか、あるいは支援の効果が上がらず改善の余地が考えられた段階はどの時期であったかなどを明確化することが求められる。これらにより、支援の終結後にどのようなことが起こる可能性があるかを予測し、再支援やアフターケアが必要な場合に向けての準備が可能となる。

2　今後のソーシャルワーク実践の向上に役立てることができる

　個々のケースの結果評価は、担当したソーシャルワーカーの専門性の向上に役立つが、このような結果評価を蓄積することで、ソーシャルワーク全体の専門性の向上に寄与することができる。社会福祉では、まず担い手が求められ、養成教育はそのあとに行われるようになったという歴史的経緯から、経験主義になりやすいといわれている。レヴィン

(Lewin, K.) は "Nothing is so practical as a good theory"（「よい理論」ほど「実践的」なものはない）と述べている[1]。「実践」と「研究」を繰り返すなかで、真に優れた理論は現実をよく表すようになるという意味である。プロセス全体の評価は、適切な実践の評価のみならず、理論と実践の結果を対峙させながら互いの進化を活性化させる過程ともいえる。

❸ アカウンタビリティ（説明責任）を果たす

　ソーシャルワーカーには、クライエントに対してアカウンタビリティ（説明責任）を果たすことが求められる。藤井はソーシャルワーカーのアカウンタビリティについて、「クライエントのもつ問題を解決するために、またはクライエントのニーズを満たすために、専門職者である実践者が有効な方法を用いて援助することについて根拠を示して説明すること[2]」と述べている。これらに加え、支援の効果が得られなかった、あるいは目標を達成できなかった場合にもアカウンタビリティは実行されるべきである。

2 結果評価の視点

　前述の結果評価の意義を踏まえ、ソーシャルワークには次の三つの視点が求められる。

❶ プロセス全体を評価する

　ソーシャルワークにおける支援の結果評価では、支援のプロセス全体を評価する視点が重要である。それは、一連の支援のプロセス全体を振り返り、ソーシャルワーク理論に照らしながら（実践に疑念を挟み）、支援過程を確認（一定の手続きに従って現実をよく観察）すること（図6-3）である[3]。ケースの発見とエンゲージメント（インテーク）、アセスメント、プランニング、支援の実施とモニタリングといった段階ごとの評価と、過程が移行する際の展開状況、全体を通してクライエントのいるところから寄り添って（ペースを合わせて）進めていくことができたかなどを評価する視点が重要である。

図6-3 「支援の終結」のプロセス評価

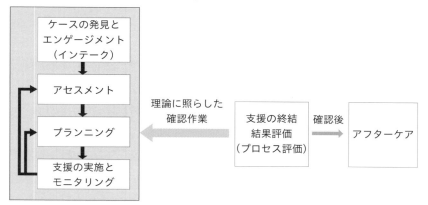

出典：岩田正美ほか編『有斐閣アルマ 社会福祉研究法——現実世界に迫る14レッスン』有斐閣，pp.4-7，2006. をもとに筆者が図式化

2 プランニングで設定した目標の達成度を評価する

　ソーシャルワーク実践によって、プランニングで設定した目標が達成されたか否か、達成できていないのであれば、どこまで達成でき、何が達成できなかったかを評価する。つまり、ソーシャルワーク実践で効果があったかどうかである。また目標の達成あるいは一部達成により、ニーズが充足され望ましい変化が起こっているかを確認することも必要である。さらに、目標達成ができなかった場合は、今後に向けての改善のため、その理由についても検討を必要とする。

3 意図したこと以外の変化が起こっていないかを評価する

　ソーシャルワーク実践によって、意図しなかった変化が起こることにも注意する必要がある。たとえば、ソーシャルワーカーが目標達成のために、クライエントのストレングスに着目した働きかけを行うことで、クライエントの言動が変化し、それによって周囲の人々との関係も改善され、もともとソーシャルワーカーが意図していなかったようなサポートを受けられるようになることがある。一方、公的なサービス利用ができるように働きかけて目標は達成できたが、その結果、これまでのクライエントを支えていたインフォーマルなネットワークを消失させてしまうこともある。つまり、交互作用の結果、思わぬ結果が起こることがある。したがって、目標の達成度だけをみるのではなく、クライエント・システムの内外にどのような交互作用が起こっているかについても評価し、必要であれば、介入することが求められる。

実践を評価する方法はさまざまである。誰が何を対象とするか、どのようなデータをいかに収集し分析するかによって方法は異なる。

■1 ソーシャルワーカー自身の自己評価

自己評価とは、ソーシャルワーカーが自身の他者とのかかわりや支援展開（エンゲージメントから支援の終結まで）のあり方について振り返り、自身のストレングスや自己能力の覚知と課題の発見等を行うことである。さまざまな場面を思い出し、そのときに自分が何に着目し、何を考えたり感じたりして、何に基づいて判断し、何を行い、その結果、どうなったのかなど振り返って、それをこれからの実践に活かせるようにしていくことが大切である。

■2 クライエント自身や家族による評価

クライエントや家族にサービスについてどう思ったか、どのような効果があったのか、またソーシャルワーカーやほかのサービス提供者などについてはどのように思ったのかなどを、直接尋ねることでクライエント自身によるサービス評価や満足度を確認する。遠慮等で直接話すことが難しいこともあるので、そのような場合は、無記名のアンケート用紙に記入の依頼をする。

■3 ターゲット等の変化についての質的な評価

プランニングで設定した目標が達成できたか否か、あるいはどの程度達成できたかを観察したり、クライエントやほかの支援者と話しあったりして確認する。目標達成だけでなく、それにかかわって起こっている変化にも注意する。シングル・システム・デザインは、ミクロ、メゾ、マクロのいずれのレベルでも活用できる。モニタリングでシングル・システム・デザインを用いている場合は、計画の実施前（介入前）と実施後（介入後）のターゲットの変化を、折れ線グラフの全体で視覚的に確認することで介入の効果があったかを判断する。また、介入前と介入後でシステム間の交互作用にどのような変化があったかについては、人間関係であればソシオグラム、人や団体、組織、コミュニティ等の多様なシステム間の関係であればエコマップを比較することで確認することが

図6-4　介入後のエコマップ

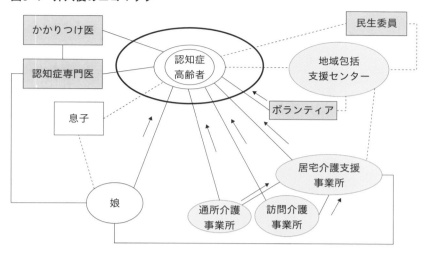

できる。

　図6-4は、ある事例に対する介入後のエコマップであるが、クライエントを介して多くの支援者がつながっている。見てわかるとおり、クライエントに関する情報がクライエントを介して交わされている可能性が示唆される。しかし、支援者同士のつながりが形成されていない点が課題である。エコマップから支援者間で正確な情報交換を行うことができていない可能性が推測されることから、多職種・多機関の間で情報を共有したうえで協議して、クライエントに変化があった際には早急に連携・協働を行うことができるよう、再支援の判断基準とそのためのシステムづくりが必要であることがわかる。

4 ターゲット等の変化についての量的な評価

　地域など広い範囲の状態を把握するためには、量的なデータの活用が便利である。目標が達成できたかを統計分析によって量的に評価するのである。シングル・システム・デザインでは、前述のように視覚的にターゲットの変化を確認できるが、介入前のスコアの平均点と介入後のスコアの平均点を統計的に検定することで有意な差があることを証明できる。

　さらに、地域福祉計画や高齢者保健福祉計画など、マクロレベルでの取り組みでは、計画実施前の実態を把握するために、地域を対象とする調査を実施することが多く、計画実施の中間段階や終結時にも調査でデータを収集し、その結果を計画実施前や中間段階のデータと比較することで、目標達成度を確認する。

◇引用文献

1）Lewin, K., Cartwright, D. (ed.), *Field Theory in Social Science : Selected Theoretical Papers*, Harper & Row, 1951.

2）藤井美和「ヒューマンサービス領域におけるソーシャルワーク研究法」『ソーシャルワーク研究』第29巻第4号，pp.278-285，2004.

3）岩田正美ほか編『有斐閣アルマ 社会福祉研究法 ── 現実世界に迫る14レッスン』有斐閣，pp.4-7，2006.

◇参考文献

・D. H. ヘプワース・R. H. ルーニーほか，武田信子監，北島英治ほか監訳『ダイレクト・ソーシャルワークハンドブック ── 対人支援の理論と技術』明石書店，2015.

・B. K. ライマー・K. グランツ，福田吉治・八幡裕一郎・今井博久監，今井博久ほか訳『一目でわかるヘルスプロモーション ── 理論と実践ガイドブック』国立保健医療科学院，2008.

・日本社会福祉士会編『地域共生社会に向けたソーシャルワーク ── 社会福祉士による実践事例から』中央法規出版，2018.

・日本健康教育学会編『健康行動理論による研究と実践』医学書院，2019.

● おすすめ

・北島英治ほか編『社会福祉基礎シリーズ② ソーシャルワーク実践の基礎理論 改訂版』有斐閣，2010.

・岩田正美ほか編『有斐閣アルマ 社会福祉研究法 ── 現実世界に迫る14レッスン』有斐閣，2006.

第3節 アフターケア

学習のポイント

● 支援の終結後においても、生活の変化に応じて再支援を行う重要性を理解する
● 木（クライエント）を意識しながら、森（地域）を観る視点を理解する

1 保証としてのアフターケア

支援が終結したあと、生活課題の再燃や新たな課題の発生により支援を必要とする状態になった場合は、支援を再開することになる。しかし、心配や不安、気がかりが出てきても、ソーシャルワーカーが少し話を聴いたり、簡単な情報提供をしたりすることでそれらが解消することもある。このように支援の終結後に包括的なアセスメントやプランニングをしなくても対応できるものをアフターケアという。

支援の終結時にクライエントは、ソーシャルワーカーとの関係を解消することに不安を感じることがあるが、困難なときには再度支援が受けられること、また、支援を受けるほどでなくても、アフターケアがあることを知ることで、その不安を和らげることができる。また、少しの心配や気がかりの段階でアフターケアを行うことで、生活課題の再燃や新たな課題の発生を早期に発見し、早期に介入することが可能になる。

インボランタリー・クライエントの場合、自らの意思でアフターケアを求めることが困難であることが多いことから、クライエントらにかかわってきた（今後もかかわっていく）支援者や周囲の人々が支援の終結後もフォローアップして、必要に応じてソーシャルワーカーがアフターケアをできる体制を地域に備えておくことが重要である。

2 生活課題の再燃あるいはほかのクライエントへの発生予防としてのアフターケア

ソーシャルワーカーは、クライエントとの心的距離が近いほど事例の全体性の視点を意識しづらくなる。支援事例が地域における特異例ではなく、地域で表面化した潜在化事例の一つであるならば、早期発見のた

Active Learning

物を購入したり、何かのサービスを利用したりするとき、アフターケアがあると聞くとどう思うか考えてみましょう。

めのニーズキャッチシステムの構築が必要である。一つの事例を地域課題の顕れと推測するコミュニティソーシャルワークの理論を基礎とした、森（地域）の理解から木（クライエント）に起きている現象を探究する姿勢が求められる。この視点は第2節で述べた結果評価から継続してもつことが重要である。このように考えれば、アフターケアは生活課題が再燃あるいはほかのクライエントにも起きないよう、予防するといった意味ももっているといえる。

◇参考文献
・日本地域福祉研究所監，中島修・菱沼幹男共編『コミュニティソーシャルワークの理論と実践』中央法規出版，2015.

第7章

ソーシャルワークの実践モデルとアプローチ

　本章では、ソーシャルワークの実践モデルとアプローチを学ぶ。ソーシャルワークが対象とする人や環境の現象は、複雑多様で完全に理解することは至難の業である。そのために用意されているのが、リアルなクライエントの実状に接近するためのフレームワークの役目をする視点や視座、モデルやアプローチである。

　実践モデルやアプローチの意味を理解したうえで、治療モデル、ストレングスモデル、生活モデルの三つのモデルの特徴を学び、心理社会、機能、問題解決、課題中心、行動変容、認知、危機介入、エンパワメント、ナラティヴ、解決志向といったアプローチが誕生したヒストリー、また、それぞれの特徴を知識として定着させ、クライエントの真実に肉薄できる力を蓄えることが肝要である。

第1節 ソーシャルワークの実践モデルとアプローチの考え方

学習のポイント

● 視点、視座、モデル、アプローチ等の意味合いを理解する
● ジェネラリストが実践モデル、アプローチを学ぶべき理由を理解する

 ソーシャルワークの実践モデルと
アプローチの考え方

■1 視点、視座、モデル、アプローチは窓枠の役割を果たす

　景色を見るとき窓をのぞき込む。四角い窓からのぞくと、景色は四角に納まって見え、六角形の飾り窓や潜水艦のような丸窓からのぞいた場合もそこに納まって見える。外の景色は同じでも、のぞいて見る窓の形によって違った様相に見えてくる。こうした窓枠（フレームワーク）の役目をするものを視点、視座、モデル、アプローチと呼ぶ。

図7-1　窓枠

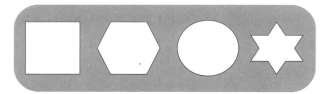

　人や環境の現象は複雑で奥深いため、完全に理解することは難しい。そのため、こうした窓枠を利用することで物事がわかりやすくなる。
　しかし反面、窓枠に納まらないものを見逃すこともある。実践者にとって大切なことは、ただ一つの窓枠に頼らず、複数の窓枠から多面的、多角的に捉え、クライエントの真実に接近することである。

■2 視点、視座、モデル、アプローチの区別

　視点（Point of view）、視座（Perspective）、モデル／実践モデル（Model）、アプローチ（Approach）は、北米のソーシャルワークから取り入れた概念の訳語である。厳密な使用定義はあいまいであるが、言語的意味合いからは、視点からアプローチに向かうにつれ、理解が全体

的、具体的、実践的になっていくと捉えられる。

図7-2 全体的、具体的、実践的な度合い

表7-1 視点、視座、モデル、アプローチの区別

視点	物事をシンプルに眺め、理解するために、注意を向ける場所や点
視座	物事の全体像をさらに理解するために、遠近、奥行部分も含めて目を向けるべき場所
モデル	視点、視座から見える眺めに共通する考え方、分析方法を、わかりやすくまとめた雛形
アプローチ	視点、視座、モデルをもとに、より具体的に人や問題に接近し、問題解決するための手法と展開をまとめたもの

3 モデルやアプローチの窓枠にクライエントを押し込めてはならない

　モデルやアプローチはあくまで窓枠であり、答えのすべてではない。窮屈な枠に無理にクライエントを押し込めて分析しようとせず、「一つの見方」として賢明に活用してほしい。クライエントのためのモデルやアプローチであり、その逆ではないことを理解しておこう。

4 ジェネラリストは、複数のモデルやアプローチを効果的に活用する

　「ハンマーしか持っていなければ、すべてが釘のように見える」という英語のことわざがある。これはソーシャルワーカーの支援方法にもいえる。

　ジェネラリストを志向するソーシャルワーカーは、一つ二つではなく、フルカラーズの引き出しに、多様な実践モデル、アプローチを準備しておく。そうすることで、ミクロ、メゾ、マクロに横たわる、クライエントの多様な問題やニーズに応えることができる。

　スタートラインは、個々のモデル、アプローチの特性を知ることである。あるモデルはアセスメントの枠組みを提供し、ほかのアプローチは、行動を変化させることに適している。こうした特性を理解することで、

Active Learning

ジェネラリスト・ソーシャルワーカーが、複数の実践モデルやアプローチを学ぶ意味を考えてみましょう。

クライエントや問題に適合する活用が可能となる。

さまざまなクライエントが存在し、彼らの抱える問題も複雑である。ハンマー以外の道具を、フルカラーズの引き出しに、できるだけ多く入れておけば、真のジェネラリストになることができる。

図7-3　ジェネラリストであるために

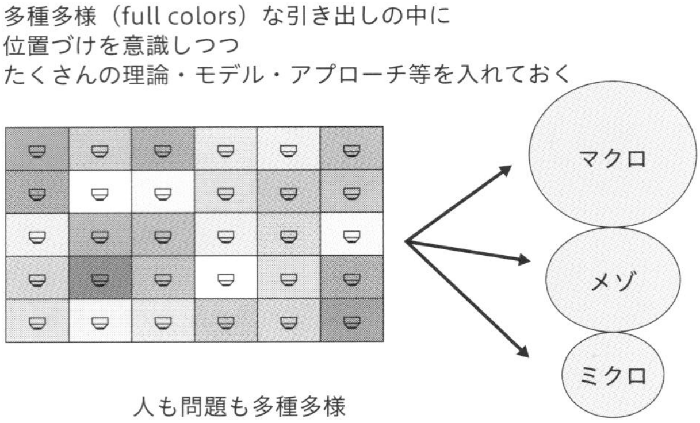
多種多様（full colors）な引き出しの中に
位置づけを意識しつつ
たくさんの理論・モデル・アプローチ等を入れておく
マクロ
メゾ
ミクロ
人も問題も多種多様

2　実践モデルとアプローチを学ぶ今日的意義

我が国では経済格差が深刻化し、見えない貧困が広がってきた。それに伴い、個人や家族は、ますます複雑な問題を抱えている。子どもへの虐待、夫婦間のドメスティック・バイオレンス（DV）、薬物やアルコールへの依存も深刻化してきた。今後も人々はあらゆるストレスにさらされる可能性が高く、多問題に苦しむ者は増えていくだろう。

ソーシャルワーカーは、こうした問題と格闘する必要がある。クライエントの話に耳を傾け、共感し、社会資源サービスにつなぐというオーソドックスな対処だけでは、簡単に改善しない状況は、今後さらに増えていくだろう。そのようなとき、実践モデルとアプローチは、ソーシャルワーカーに、解決に向かう道を示してくれる。実践モデルとアプローチを可能な限り学ぶことで、人と社会を変化させる力強いスキルを手にできるに違いない。

実践モデルとアプローチの活用は、個人や家族といったミクロの場面だけに限られるわけではない。人に焦点を当て、意識や感情、行動に変化を及ぼすことにより、その変化をさらにグループや地域、社会に対しても広げていける可能性がある。

ソーシャルワークの
さまざまな実践モデルと
アプローチ

学習のポイント

● 実践モデル、アプローチの特徴、歴史的な概要、流れについて理解する
● 同じ問題であっても、活用するモデル、アプローチによって、どのような違いが出て
　くるかを比較する
● 古典的なモデルやアプローチによる実践が、その後、どのようにポストモダン的なモ
　デルやアプローチに影響を与えてきたか、または、受け継がれてきたかを理解する

1 治療モデル

> 「5月の連休後、卓也は学校に行けなくなってしまった…」
> 　心理面に何らかの問題があることが原因。今後は家庭環境、成育歴な
> どを詳しく調べ、原因を特定し、卓也のパーソナリティを改善すること
> で学校に適応できる。

> **Active Learning**
>
> 治療モデル、ストレングスモデル、生活モデルというフレームワークを比較し、違いを整理してみましょう。

1 ヒストリー

　医師は、病気の原因（病理）を突き止め、診断し治療する。リッチモンド（Richmond, M. E.）は、こうした医療の概念をソーシャルケースワークに持ち込み、科学的実践として体系化し、1917年、『社会診断』に著した。その後このモデルは、精神分析理論からの深い影響を取り込みつつ発展し、ハミルトン（Hamilton, G.）の研究『ケースワークの理論と実際』（1940年）等を経て、ホリス（Hollis, F.）の**心理社会的アプローチ**へと受け継がれていった。

2 治療モデルとは

　診断派といわれる伝統的なケースワーク理論で用いられてきた視点である。医学モデル、病理モデルともいわれる。精神分析理論からの強い影響を受け、人間の病理、欠陥に焦点を当て、クライエントの問題を診断によって特定し、原因を導き、治療する方法をとった。

★『社会診断』
伝統的なケースワーク理論を体系化した著で治療モデルの始まりとなった。クライエントの情報を集め、社会診断によって、抱える問題の直接的な原因を特定する。そして社会的ヒューマニズムの価値を基とした処遇（社会的治療）により、個人のパーソナリティの発達と社会環境の改善を行う。

★精神分析理論
ジークムント・フロイト（Freud, S.）によりつくられた心理学理論、治療方法。無意識に抑圧された患者の病理を分析し、構成する衝動を意識化させることで治療を行った。

3 治療モデルの特徴

❶フロイトの精神分析理論を基盤とする

インテーク→調査→社会診断→処遇という直線的プロセスでかかわる。

❷面接を重視する

長期的な援助関係のなか、面接を重視し、ソーシャルワーカー主導によってクライエントの心理面を探求する。

❸個人の心理面を重視する

社会環境（貧困等）よりは、個人の心理面を重視する。パーソナリティの病理、欠陥が問題を引き起こす直接的な原因（因果関係）と特定する。

❹パーソナリティの発達に焦点を当てる

成育歴、家族関係等、心理面の情報収集を重視しながら、最終的にはパーソナリティの発達（自我の強化、社会環境への適応）に焦点を当てる。

❺論理実証主義である

論理実証主義で、科学性、客観性を重視する。

　　治療モデルは、客観的なエビデンスを重視したことで、ソーシャルケースワークを専門的、科学的な実践にまで高めた。しかし1960年代以降、さまざまな社会問題で揺れたアメリカでは、パーソナリティへの治療だけに焦点を当てる治療モデルへの批判が高まり、後に、時代の要請に応えるべくさまざまなアプローチが登場してきた。

2 ストレングスモデル

> 「5月の連休後、卓也は学校に行けなくなってしまった…」
> 　卓也には本来、もっているたくさんの強さがある。それらを引き出し、今後の生活に活用したい。そのためには、卓也の語る話に耳を傾け、希望や願いを一緒に実現していく。

1 ヒストリー

　　1980年代後半、主観性、実存性を重視するポストモダニズム[*]の潮流のなかで、ストレングスモデルが登場してきた。これは実証性、科学性重視の治療モデル（モダニズム）への批判から生まれたものである。

★ポストモダニズム
近代（モダン）主義への批判から生まれた思想で、建築に始まり社会学などに波及した。ストレングス、エンパワメント、ナラティヴ等は、ポストモダンの代表的なアプローチである。

　サリービー（Saleebey, D.）は、クライエントの長所、忍耐力、精神力、創造力、逆境での経験、獲得した知識、才能、コミュニティに存在する互いに助けあう力、制度、資源、さらに彼らが語るストーリーにもストレングスがあることを強調した。

　ラップ（Rapp, C. A.）とゴスチャ（Goscha, R. J.）は、精神障害者のケアマネジメントにおいて、個人のもつストレングス（目標、能力、自信等）と環境にあるストレングス（資源、人材、機会等）を強調し、アセスメントに活かすことを提案した。

2 ストレングスモデルとは

　クライエントのもつ「強さ」「能力」「資源」に焦点を当てた支援モデルであり、ストレングス視点（strengths perspective）ともいわれる。

　このモデルは、強さが、クライエント個人の内面だけではなく、家族や集団、地域社会にもあること、さらにソーシャルワーカー自身にもストレングスがあることを強調している。

3 ストレングスモデルの特徴

　ストレングスモデルは、治療モデルとの違いを比較することで、特徴や意義を明確に理解できる。以下、サリービーらの提唱をまとめている（表 7-2）。

表7-2　治療モデルとストレングスモデル

	治療モデル	ストレングスモデル
焦点	異常性、疾病、失敗、欠陥に焦点を当て、個人の回復力、生活対処能力は無視する。クライエントの話を欠陥の集まったものとみなす	クライエントのもつ豊かな能力、活力、知恵、信念、確信、望み、成長、可能性、自然治癒力などの強さに焦点を当てる
支援内容	クライエントを診断することで問題を特定し、原因を導き、治療する方法。人は診断されたラベル（病理）そのものになってしまい、豊かな経験、知識、願望、可能性がラベルに隠れてしまう	クライエント自身が問題から学ぶエキスパート（主体）。強さを引き出すために、彼らの経験の解釈に関心をもってかかわる。語られる物語を修正せず、そこに強さを発見しながら、新たな物語を一緒につくり上げる
支援者	支援者は権威的。説得し、見下した話し方をする（パターナリズム）ことで、離れた上下関係にある	クライエントと支援者は対等。信頼と協働を重視し、クライエントの希望や価値を引き出せるような態度

出典：狭間香代子『社会福祉の援助観──ストレングス視点・社会構成主義・エンパワメント』筒井書房, pp.96-97, 2001. より筆者作成

●ストレングスと社会構成主義、エンパワメント

　狭間は、ストレングス視点の根底に、社会構成主義（Social Constructionism）があり、ナラティヴやライフストーリーにも共通すること、そして治療モデルを排除したストレングス視点が、エンパワメントの基盤であることを指摘した。

3　生活モデル（ライフモデル）

> 「5月の連休後、卓也は学校に行けなくなってしまった…」
> 　卓也（人）と学校（環境）の間に生活ストレスが起こっている。卓也を強めつつ、学校を温かな場所にしたい。卓也と学校の適合状態をよいものに変化させたい。

1　ヒストリー

　治療モデルへの批判、環境や社会の変革が叫ばれるなか、ソーシャルワークの関心は、個人と環境という二重の視点へと向かい、1980年代、生態学とシステム理論を取り入れた生活モデルが登場した。

　生活モデルは、エコロジカルアプローチの代表的な実践モデルであり、ジャーメイン（Germain, C. B.）とギッターマン（Gitterman, A.）が生態学の視点をソーシャルワークに取り入れ体系化した。このモデルは、ソーシャルワークの中核的モデルに発展した。

2　生活モデルとは

　人の抱える問題の原因は、人と環境の交互作用（transaction）から生まれる不均衡、摩擦、不適応から生じる生活ストレス（life stress）であると捉え、その接触面（interface）に介入し、関係性（relatedness）の改善を図り、人と環境の交互作用の質を高めようとした。すなわち、環境を改善しつつ、人が環境に適応するためのコンピテンスを向上させることを目指した。

3　生活モデルの特徴

❶人と環境の適応状態に目を向ける

　生活モデルは、人と環境の適応状態に目を向け、交互作用を行う接触

面に介入し、良好な適応状態（適応の質）をつくり出そうとする。

　人と環境は、相互に影響を与えあう。人は環境から影響を受け、環境にも影響を与える。人には、環境を活用しながら変化、成長し、自分の意志で選択、決定、ストレスに対処する力がある。しかし人と環境は一体であり、人だけを環境から切り離して強めても、環境も変えなければ、やがては人も弱まってしまう。

❷問題（生活ストレス）は、人と環境の交互作用の結果である

　人と環境は絶えず交互作用を行い、接触面で不均衡、摩擦、不適応が起こり、生活ストレスに発展する。この交互作用は、原因―結果という単純作用ではなく、原因が結果になり、結果が原因にもなる円環的作用（ループのように回る複雑な作用）である。

　人と環境は、交互作用を行いながら、互いの要求を満たそうと努力し、結果、双方の関係が適応に向かえば、人は成長、発達するが、不適応状態ではストレスが高まり、機能不全に陥る。

図7-4　人と環境の交互作用

原因

結果

❸生活ストレッサーに適応するために対処を行う

　人はライフコースを進みながら、発達、成長し、さまざまな出来事（ライフイベンツ）を経験する。この途上で起こる生活ストレッサーには、「人生移行」「環境のプレッシャー」「コミュニケーション障害」があり、**三つの生活ストレッサー**と呼ばれる（**表7-3**）。

表7-3　三つの生活ストレッサー

人生移行	環境のプレッシャー	コミュニケーション障害
年齢ごとに対応の難しい課題があり、適応に変化が要求され、生活ストレッサーとなる（学校、仕事、結婚、子育て、定年等）	フォーマル、インフォーマルな資源にアクセスできない、また資源がニーズを満たさない場合、環境は生活ストレッサーとなる	友人、家族などのサポート資源が機能しない場合、コミュニケーションの機能不全が起こり、生活ストレッサーとなる

　生活ストレッサーに対して、適応しようとする対処（コーピング）は、否定的な感情を処理し、問題を解決する能力を指す。対処が効果的に行われれば、ストレスは軽減に向かい、成功しない場合、悪化する。

　環境がさまざまな要求を突きつけるとき、人の側に対処するだけの内的、外的な資源が十分にあり、適応する力があれば、影響は肯定的であるが、資源が不足し、不均衡、不適応に陥るのであれば、否定的な感情

が強まる。

❹生活モデルは、アセスメントに重点を置く

生活モデルは、アセスメント（データの収集、統合、解釈）に重点を置く。生活ストレッサーの性質、特徴、個人がどの程度生活ストレッサーを認知できているか、それに対する対処能力等を評価する。アセスメントでは、生態学の視点を取り入れ開発されたハートマン（Hartman, A.）のエコロジカルマップ（エコマップ）を活用することが多い。

❺生活モデルは、三つの方向へ介入する

生活モデルは、個人、家族、集団、地域、社会的ネットワーク、組織、物理的環境、政治的レベルへの介入を行う。これらは初期、中期、後期という流れのなかで、三つの方向への働きかけにより達成される。こうしたモデルの枠組のなかで、目標達成のための具体的な手法は自由に選択する。

図7-5　生活モデル──三つの方向への介入

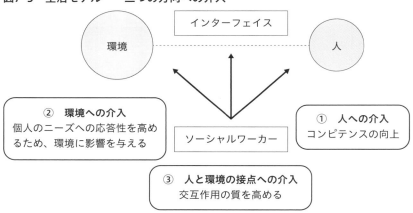

Active Learning

同じ問題状況でも活用するアプローチによって違いが出てくることを、それぞれのアプローチの特徴を比較しながら理解してみましょう。

4 心理社会的アプローチ

「直樹は、お酒のために、多くの問題を抱えていた…」

　直樹がアルコールに依存する原因を探るため、支持的な面接を通して、本人の成育歴、家庭環境を調べ、心理的課題を診断する。その後、さまざまなコミュニケーション類型を活用して、パーソナリティ変容と環境改善を行う。

1 ヒストリー

リッチモンドに始まったケースワーク理論は、その後、精神分析理論を取り込みながら、治療モデル（診断派）として確立され、ホリスの心理社会的アプローチへと引き継がれた。治療モデルとして出発したこのアプローチは、その後、クライエントの抱える多様なニーズに応えるために新しい理論を統合しながら変化を続けていった。

2 心理社会的アプローチとは

ソーシャルワーカーとクライエントの信頼できる関係性を軸に、「状況のなかの人（Person in his/her situation）」という視点から、人と状況の相互作用を分析し、自我心理学をよりどころに、診断、治療する手法である。

ソーシャルワーカー・クライエント間のコミュニケーションパターンを活用し、クライエントのパーソナリティの変容と、彼らのおかれた社会的状況を改善し、その機能を高めようとする。

3 心理社会的アプローチの特徴

❶自我心理学、発達心理学、後にシステム理論等を取り入れた

ホリスは当初、自我心理学*やピアジェ（Piaget, J.）の発達心理学*などに影響を受け、それらをリッチモンドのケースワークの枠組みのなかで応用し、どのような態度、面接、処遇を選択すれば、パーソナリティの変容や社会状況の改善につながるかを研究した。

その後1964年、「状況のなかの人」という新たな視点を発表し、独自のケースワークスキルを発展させた。1970年代に入ると、システム理論を導入し、間接的処遇を拡大させ、時代の要請に応え続けた。こうした業績は、現在のクリニカル（臨床）ソーシャルワークの基礎を築いた。

❷状況のなかの人（Person in his/her situation）

「人」、「状況」、「人と状況の相互作用」という三方向から、クライエントと彼らのおかれた状況を分析する視点である。

人と環境、その両者に働きかけ、変化を起こし、適合性を見出すという概念は、システム理論や生態学理論にも通じる。

「人と状況」の視点から働きかけるために、ソーシャルワーカーは、クライエント自身が自分のおかれている状況を、自分で理解できるように助ける必要がある。

★自我心理学
アンナ・フロイト（Freud, A.）によりつくられた精神分析理論の一派。無意識よりも自我の自律性、機能、防衛などを取り上げた。

★ピアジェの発達心理学
子どもの認知を、感覚運動期（0〜2歳）、前操作期（2〜7歳）、具体的操作期（7〜11歳）、形式的操作期（11〜12歳）の四つの発達段階に分類した。

❸受容、自己決定、秘密保持等の価値を重視した

このアプローチは、ソーシャルワーカーとクライエントの**肯定的な治療関係**を強調している。そのため受容、共感的な態度でクライエントを支持することを訴え、問題解決への動機づけをもたらそうとした。またクライエントの自己決定を支持し、関係のなかで知り得た秘密を保持する価値を尊んだ。

4 支援プロセス

表7-4　支援プロセスの例

初期	アセスメント	直接的／間接的処遇
・信頼関係 ・問題解決過程への参加の動機づけ ・心理社会的診断に必要な正確な事実の収集 ・最初の面接から援助が始まっているという認識	・「状況のなかの人」の視点から事実を批判的に分析 ・問題の存在理由、変化の可能性を吟味 ・能力面、力動性、因果関係、疾病分類等の診断	・長期／暫定的目標を設定 ・ソーシャルワーカー・クライエント間のコミュニケーションパターンを、場面ごとに個別に活用

表7-5　ソーシャルワーカー・クライエント間のコミュニケーションパターン

直接的処遇	
①持続的支持手続き	クライエントに対する関心、肯定、信頼、受容、傾聴、励まし、共感的理解を示す
②直接的指示手続き	ソーシャルワーカーが注意深い意見、助言、指示を与える
③浄化法および換気法	クライエントの感情の自由な表現を促進する
④人と状況の全体性についての反省的話し合い	クライエントの状況、行動の影響、感情、態度、信念等への気づきを内省的に話しあう
⑤力動性についての反省的話し合い	クライエントの特定の行動や反応につながる思考、感情パターンを内省的に話しあう
⑥発生的な反省的話し合い	過去の出来事が、現在にどう関係しているかを内省的に話しあう
間接的処遇	
直接的処遇①〜④	
環境的処置	環境上の圧力や障害を取り除く

5 アプローチの適用

心理社会的アプローチは、長期的なソーシャルワーカーとクライエントの関係性、また多様なコミュニケーションによるパーソナリティの変容を重視する。そのため動機づけが十分で言語能力の高いクライエント

に適応可能となる。

　過去には、家族、精神医学、医療の分野等をはじめ、幅広く適応されたが、しだいにこのアプローチを単体で活用することはみられなくなってきた。それは1980年代後半、ポストモダニズムの潮流のなかで、治療モデルが批判を受け、しだいに研究がなされなくなったことも要因であろう。しかし、あらためてホリスが築いてきた心理社会的アプローチの諸原則を理解するとき、現在のソーシャルワークの個別援助に深い影響をもたらしていることに気づく。

5 機能的アプローチ

> 「直樹は、お酒のために、多くの問題を抱えていた…」
> 　直樹には意志があり、変化、成長していく潜在的な可能性がある。機関でソーシャルワーカーが提供できる援助過程のなかで、可能なサービスを活用し、どんなことができるか、一緒に考えていく。

1 ヒストリー

　診断主義への批判として登場した機能的アプローチ（機能派）は、ランク（Rank, O.）の意志療法の考え方を基盤に、1930年代、タフト（Taft, J.）とロビンソン（Robinson, V.）らが形づくり、それを1960年代に、スモーリー（Smalley, R.）が理論を再構築し発展させた。

2 機能的アプローチとは

　クライエントの成長を促すために、機関の機能を十分に活用することに焦点を当てた手法である。

　クライエントは潜在的な可能性や創造的な力をもっている。また自身で変化、成長、決定できる主体的な存在でもあり、それらをコントロールする意志ももっている。こうした力を引き出し、成長につなげるために、ソーシャルワーカーは機関の機能を提供する。

　クライエントとの関係形成、援助過程、問題解決の場、期間、時間、経験等、多くのことが機関の機能に含まれる。こうしたケースワークの援助構造を個別化、具体化し、クライエントが自己決定を行う環境を提供する。

3 機能的アプローチの特徴

❶クライエントには、変化、成長する潜在的な力がある

　診断派は疾病に焦点を当てたが、機能派は「成長の心理学」を実践した。ランクは、人には創造力、変化、成長する力、資源を動員する力等が潜在的に備わっていると確信し、その力をコントロールするものを意志と呼んだ。こうした人の成長と意志を信頼すること、個人の責任、自己決定を尊ぶ等の人間観がこのアプローチの根底にある。

❷機関の機能を十分に活用することで、変化、成長を促す

　ソーシャルワーカーは、機関の機能を十分に活用することで、クライエントに最大限の変化、成長を促すことができる。そのために機能派は、「援助過程」に着目した。これは「与えられた支援で、クライエントは何ができるのか？」を、ソーシャルワーカーの助けを借りながら、自身で発見していく過程である。もし「時間」という有限の機能を提供するのであれば、クライエントは、それを活用し、何が問題で、どうすれば解決できるのか、自らの意志で見つけることができる。

❸クライエントのニーズは機関との関係で明確になる

　タフトは、クライエントのニーズは正確に測ることはできず、援助を受ける状況で発見できると捉えた。援助を受ける状況は「援助過程」にある。ここで受けるサービスにより、クライエントは自らのニーズに気づき、解決の方向を模索する。つまりニーズは機関の機能との関係で明確になる。ソーシャルワーカーも「援助過程」で、成長を促進する関係を形成し、機関の機能を具体化、個別化したサービスやプログラムの発展、修正を行う。

❹時間制限というスキルを活用する

　機能派は、時間という機能を意図的に活用する。「いま、ここ」に焦点を当て、適切な時間制限というスキルを活用することで、現在をより有意義で生産的なものにできることを強調している。

❺「援助過程」を効果的にするためにフォームを用いる

　フォーム*があることで、サービス提供がより明確化される。機能派の捉えるソーシャルワークは、機関（全体）のもつサービス目的を、クライエント（部分）のために具体化したものであり、ソーシャルワーカーにフォームを与えることで機能する。言い換えると、ソーシャルワークとは、特定のソーシャルサービスの運営方法である。このことを理解したうえで、ソーシャルワーカーは機関の機能から、どのようなフォームを引き出せるのかを考えていく。

★フォーム
機関の提供する援助の場所、期間、時間、援助過程等、サービスの管理・運営方法の取り決めを、書面などで見える形にしたもの。

表7-6 スモーリーの三つの基本前提

人間性の本質	ケースワークの目的	援助過程の概念
クライエントは、ソーシャルワーカーとの関係性を活用して潜在能力を開放し成長できる存在	ケースワークは、特定の社会サービスを管理する方法であり、機関から焦点、方向性、内容、保護を受ける	与えられた援助過程のなかで、ソーシャルワーカーとクライエントは何ができるかを発見する

表7-7 スモーリーの五つの一般原則

1．診断は、機関のサービス利用と関連づけて理解するべきで、クライエントと共有、修正される
2．ソーシャルワーカーは、初期、中期、終結という時間的な局面を、クライエントのために十分に活用する
3．機関と専門職の機能を活用し、積極的に、援助過程に方向づけを行う
4．機関の構造（サービス決定、限界、方針、物理的環境）を意識的に活用することで、援助過程を促進する
5．ソーシャルワーカー・クライエントの関係を重視し、自己決定が可能な環境を提供する

4 支援プロセス

表7-8 支援プロセスの例

初期	中期	終結
・安全で自由な関係性 ・ソーシャルワーカーとクライエントの共通基盤の確認	・個別的、具体的な機関の機能を提供 ・自己決定、変化、成長を引き出す	・変化、成長、達成、また終結に伴う喪失を共有 ・自立に向けた強化

5 アプローチの適用

　機能的アプローチは、適応が柔軟であり、クライエントに合わせて個別化、具体化したフォームをつくることが可能である。特に個人の成長を求めている人に有効である。

　1940年頃には、診断派との激しい論争があったが、振り返って双方のアプローチを検証すると、共通点も多いことに気づく。

　診断派と機能派は、その後パールマン（Perlman, H. H.）の問題解決アプローチに統合される。その後、1980年代に入り、機能的アプローチは取り上げられることが少なくなった。しかし、このアプローチの根底にあるクライエントの成長のために、機関の機能と支援の構造を変化させるという考え方は、今日のソーシャルワーク実践に大きな貢献を残したといえる。

6 ▶ 問題解決アプローチ

> 「直樹は、お酒のために、多くの問題を抱えていた…」
>
> 　直樹とのパートナーシップを築き、自我を安定させ、問題を小さく切り分け対処可能にする。その後、ワーカビリティを高め、目標、計画を立てリハーサルを行う。

■1 ヒストリー

　1950 年代、パールマンによって生み出された手法である。主に診断派と機能派の理論が折衷され、教育哲学者のデューイ（Dewey, J.）の人間観、自我心理学、社会学の役割理論などの概念も含まれている。

　当初、ケースワークの理論としてつくられたが、その後、ピンカス（Pincus, A.）とミナハン（Minahan, A.）、ゴールドシュタイン（Goldstein, H.）、コンプトン（Compton, B. R.）とギャラウェイ（Galaway, B.)等、多くの実践者、研究者がこれを発展させ、現在、ソーシャルワークの基本的なアプローチとなっており、後に登場するライフモデルや課題中心アプローチにも影響を与えた。

■2 問題解決アプローチとは

　ソーシャルワーカーとクライエントの間で行われる問題解決過程（ケースワーク）において、クライエントの自我（ego）機能を安定させ、問題を小さく切り分け、対処可能なものにしていく。またクライエントを動機づけ、能力の向上を助け、さまざまな機会を活用することで、コンピテンスを拡大し、ワーカビリティを高め、彼らが主体的に問題解決できるよう支援する。

■3 問題解決アプローチの特徴

❶ソーシャルワークは問題解決の過程である

　人生は問題解決の過程であり、人は常に何らかの問題を抱え、向きあい、解決しようと力を注いでいる。つまりクライエントは問題を解決するにあたっては、初心者ではない。彼らのもっている経験や力は、今、直面している問題解決過程、つまりソーシャルワークのなかで十分に引き出し、役立てることができる。

★**自我（ego）**
精神分析理論における人の心の構造を表す三つの概念の一つ。超自我（super ego）からの倫理的欲求とイド（id）の本能や衝動との間で調整する役割をもつ。

★**コンピテンス**
人に内在する総合的な対処能力。これによって、生活上の問題や困難を積極的に乗り越えることができる。

★**ワーカビリティ**
クライエントが資源や機関のサービスを有効に活用していく力。

❷6つのP

　パールマンは、個別支援（ケースワーク）を、問題（problem）をもつ人（person）とその機能を担う専門職（professional）が、福祉の施設や機関という場所（place）で、資源（provision）を活用し、互いにかかわりをもちながら、一定のプロセス（process）を通して問題を解決する過程であると捉えた。これらは6つのPと呼ばれている。

❸現在、クライエントが捉えているものを問題やニーズとして扱う

　問題解決アプローチが焦点にしているのは、過去ではなく「現在」である。つまり「今、ここで」クライエント自身が「問題である」と捉えていること―重荷、不安、葛藤、満たされていないこと等である。

　人は社会でさまざまな役割を担っているため、地位に絡んだ人間模様が生まれ、パーソナリティのぶつかり合いが起こり、問題に発展しやすい。パールマンは、問題の大半が、人々の社会における役割遂行に関連していると考えた。

❹問題解決の主体は、クライエント自身にある

　クライエントは潜在的な問題解決者である。彼らには、問題に対して立ち向かい、工夫しながら、乗り越えようとする動機づけとコンピテンス（対処能力）がある。しかし問題に直面すると、こうした力は弱められてしまう。このようなときソーシャルワーカーは、クライエントのもっている力を強め、引き出し、問題解決の主体を、彼ら自身の手に取り戻さなくてはならない。

❺目標は、現実的な生活が送れるようにサポートすること

　このアプローチの目標は、クライエントが社会に適応し、現実的な生活が送れるようにサポートすることである。そのためには、理想ではなく、実際に手の届く目標を設定する必要がある。

　問題解決は、現実との戦いであり、成功も失敗もある。そうした認識に立ったうえで、ソーシャルワーカーは、より現実的な目標達成に向けて取り組んでいく。目標に向かう途上、小、中目標を設定することで、クライエントは目標をより身近に感じ、解決に向けてエネルギーを注ぎやすくなる。

❻自我の概念を取り入れた

　パールマンは、自我の概念を、問題解決アプローチに用いた。自我は、私たちの内面に備わっており、内的、外的環境によって生じる葛藤に対処し、衝動を安定させ、適応状態を保つ。そして何か問題に直面すると、意識的に、あるいは無意識に、失った精神的安定を得るために、問題を

解決しようと機能する。自我機能は、クライエントの問題解決能力に多大な影響を与えるものであり、問題解決能力そのものと捉えてもよい。

❼動機づけ・能力向上・機会の提供により、クライエントのコンピテンスとワーカビリティを高める

　このアプローチは、問題解決に取り組むクライエントの可能性を信じ、彼らのコンピテンスとワーカビリティを高めようとする。そのためには、「動機づけ（Motivation）」「能力向上（Capacity）」「機会の提供（Opportunity）」という三つの要素が重要になる。これらは MCO モデルと呼ばれる。

　問題解決への動機づけが不足すれば、クライエントは取り組む力をもてない。また、実際に能力を向上させないと取り組んでも達成できない。さらに機会が与えられないと、能力を発揮する場所がない。これら三つの要素が欠けるとき、問題は解決されない。

❽パートナーシップ（関係）を強めることで、自我機能を安定させる

　自我が安定し、十分に機能しているとき、人はコンピテンスを拡大できるが、ストレスにさらされると、機能しなくなる。そのため自我の緊張を解くことが必要になる。

　ソーシャルワーカーは、パートナーシップ（関係）を強めることで、クライエントの自我の安定を目指す。クライエントを受け入れ、傾聴し、受容と支持的な態度で関係を築くと、クライエントは情緒的な安定感が得られ、自我の緊張が解かれ、機能が強められる。関係を築く初期においては、特に、クライエントの自我は傷つき、弱められているので、ソーシャルワーカーが励まし、温める必要がある。

❾問題を小さく切り分ける

　自我機能は、問題を抱えると萎縮する。そのため大きな問題を細かく分け、自我への負担を最小限に抑える。また、切り分けた小さな問題に集中することで、より解決が容易になる。これを部分化・焦点化の原則という。たとえ大きなストレスの塊であっても、小さなものに切り分けると、弱まった自我機能でも、

図7-6　問題を小さく切り分ける

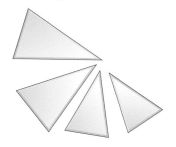

継続した対応が可能となる。小さな成功体験を積み重ねることで、自我機能は少しずつ回復していく。

❿問題やクライエントを詳しくアセスメントする

　問題を効果的に切り分けるには、問題に対して、クライエントがどのように見て、感じ、解釈し、望み、反応しているかを知る必要がある。また問題に立ち向かうクライエントの思い、動機づけ、強さ、自我機能、能力評価、能力の発揮を妨げる要因、活用できる機会（サービス、環境）なども調べる必要がある。

⓫切り分けた問題に対して、達成可能な目標、課題を設定し、リハーサルを繰り返す

　切り分けた問題に対して取り組むべき事柄を決め、計画する。その際、どのような資源やサービスを、誰が、いつ利用するのかを明確にするなど、ソーシャルワーカーとクライエントの役割を決め、実際に課題を割り当てる。

　切り分けた小さな問題、あるいは、今後、予測される問題に対して、リハーサルという形で体験を提供できれば、クライエントは、問題に順応し対処する力が得られる。またリハーサルを繰り返すことで、問題解決に向けての自信を積み上げることもできる。さらに、将来のニーズとニーズを満たす社会資源についても予測できる。

　切り分けた問題に対して、取り組んでみた課題の達成状況の評価を繰り返すことで、終結に至る。

4 支援プロセス

表7-9　支援プロセスの例

初期段階	アセスメント	プラン	実行と評価	終結と評価
・パートナーシップの形成 ・自我機能の安定	・動機づけ ・能力、機会、資源の有無の探求	・問題の部分化 ・目標、達成課題、役割の明確化	・リハーサル ・MCOモデル	・達成状況の評価

5 アプローチの適応

　このアプローチは広範囲に活用できるが、なかでもさまざまな問題解決を経験してきている人々に適用しやすい。しかし、過去の未解決の事柄を探るような支援を求める人、喪失と悲嘆が絡む問題には限界がある。

課題中心アプローチ

「直樹は、お酒のために、多くの問題を抱えていた…」
　直樹とともに、ターゲット問題を選び、目標と課題を決め、いつまで
に、誰が、何をするのか話しあい、契約によって実施していく。

1 ヒストリー

　1970年代初め、リード（Reid, W. J.）とエプスタイン（Epstein, L.）
によって体系化された。理論的な基盤に、心理社会的アプローチの影響、
なかでもタイポロジー*の研究がある。リードはこれらを「問題」と「解
決するための課題」との関係で分類を試みた。また問題解決アプロー
チからは、問題を切り分けることやMCOモデル（「6　問題解決アプロー
チ」（p.134）参照）を取り入れ、クライエントの問題解決能力を重視
した。また、後述する行動変容アプローチからの影響もみられ、「今、
ここ」における具体的な行動に焦点を当てている。

★タイポロジー
心理社会的アプローチ
では、クライエントの
行動を分析、分類し、
効果的な処遇方法との
関連を見出そうとした。

2 課題中心アプローチとは

　クライエントが、現在、解決を望んでいる問題を取り上げ、それらを
小さく切り分けた「ターゲット問題*」に据え、短期的な時間のなかで、
具体的な課題を設定して取り組むことで問題を解決する、計画的な手法
である。

★ターゲット問題
クライエントが解決を
望む具体的な問題。

3 課題中心アプローチの特徴

❶問題解決の主体はクライエントにある

　このアプローチが課題設定を強調するのは、人には課題が与えられる
と達成しようとする主体的な能力があるからである。クライエントが自
分で解決を望み、意志をもって、主体的に課題に取り組むことで問題が
解決する。ソーシャルワーカーは、このことを心にとどめ、問題解決ア
プローチで重要とされたMCOモデル（動機づけ、能力向上、機会の
提供）を信頼と協働の関係のなかで行う。

❷ターゲット問題をクライエントと協働で選ぶ

　課題中心アプローチは、次の三条件に沿って、ターゲット問題をソー
シャルワーカーとクライエントが協働で選ぶところから開始される。

① クライエントが望む問題

　クライエントが認識し、訴え、解決を望む問題を選ぶ。最初に相手が訴えた問題という意味ではなく、十分に検討した後、ソーシャルワーカーの見解も含めて、最終的にクライエントが解決したいと望む問題を指す。

② クライエントが自分の努力で解決できる問題

　努力すれば解決できる問題を選ぶ。解決能力を超えた問題は、小さく切り分けることで、解決できるものに変える。問題を解決する経験によって、クライエントは、次の問題にも熱意をもって取り組むことができるようになる。多くの場合、問題解決は、セッションとセッションの間、自分自身で取り組むことになる。そのためにも自分の力で解決できるものとする。

③ クライエントにとって具体的な問題

　問題は、抽象的なものではなく、自身の言葉で説明でき、数値で表せる具体的なものが望ましい。問題が具体的であれば、それだけ達成状況を明確に評価できる。

❸目標を設定し、課題に取り組むことで変化を起こす

　問題を抱えている現在が【スタート地点】とすれば、問題が解決された状態が【ゴール地点】となる。スタートからゴールまで一足飛びには行けないため、間に明確な課題を置き、取り組み、着実に遂行していくことでゴールに近づき、最終的に問題を解決できるように計画する。

　課題は目標であり、かつ目標を達成するための手段でもある。ワーカーは、クライエントが課題に取り組めるように、気づかせたり、励ましたり、方向づけたり、さまざまな面から助け、双方の協働によって変

図7-7　問題解決における課題のイメージ

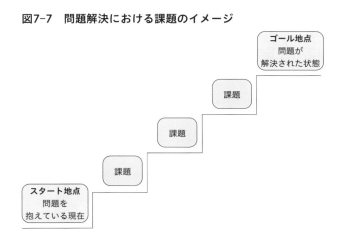

化を起こそうとする。

　課題は、一方的に「割り当てる」のではなく、ソーシャルワーカーとクライエントが、一緒に考えて選び出す。最初は小さなものから始まり、少しずつ動機づけが高まるように課題を計画する。セッションとセッションの間には、前回の課題の達成状況について話しあい、評価する。

❹計画的な短期性──短期介入での効果には、綿密な計画が必要

　このアプローチの最大の特徴は、**計画的な短期性**にあり、通常、4か月間で、6〜12回のセッションを目指している。こうした背景には、同じ成果であれば短期が望ましいという考え方がある。

　短期介入での効果には綿密な計画が必要となる。ソーシャルワーカーとクライエントは、目標を達成するための課題を設定し、「いつまでに」「誰が」「何をするのか」、また、「役割」「期間」「面接回数等」を明確にして契約の合意を得て、その後は互いが契約に沿って、計画したとおり介入を遂行していく。「時間的な制限」「焦点とする問題」があることで、ソーシャルワーカーとクライエントの双方が、課題に対して力を結集しやすくなる。

❺ソーシャルワーカーは、計画どおり、協働で課題を遂行する

　ソーシャルワーカーは、リハーサルなどを通して、クライエントが課題を遂行する動機づけや能力を高め、かつ障害となるものを分析する。また課題の達成状況を検討し、課題と能力のバランスについて、現実的かつ継続的な評価を行う。必要に応じて課題を見直し、課題遂行に必要な資源を開拓し、活用できるよう支援する。

❻障害となるものを明確にし、解決する

　課題遂行にあたっては、クライエントの問題解決を妨げる「障害」を明確にし、それらを解決する必要がある。障害には、クライエントの内的なもの（動機が弱い、考え方が消極的、スキルが足りない、身体機能等）と外的なもの（サービスを提供する組織や地域資源の不足、社会制度の不備等）がある。内的障害に対しては、ソーシャルワーカーがモデリング*やリハーサルを通してクライエントにトレーニングできる。また外的障害に対しても、ソーシャルワーカーは、関係機関と連携しながら働きかけることで、課題がより遂行されやすい環境を築くことができる。

❼同意された契約と信頼関係に基づき、クライエントをサポートする

　ソーシャルワーカーは、あらかじめ同意された契約のなかで、クライエントと一緒に課題を選定し、彼らが実行していく過程をサポートする。実行を妨げる障害に遭遇した場合も一緒に話しあう。両者の間には

★モデリング
行動、考え方の見本、模範を示すことで、同じような行動、考え方に導く手法。

信頼関係があり、常に必要な情報を共有しながら進んでいく。

　いったん、契約を交わした課題について、クライエントは遂行責任を負うが、契約だけの力で課題に取り組める人は少ない。そこでソーシャルワーカーはセッションのなかで、クライエントを動機づけ、課題に取り組むよう励まし、期待していることを伝える必要がある。変化や成果は、主にセッションの外の日常において、クライエントが確実に自分の課題に取り組むことで起こっていく。

❽契約どおりに問題が解決したかどうかを評価し、終結する

　終結作業は、あらかじめ決めたとおりの方法で、目標が達成できたかを確認するだけとなる。そこには、終結に伴う感情的なやりとりは少なく、課題を遂行できた達成感が存在する。残された問題や引き続きの問題があれば、再び契約を行い、新しい課題に取り組むことになる。

❾課題中心アプローチは、折衷的な枠組みを提供する

　課題中心アプローチは、問題に対する課題の選定と遂行についての枠組みを提供する。しかし実際に課題を遂行していく際、用いる支援方法は、自由に選択、活用できる。つまり、問題を選択し、目標と期間、時間を決めたのであれば、何を課題に設定するか、またその課題をどのような方法で達成するかは、自由に組み合わせることができる。

4 支援プロセス

表7-10　支援プロセスの例

ステップ1	ステップ2	ステップ3	ステップ4
・ターゲット問題の選択	・目標と課題の設定、契約	・課題の遂行 ・達成状況への評価の繰り返し	・終結

5 アプローチの適用

　このアプローチの適用範囲は広く、問題を解決する動機と能力があるほとんどの人に解決の枠組みと道筋を提供する。例外として、動機づけが弱いクライエントや問題解決能力に障害がある場合、また喪失を抱える人への効果は限定的である。このアプローチは過去に戻り、原因を探ることはしないため、解決よりも意味を問いかけるクライエントには向かない。

第7章 ソーシャルワークの実践モデルとアプローチ

行動変容アプローチ

> 「佐知子は大切な試験に失敗したことで深く落ち込んでしまった…」
>
> 　解けなかった問題にもう一度取り組み、解けたら何か報酬を準備する。これを繰り返すことで、自信を取り戻し、次の試験の準備をすることができる。

1 ヒストリー

　精神分析理論の影響を受けた伝統的ケースワークは、長期の面接によるパーソナリティ変容を主眼とした。しかし 1960 年代後半、この方法は言語能力に左右され、時間もかかり、効果も明確でない等、批判が高まり、それに応える形で 1960 〜 1970 年代、行動理論に基づくアプローチがトーマス（Thomas, E.）らの貢献により導入された。

　行動理論の根底には、パブロフ（Pavlov, I. P.）の犬の実験による**レスポンデント（古典的）条件づけ**、スキナー（Skinner, B. F.）の**オペラント条件づけ**、またバンデューラ（Bandura, A.）の社会的学習理論等、行動主義研究者らの実験に導かれた法則や理論がある。

2 行動変容アプローチとは

　オペラント条件づけや**社会的学習理論**などを基礎として、ソーシャルワーカーがクライエントに、意図的に**刺激**や**報酬**をもたらすことで、問題となる行動を減らしたり、望ましい行動を増やしたりする手法である。一般的には行動アプローチ、行動療法などとも呼ばれる。

　このアプローチは、**行動随伴性**「A（刺激）B（行動）C（結果）」の流れで行動パターンを捉える。望ましい行動を起こすために、新しい刺激を与え、結果を強化することで、望ましい行動を増やそうとする。

3 行動変容アプローチの特徴

❶レスポンデント（古典的）条件づけは、刺激に対する反射

　レモンが刺激となり、思わず唾液を出してしまうことがあるだろう。この経験は、ロシアの学者パブロフが実験した「犬の唾液反射」に通じる。餌を与えると犬は唾液を出す。次に餌を出すとき、先にベルを鳴らすように条件づけると、しだいに犬は、ベルの音を聞いただけで、条件

反射的に唾液を出すようになる。こうした刺激に対する反射を、行動理論における「レスポンデント（古典的）条件づけ」と呼ぶ。

❷オペラント条件づけ
　　——学習を通した自発的な反応を報酬で強化する

レスポンデント（古典的）条件づけは、刺激に対する条件反射だが、人は刺激と反射だけで行動していない。行動はもっと学習的、自発的なものである。

アメリカの心理学者スキナーは、さまざまな仕掛けのある箱の中に動物を入れて反応を観察した。その結果、動物は、箱の中で試行錯誤を繰り返すうちに、少しずつ学習と工夫を重ね、箱から出てくる時間が早くなったという。また、ある行動の結果が満足だった場合、それが繰り返し行われ、満足しなかった行動は、しだいに行われなくなることにも気づいた。これを「効果の法則」と呼ぶ。

試行錯誤を通した経験とその結果から学習することが、人の行動に影響を与える—こうした学習を通した自発的な反応を「オペラント反応」、その反応を報酬などで強化することを「オペラント条件づけ」と呼ぶ。

オペラント条件づけを用いたスキルには、シェイピング★やトークン・エコノミー★、タイムアウト★などがある。

❸社会的学習理論——人は他者を観察することで学習できる

行動変容アプローチには、人は経験だけではなく、モデルとなる他者を観察することからも新しい行動を学習できるという社会的学習理論の要素が含まれている。バンデューラは、「ボボ人形実験★」から、大人が人形に対して特定の行動をした際、子どもは強化を与えられなくても、学習することを明らかにした。こうした研究から、学習は社会環境で起こる認知過程であることを強調した。

この理論の中心概念にモデリングがある。たとえば、犬が苦手な人は、ほかの人が抱いたり、なでたりするのを見ながら、少しずつ犬に慣れていくことができる。社会生活技能訓練（Social Skills Training：SST）はこの理論の影響を受けて発展したものである。

❹応用行動分析
　　——オペラント条件づけ、社会的学習理論を応用したもの

一般的な行動変容アプローチである応用行動分析（Applied Behavior Analysis：ABA）を取り上げる。これは、オペラント条件づけや社会的学習理論を臨床に応用したもので、人の行動パターンを、次のようなABCパラダイム（行動随伴性）によって分析する。

★シェイピング
目標を達成しようとしても、できない場合、目標に少しでも近づくごとに報酬を与えることで、望ましい行動に徐々に近づけていく技法。

★トークン・エコノミー
望ましい行動をした際、報酬（トークン）を与える方法。

★タイムアウト
望ましくない行動をした際、怒りなどの感情を遮断するため、一時的に誰もいない部屋に移動させるなどして落ち着かせる技法。

★ボボ人形実験
子どもたちを二つのグループに分け、片方には、人形に普通に接する様子、もう片方には乱暴に接する様子を見せ、その後、子どもたちを一人ずつ同じ部屋で人形への接し方を観察した実験。

第7章　ソーシャルワークの実践モデルとアプローチ

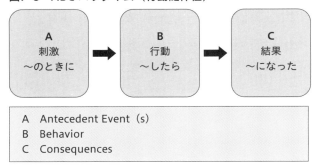

図7-8　ABC パラダイム（行動随伴性）

| A 刺激 〜のときに | → | B 行動 〜したら | → | C 結果 〜になった |

A　Antecedent Event（s）
B　Behavior
C　Consequences

　クライエントの行動（B）は、先行条件（A）に刺激されて引き起こされ、何らかの結果（C）をもたらす。ここで結果に対する報酬が大切になる。それは次の仮説による。

> ある刺激に対して、人が行動を起こし、学習するかどうかは、結果が、その人にどのような報酬をもたらすかによって決まる

　もしクライエントが自発的に行動し、満足のいく結果だった場合、褒められたり、望む報酬が得られたりしたら、どう感じるだろう？　おそらく満足の得られた結果だけでもうれしいが、加えて、何らかの報酬も得られるのであれば、行動と報酬が一緒に意識づけられ、望ましい行動をもっと選ぼうとするだろう。
　つまり応用行動分析は、行動の結果に対して、報酬を与えることで、望ましい行動の頻度を増やしたり、望ましくない行動を減らしたりするオペラント条件づけであり、社会的学習理論等の行動理論に基づいている。

❺行動随伴性の四つのパターンを知り、適切に用いる
　人の行動は、行動随伴性によってコントロールされているが、以下は、基本的な四つのパターンである。
　クライエントは、問題行動を減らし、代わりに、望ましい行動を増やしたいと願う。人は、何かよいこと（好子）が起こり、嫌なこと（嫌子）がなくなると、それに伴う行動が増えていく。また、何かよいこと（好子）を失い、嫌なこと（嫌子）が起こると、その行動をやめるようになる。応用行動分析では、このような四つのパターンを適切に用いる。
　好子（強化子、報酬）や嫌子（罰子）によって、行動を増やし、また

図7-9 行動随伴性のパターン

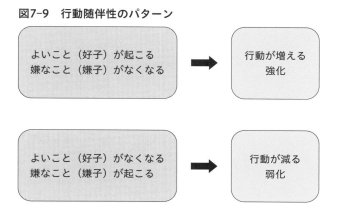

は抑制するには、適切さとタイミングが重要である。可能な限りクライエントが魅力を感じているものを好子に選び、望ましい行動が現れた直後にそれを与えることで、行動と好子を結びつけて意識させることができ、行動を定着させることができる。

　しかし、望ましい行動に対して、無報酬、あるいは負の報酬（つまり嫌子、罰子）になった場合、その行動は徐々に消えてしまう。嫌子は、望まない行動を減らす場合に用いることができるが、使用する場合には賢明な配慮が必要である。

4 支援プロセス

表7-11 支援プロセスの例（応用行動分析）

アセスメント	プランニング	介入	評価／終結
問題の捉え方の調査・ベースラインの測定・刺激―行動―結果の関係性の理解と機能分析	望ましい目標の設定	目標を達成した行動への強化・定着	モニタリングの継続と終結

5 アプローチの適用

　行動変容アプローチは、多くの分野で取り入れられている。たとえば、依存症、不安障害、児童虐待、行為障害、抑うつ症、発達障害、摂食障害、家庭内暴力、非行、ストレス管理などを含む、さまざまな症状に適用されてきた。また親業を含む、家庭や学校での、子どもの問題行動への介入でも成果がみられる。

　しかしこのアプローチは、心理的な治療を望む人、つまり内的な洞察や自己概念を探りたい人には向かない。

認知アプローチ

「佐知子は大切な試験に失敗したことで深く落ち込んでしまった…」
　佐知子が経験した出来事を、どのように解釈しているのかを尋ね、極端な解釈をしている場合、それが本当に正しいか？　ほかの解釈はないか？　を考えていく。

■1 ヒストリー

　認知理論に基づくアプローチは、多くの研究者、実践者の貢献で発展してきた。最初の認知理論家は、アドラー（Adler, A.）といわれている。彼の提唱したライフスタイルは、自己や世界に対する考え方や信念などがあり、認知を改善する重要なものとされた。

　その後、1950年代後半、エリス（Ellis, A.）が不合理な認知と非機能的な情動の関係について触れ、改善するためにゆがんだ認知の改善を強調し、1962年に *Reason and Emotion in Psychotherapy*『心理療法における理性と情動』を出版した。また精神科医のベック（Beck, A. T.）は、認知理論を、うつや不安障害などの治療に用いた。

■2 認知アプローチとは

　情緒的な問題を抱えた人の認知のゆがみを改善することで、感情や行動を変化させ、問題解決を図ろうとする手法である。一般的に、認知療法、認知行動療法などを指す。

　「出来事に対する認知（考え方、捉え方、解釈、イメージ）が、その人の感情や行動に強い影響を及ぼす」という考え方を土台としている。

　認知がゆがんでいる場合、物事を白か黒（成功か失敗）で非現実的に解釈し、否定的な感情や行動が生まれやすい（実際の物事にはグレーゾーンがある）。認知アプローチは、これを改善するために、ゆがんだ認知に働きかけ、現実的に修正していくことで、感情や行動を変化させようとする。

図7-10 物事の捉え方

白か黒？

物事にはグレーゾーンがある

3 認知アプローチの特徴

❶出来事に対する認知が、感情や行動に影響を及ぼす

　同じ出来事でも、捉え方には差異があり、それが感情や行動に影響を及ぼす。よくあるたとえだが、コップに水を半分入れて見せると、ある人は「水が半分しかない」と捉え、悲観的になるが、別の人は「水が半分もある」と楽観的になる。この場合、水が半分という事実は変わらないが、それに対する捉え方、つまり認知の違いが、感情や態度、行動に影響を及ぼしていく。

❷認知の著しいゆがみは、不適切な感情を抱くことにつながる

　認知の著しいゆがみ*は、不適切な感情につながり、繰り返されるごとに習慣化され、価値観、信念として固定してしまう。もし「自分はどうしようもない人間だ」という考えが固定化した場合、その後、有意義な体験をしても、否定的な結果をイメージし、落胆することになる。

❸認知アプローチは、「現実的、多面的な考え方」に気づくことを目指す

　認知アプローチは、単純に楽観主義を勧めているわけではない。「自分の考えだけが正しい」という固定的な見方を改め、現実的、多面的な考え方に気づくよう促し、不適切な認知から起こる情緒の改善を目指している。

　固定化、習慣化した認知は、非常に強力なため、訓練が必要になる。そのため行動理論の要素を加えた「認知行動療法」を志向する場合が多い。

　以下、代表的な「エリスのABC（ABCDE）理論──論理療法」とベックの認知行動療法の概念を解説する。

❹エリスのABC理論──論理療法

　エリスは、問題とされる不適切な感情（怒り、落胆など）は、不合理な信念、思考、自己対話の結果であると考えた。そこで彼は、ゆがんだ認知に気づかせ、それを改善する方法を提案した。

★**認知の著しいゆがみ**
認知のゆがみには、「物事を白か黒かで考える」「ただ一度の失敗から、『私はいつも失敗する』と考える」「何かあると、すぐに最悪の事態を考える」「よいことは無視し、悪いことばかり考える」「『私はすべてにおいて成功しなくてはならない』と完璧主義に陥る」のようなものがある。

第7章 ソーシャルワークの実践モデルとアプローチ

147

図7-11　エリスの ABC 理論

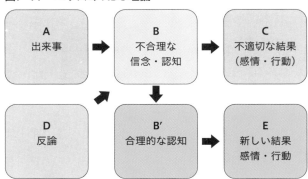

　否定的な感情に悩むクライエントは、出来事 A に対して、不合理な
認知のフィルター B で解釈するため、不適切な感情・行動 C が起こる。
　そこでソーシャルワーカーは、不合理な認知のフィルター B に対し
て、効果的に反論 D していくことで、それらを打ち砕き、より合理的
な認知 B′ に改善するよう促す。そこから新しい効果 E が生じる。これ
がエリスの提唱した ABC（ABCDE とも呼ぶ）理論である。

❺エリスの「非合理な信念」vs「合理的信念」

　エリスは、願望と事実の混同によって引き起こされる非合理な信念を
否定し、より合理的な考えへと変えることを目指した。

表7-12　非合理な信念と合理的信念

非合理な信念	合理的信念
事実に基づかない願望は、論理的必然性もなく気持ちを惨めにさせる	事実に基づいた論理性は、人生を幸福にする
～ねばならない	～であるにこしたことはない
・世の中は公平でなければならない	・世の中、公平であるにこしたことはない。しかし実際は、公平であるとは限らない
・成功しなければならない（失敗してはならない）	・成功するにこしたことはない（失敗しないほうがいい）が、人間だから当然、失敗する。でも失敗から学べる
・すべての人に愛されなければならない（愛されたい）	・すべての人に愛されるにこしたことはない。愛されるならありがたいが、実際は、愛されなくてもともと。愛される、愛されないにかかわらず何か行動を起こすほうがよい

★自動思考
瞬間的に頭の中に現れ
る否定的な考えや感情。

★スキーマ
人々の深層にある信念
や態度。

❻ベックの自動思考・スキーマ・認知行動療法

　認知理論学者のベックは、自動思考、スキーマ、認知行動療法を紹介

した。クライエントは、何か出来事に遭遇した場合、瞬間的に、ゆがんだ考え方をした結果、否定的な感情に陥ることがある。**表 7-13** は「陥りやすい認知のゆがみ」の例である。

表7-13 「陥りやすい認知のゆがみ」の例

全か無か	白か黒、100％か 0 ％かという両極端の見方
結論の飛躍	少しの困難から不幸な結末を想像する
極端な一般化	たった一度の失敗から、「私はいつも失敗する」と考える
選択的な抽出	よい情報は無視し、悪い情報ばかり取り上げる
マイナス思考	物事のマイナス面ばかりを取り上げ、プラス面を否定する
根拠のない決めつけ	根拠なく、思いつきで、うまくいかないと決めつける
過大評価、過小評価	事実を実際よりも極端に高く、あるいは低く評価する
感情的理由づけ	自分の感情を根拠に、出来事を意味づける。「不安なのでできない」
すべき表現	「〜すべきである」「しなければならない」と考える
レッテル貼り	自分に否定的なレッテルを貼る
自己関連づけ	何か悪いことが起こると、自分のせいだと責める
自己予言	否定的な思い込みによって、予測した結果に至る

❼自動思考が習慣化し、スキーマとなる

認知のゆがみ（自動思考）が生まれるのは、私たちの感情や記憶の深い部分に、スキーマというものが存在しているからだとベックは説明している。スキーマは自動思考が習慣化し、固定したものであるため、修正が非常に困難である。

❽ベックは、抑うつ症状を改善するために、認知行動療法を提案した

ベックは、抑うつの症状をもつ人は、「自分」「世の中」「将来」に対する否定的な考え方があり、それらが否定的な感情を引き起こしていると説明した。そして改善するための方法として、行動理論の要素を加えた自己モニタリング、トリプルコラム法等の認知行動療法を提案した。

4 支援プロセス

表7-14 支援プロセスの例（論理療法）

考え方の傾向への気づき	考え方と感情の関係についての理解（ABC 理論）	非合理な考え方への反論	合理的な考え方の学習	合理的な考え方の訓練

★**自己モニタリング**
日々の自分の行動や感情の記録を書くことで自動思考の状況を振り返り、もっと合理的な考え方に近づき、適切な感情を得られるようにする方法。

★**トリプルコラム法**
一日の行動を振り返り、そのときに感じた気持ちに対して、三つの要素「自動思考」「認知のゆがみ」「合理的な思考」から振り返り、日記形式でノートに書きとめる手法。

■5 アプローチの適用

　認知アプローチは、統計学的調査により、うつ症状、パニック障害、強迫性障害、対人恐怖、PTSD、摂食障害などに効果があるとされる。

　しかし器質的、生理学的、神経学的な原因による感情障害（脳機能障害、麻薬などの有害物質による障害を含む）、統合失調のある人、喪失体験には適応できない。喪失に伴う否定的感情は認知のゆがみではなく、正常な反応である。

●認知行動アプローチへの統合

　認知理論家は、認知機能に重点を置き、行動主義者は、人の行動のみに焦点を当てる。しかし認知と行動を切り離して捉えることには限界があるため、実践的な場面では、両方の概念が統合された認知行動アプローチの活用が一般的である。

10　危機介入アプローチ

> 「結衣は、事故で中途障害を負ってしまった…」
> 　ショック状態の結衣のもとへかけつけ、否定感情をオープンにし、悲嘆作業を行う。また現実的な知覚をもてるように支持し、対処能力を養い、家族や友人のサポート体制を整える。

■1 ヒストリー

　危機理論は、ほかの理論に比べて、体系的に実証されてはいないものの、重要ないくつかの研究成果が基となっている。それらは主に、❶どのような出来事が危機となるのか、❷危機は私たちにどのような影響を及ぼすのか、❸危機を軽減するためのアプローチ（危機介入）に関するものである。代表的なものとして、リンデマン（Lindemann, E.）の急性悲嘆反応、キャプラン（Caplan, G.）の情緒的均衡（自我機能のバランス）に関する研究がある。これらが後に、地域予防精神医学の分野で発展し、危機のリスクを早期に発見し介入するプログラムにつながっていった。

　我が国では、保健、医療、福祉の分野で、キューブラー・ロス（Kübler-Ross, E.）の死の受容過程、ストレス反応に関するラザルス（Lazarus, R. S.）の研究、パラド（Parad, H. J. & Parad, L. G.）ら

の心的外傷への危機介入等、さまざまな関連する研究が紹介されてきた。

2 危機介入アプローチとは

　人々の危機的状況に素早く介入し、崩れた情緒的なバランスを回復させ、以前の状態にまで近づけるように問題解決を手助けする短期的な支援である。パーソナリティの問題に踏み込むことではなく、人々を危機以前の状態まで回復させることが目的である。

　危機に効果的に介入するには、迅速さと積極性が求められる。すぐに人々のもとへ駆けつけ、彼らが目の前で起きている現実を認識できるように助ける。そして表出されるさまざまな否定的感情を受け止めながら悲嘆作業※を行い、苦痛を乗り越えた先に何があるのか「見通し」をもたらす。そして具体的な人的、物的な資源、情報を与え、家族も含めた社会的なサポート体制を提供する。

3 危機介入アプローチの特徴

❶危機が促進される出来事には、逆境的経験と人生の発達過程がある

　誰もが自然災害、犯罪、事故、暴力、虐待等の被害者になることがある。また身体的、精神的な病気を経験し、愛する親や子ども、友人を失うことさえある。こうした悲劇や逆境的経験は、人々を危機的状況に陥れることがある。

　もう一つの危機は、誰もが通り抜ける人生の発達過程に潜んでいる。人が誕生を経て、幼年期、思春期、青年期、壮年期、老年期を経験するとき、受験、就職、結婚、出産、子育て、仕事、更年期、退職などはストレスの伴う出来事となり、十分に備えていない場合、適応できないことからも危機が促進される。

❷回避できないストレスを感じた場合、危機を経験する

　人は、日々、情緒のバランスを保ちながら生活している。そのためストレスを感じても、自身の努力や家族、友人の支えにより、可能な限り危機を回避しようとする。そして、一時的に情緒のバランスが崩れたとしても、少しずつ回復へと向かう。しかし回避できないほどのストレスを感じる出来事を経験した場合、人は危機を経験する。

❸人は危機を経験すると、心身ともに深いダメージを被る

　危機に直面すると、ショック、混乱、不安、抑うつ、虚脱感、怒りを伴う悲嘆の感情を経験し、激しい精神的な苦痛や身体的な機能障害に陥る。彼らの社会生活は混乱し、問題解決能力が著しく低下する。それが

★悲嘆作業
大切な人や出来事を失う「喪失体験」の後に訪れる悲しみに対処するためのさまざまなケア。グリーフケア、グリーフワークともいう。

第7章
ソーシャルワークの実践モデルとアプローチ

突然の出来事であれば、なおさら衝撃も大きく、時折、悪夢、フラッシュバックを経験し、失ったものを思い起こす状況を避ける症状が現れる。こうした危機的状態は、少なくとも 6 ～ 8 週間続くとされているが、場合によっては長期に及ぶこともある。

　苦痛の重さや頻度は、危機をもたらす出来事の性質、その人にとっての意味、さらにその人を取り巻く社会的サポート、資源の有無によっても違ってくる。ただし、危機に伴うさまざまな症状は、異常ではなく、危機に直面するほとんどの人が経験するものである。

　もちろん、すべての危機が否定的な結果に至るわけではない。危機は私たちに、ほかの方法では得られない、成長と発達の機会を提供することもある。いずれにしても、危機に対してどう対処するかが、その後の人々の状態を決める大きな分かれ道となる。

❹危機の研究は、リンデマンの急性悲嘆反応・悲嘆作業にさかのぼる

　1942 年、ボストンのナイトクラブで悲惨な火災が発生し、493 人が死亡した。そのときリンデマンと仲間たちは、愛する人々を失った遺族のもとにかけつけ、心理的援助を行った。後にリンデマンは、このときの臨床報告を急性悲嘆反応としてまとめた。

　リンデマンは、「愛する者を失った人々は、特有な五つの悲嘆の段階を通る」と述べ、喪失を経験した人々が、現実に適応し、立ち直っていくためには、取り組まなければならない共通の悲嘆作業があることを見出した。

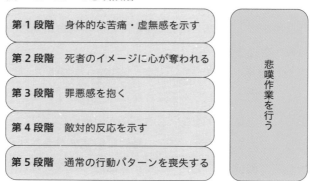

図7-12　五つの悲嘆段階

第 1 段階	身体的な苦痛・虚無感を示す
第 2 段階	死者のイメージに心が奪われる
第 3 段階	罪悪感を抱く
第 4 段階	敵対的反応を示す
第 5 段階	通常の行動パターンを喪失する

悲嘆作業を行う

　リンデマンは、また支援者が積極的に人々とかかわり、一つひとつの段階において十分に悲嘆作業を行うならば、彼らが悲しみの過程を無事に通り抜けることができること、そして喪失感を克服し、後に起こる可能性のある情緒的な障害から、自身を守ることができると考えた。この

ような急性悲嘆反応や悲嘆作業の研究が危機理論の根底に存在する。

❺キャプランは、情緒的バランス（均衡）について指摘した

　危機の影響については、キャプランの研究が深い示唆を与えてくれる。キャプランによれば、人は常に自我を働かせ、情緒面でのバランスを保つよう努めながら生活し、かつその力によってさまざまな問題解決を行っている。

　何らかの問題に直面した場合、私たちの情緒のバランスは一時的に乱れる。しかし自我が働き、すぐに元の状態に戻そうとするため、やがてそのバランスは回復する。しかし、これまでに経験したこともないほどの重大な問題に直面すると、情緒のバランスは大きく乱れる。このとき、バランスを保つために習慣的に行ってきた問題解決のレパートリーだけでは解決不可能となり、ついにバランスは崩壊する。

　キャプランは、こうした状態が危機であり、結果として、緊張、混乱、不安、恐怖、絶望などの感情が生まれると考えた。キャプランは、危機の考え方を四つの発達段階としてまとめた。

図7-13　危機の四つの発達段階

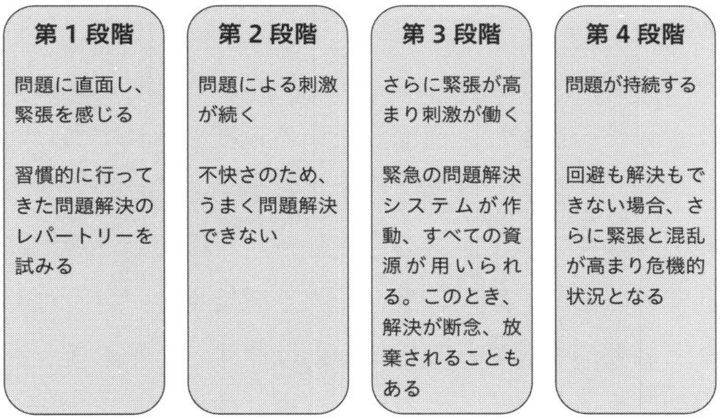

第 1 段階	第 2 段階	第 3 段階	第 4 段階
問題に直面し、緊張を感じる	問題による刺激が続く	さらに緊張が高まり刺激が働く	問題が持続する
習慣的に行ってきた問題解決のレパートリーを試みる	不快さのため、うまく問題解決できない	緊急の問題解決システムが作動、すべての資源が用いられる。このとき、解決が断念、放棄されることもある	回避も解決もできない場合、さらに緊張と混乱が高まり危機的状況となる

❻アギュララは、均衡を保持するための三つの決定要因について述べた

　アギュララ（Aguilera, D. C.）は、キャプランの危機の発達段階を、さらに細かいプロセスに分けて、人の均衡に影響を及ぼし、保持するための三つの要因をもっているかどうかが、危機への分かれ道となると述べた。

　通常、人は感情のバランスを保っているが、ストレス要因に遭遇するとき、不均衡を経験する。このとき、回復へのニードが高まるなかで、三つの要因（❶出来事への現実的な知覚、❷適切な対処能力、❸適切な

図7-14　均衡を保持するための三つの決定要因

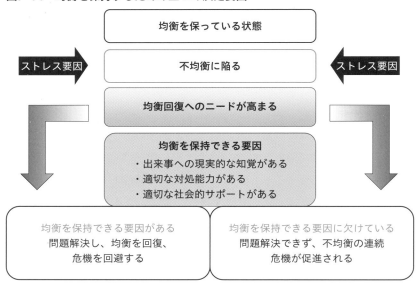

出典：D. C. アギュララ，小松源助・荒川義子訳『危機介入の理論と実際――医療・看護・福祉のために』
川島書店，p.25，1997．の図「ストレスの多い出来事における問題解決決定要因の影響」を参考
に筆者作成

社会的サポート）の有無が、危機を回避するか、促進するか、異なる結果につながる。

❼アギュララの紹介した「決定要因に焦点を当てたアプローチ」

　このアプローチの目標は、直面している危機の解決であり、人々を危機以前の心理的、社会的な状態に戻すことである。プロセスは、最初、自殺や他殺の可能性、ストレスの今後の行方、回復力、専門的な介入の必要度を見極めたあと、悲嘆作業、つまり感情をオープンにし、抑えている怒りなどの感情を認め、吐露する助けをする。その後、問題や個人に関して正確なアセスメントを行い、危機を促進する出来事、どんな助けが必要か、また問題解決能力に影響を与えている原因等を調べる。さらに、危機の生活への影響度を調べる。たとえば、働けるのか、学校には行けるのか、また、一緒に生活している人に、どのような影響が及ぶのか等を把握する。その後は、均衡を保持する以下の三つの要因を探り、強めていくことになる。

① 　現実的な知覚

　出来事の意味を探る。現実的か？　ゆがんでいるか？　直面している危機を現実的に理解するのを助ける。

② 　対処能力

　過去と現在の対処方法の検討と探索。個人の強さ、試してきた対処、

代わりとなる対処。新しい対処法を探す手助け。

③　**社会的サポート**

どのようなサポート体制を考えることができるか？　新しい関係の再開、代替、慰める何かをもたらす。周りの人々は何ができるかを模索する。

最後に、予後計画として、将来に対する現実的な目標を立てる。当初の目的は達成されたか？　元の均衡状態に近づいたかのアセスメントや将来への目標とフォローアップを行う。

情緒の均衡を安定させる三つの要因は、通常の支援でも理解しておくべき重要な項目である。

❽危機モデルには、共通する段階がある

危機に遭遇した人々が、衝撃から適応に至るまでにたどる段階は、危機モデルとして表され回復までの見通しを与えてくれる。こうしたモデルに共通する段階をまとめると**図7-15**のようになる。

このような段階を踏まえた支援では、初期段階で主に、情緒的な対応を行い、回復するにつれて、問題解決に向けた対応を優先することになる。

図7-15　危機モデル

4 支援プロセス

表7-15　支援プロセスの例（アギュララのアプローチ）

見極め	感情のオープン	危機への現実的な知覚	対処能力の探索	社会的サポートと予後計画

5 アプローチの適用

危機に陥ってから介入するよりは、危機に陥らないように、あらゆる面で人々を備えさせることが重要である。これを大前提としたうえで、このアプローチは、災害、死別はもちろん、生活上の危機をもたらすあらゆる状況を経験している個人、家族、グループに適用される。特に、

現代は、家族機能が低下し、地域での人間関係も希薄なため、本来なら家族や友人の助けによって、情緒的な均衡が元に戻るはずが、そうならず、容易に危機に陥ってしまう、つまり、危機が促進されやすい環境にあるため、このアプローチを活用する場面は今後も増えていくだろう。

ただし、明らかな自殺や他殺、誰かを傷つける可能性がみられる場合、介入よりは医療的な措置が優先する場合がある。

直面する問題が容易にみえても、危機の衝撃度には個人差がある。少しでも危機的な状況を見出したなら、対応しておく必要がある。

11 エンパワメントアプローチ

> 「結衣は、事故で中途障害を負ってしまった…」
>
> 突然、障害を負いパワーレスになっている結衣のパートナーとして、彼女の内的な力（自己／他者信頼、協働）を引き出していく。その後、障害によって失われた力を取り戻し、社会に発信できるように支える。

1 ヒストリー

1980年代後半に登場したエンパワメントの根底には、セツルメント運動や公民権運動、フェミニズム運動、セルフヘルプ運動等の社会改革の精神が息づいている。かかわった当事者たちは、当時、社会的弱者とみなされていたが、抑圧された人々と痛みを共有し、互いを強めながら、社会を改革しようとする精神をもっていた。こうした運動によって彼らは、本来もっていた権利に目覚め、それを社会に向けて発信し、抑圧的な環境と戦い、抜け出そうとした。そのような潮流のなか、ソロモン（Solomon, B.）は『黒人のエンパワメント——抑圧された地域社会におけるソーシャルワーク』を1976年に著し、ソーシャルワークの分野で、初めてエンパワメントの概念を述べた。

エンパワメントは、人と環境という二つの視点で起こる交互作用に着目するジャーメインとギッターマンの生活モデルにも影響を受けた。さらに、抑圧された女性の解放を志向するフェミニスト・アプローチの考

<hr>

i　生活モデルと同様、エンパワメントは、個人の問題解決と社会正義の実現（社会改革）という二重の焦点をもち、人々をエンパワーすると同時に、不正義な社会構造に対して働きかけようとする。

★『黒人のエンパワメント』
ソロモンは、問題が個人の病理であり、それを専門家が助けるという治療モデルでは、貧困や犯罪が満ちている地域で起こる問題には対処できないこと、むしろ抑圧された人々が主体となり、無力な状態から抜け出していくことが重要だと説いた。ソロモンは黒人の問題に限定してエンパワメントを論じたが、後にこの考えは、ほかの人々や分野にも発展していった。

え方や、人々の強さに焦点を当てて支援するコンピテンスやストレングス視点からの影響も受けている。

2 エンパワメントアプローチとは

このアプローチは、社会にみられる不平等や不正義とどのように戦い、改革し、抑圧された個人やグループのパワーをどう強めていけるかに着目している。また「人間の尊厳」「社会正義」「ソーシャルインクルージョン」等の価値原則のもと、マイノリティの権利を、どう擁護するのかにも焦点を向けている。

誰もが加齢や病気、時には障害をも経験する。またさまざまな境遇から、偏見、差別、阻害、抑圧された状態に陥ることもある。そのようなとき人々は、混乱、葛藤、時には、深い孤独を経験し、生きる力を奪われた無力な状態（パワーレス）になる。エンパワメントアプローチは、こうした状態を断ち切り、当事者を主体として、奪われた力を取り戻していこうとする。

ソーシャルワーカーは当事者とパートナーの関係を築き、自己肯定感や他者と協働する力を回復する。そして問題を生み出す社会構造に目を向け、彼らが自身の権利を見出し、主張するアドボカシーの力を強めようとする。こうしたアプローチは、主に個人、対人、組織、社会という四つの次元を進みながら、広がりをもって展開される。

3 エンパワメントアプローチの特徴

❶人が社会から疎外され、抑圧され、力を奪われていく構造に目を向ける

ほかのアプローチは、比較的、人に焦点を向け、パーソナリティを探り、どう行動を変化させていくかを扱う。しかしエンパワメントアプローチは、クライエントが社会から疎外され、抑圧され、力を奪われていく構造に目を向ける。そして彼らが社会に対して立ち向かい、自分の声で主張していけるように支えていく。

❷パワーレスな状態は、内面化され悪循環を引き起こす

社会的な不正義から、疎外、抑圧などの問題が起こると、クライエントは、資源や機会の不平等さからパワーレスに陥る。こうした状態は、個人と社会システムの交互作用によってさらに深まり、否定的影響が個人に内面化される。この内面化は、不信感、自己嫌悪、あきらめなどを引き起こし、ひいては個人の問題解決能力を奪い、さらにその人のパ

ワーを奪うという悪循環を引き起こす。

図7-16　パワーレスの内面化

> **パワーレスの内面化**
> 不信感・自己嫌悪・あきらめ
> 悪循環

❸パートナーシップを媒体として、クライエントの価値や信念に影響を及ぼす

クライエントとソーシャルワーカーは、信頼に基づく対等なパートナーである。この協働関係を媒体としてアセスメントを行うが、主体はクライエントであり、彼らが「何が問題であるか」を決める。

ソーシャルワーカーはクライエントの属する環境や階級、そこで経験しているパワーレスな状態を見極め、強さに着目し、クライエントの価値や信念に影響を及ぼそうとする。またクライエントが他者を通して、自分の力を自覚できるよう、セルフヘルプグループを活用し、相互支援、他者との協働の体験、問題解決スキルの習得を行い、能力を強化するとともに、社会資源を活用し権利擁護を行う。

❹エンパワメントはストレングスに焦点を当てる

エンパワメントアプローチは、すべての人、環境は、強さや可能性をもっていること、たとえ困難な状況でも強さと可能性を高めることができると捉えている。そのためストレングス、つまり個人のもつ強さ、才能、可能性、熱意などに焦点を当てて探り、それらを強化しようとする。このように、エンパワメントを可能にするには、ストレングス視点が不可欠である（「2　ストレングスモデル」（p.124）参照）。

図7-17　エンパワメント——四つの次元

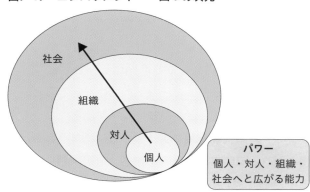

❺個人から対人、組織、そして社会へと広がる四つの領域において
　パワーを獲得させる

　コックス（Cox, E. O.）とパーソンズ（Parsons, R. J.）は、エンパ
ワメントアプローチを四つの次元のなかで、ソーシャルワーク技法を統
合する手法を説明している。

　まず【個人】の領域において、自身の価値を尊重し、表現する力を強
め、【対人】の領域では、人生に必要なものを自分で得る力、他者との
協働（協働により、他者から影響を受け、他者に影響を与える力）を強
める。次に所属する【組織】において「権利」に目を向けさせ、自分の
力で発見し主張できるよう強めていく。さらに【社会】の領域では、さ
まざまなシステムとかかわり、資源の配分に影響を与える力（問題解決
に必要な資源にアクセスするための知識やスキル）を強める。こうした
四つの領域において、奪われた力を獲得させ、強化していく。

❻枠組みとステージにおける技法の統合

　エンパワメントアプローチには、ステージの枠組みと方向はあるが、
特別な技法があるわけではない。四つの次元のそれぞれの枠のなかで、
個人・家族、グループ、コミュニティへのソーシャルワーク技法を組み
合わせ、統合し、支援を進める。すべての人々が、社会のステージまで
進むわけではない。多くの場合、個人や対人関係のステージで終わるか
もしれない。そうであるとしてもソーシャルワーカーは、最終目標を見
つめるべきである。

4 支援プロセス

表7-16　支援プロセスの例（コックスとパーソンズの四つの次元）

個人のステージ—自己信頼	対人関係のステージ—相互支援	環境・組織のステージ—権利の発見と主張	社会・政治のステージ—社会への働きかけ
・自己肯定感の獲得 ・カウンセリングによる受容や共感、傾聴	・仲間意識の獲得 ・セルフヘルプグループ等	・権利擁護の力の獲得（セルフアドボカシー）	・当事者によるソーシャルアクション

5 アプローチの適用

　エンパワメントアプローチは、人々をパワーレスにさせる多くの問題
に適用可能である。特に、現代社会においては、経済的な格差が広がり、
貧困に苦しむ人々が激増している。また高齢のため、病気や障害を負う

人々も増えている。さらにアルコール依存に苦しむ人々、児童虐待、いじめ、不登校、DV の犠牲者も増えている。さらに少年犯罪、疎外されていく外国人たちの問題もある。これらの問題の多くは、ゆがんだ社会構造がもたらした負の遺産ともいえる。こうした問題に向きあおうとするとき、エンパワメントの思想、理論・アプローチが活きてくる。

12 ナラティヴアプローチ

> 「優花は、高校を中退したが、現実は厳しかった…」
> 　優香が経験してきた主流の物語に耳を傾け、問題を彼女自身から切り離す。その後、主流の物語の陰で抑圧されていたユニークな出来事に焦点を当て、新たな希望の物語をつくっていく。

1 ヒストリー

　ポストモダンの代表であるナラティヴアプローチの根底には、フランスの哲学者フーコー（Foucault, M.）の思想や社会構成主義（Social Constructionism）の考え方がある。

　フーコーは、真理は絶対的な権力であり、もし唯一、絶対の真理（正解）が存在すれば、それ以外は間違いとして正される存在であると主張した。つまり問題を抱えるクライエントは、真理から遠い場所で苦悩する存在で、ソーシャルワーカーは、真理に近い場所で権力をもつ、唯一正しい存在ということになる。こうした思想は社会構成主義に受け継がれた。

　社会構成主義では、「唯一、絶対の真理」に基づく「権力的な関係」を否定し、その陰で抑圧されている人々の存在に目を向けること、唯一の正解を押しつけるのではなく、一人ひとりが意味づけた、相対的な声に耳を傾けようとした。

　また社会構成主義では、現実は社会によって構成されるものと規定した。知識社会学の研究者バーガー（Berger, P. L.）とルックマン（Luckmann, T.）によれば、現実は、外在化、客体化、内在化という循環する三つのプロセスで構成される。

★社会構成主義
現実は最初から決まっているものではなく、社会のなかで、言葉を介して人々により意味づけされ、構成されていったものと捉える。唯一の絶対的な現実はなく、社会によって構成された、相対的な現実がいくつも存在するという考え。

図7-18　外在化、客体化、内在化

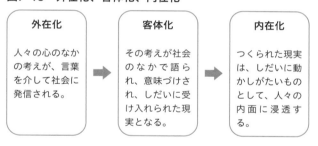

外在化		客体化		内在化
人々の心のなかの考えが、言葉を介して社会に発信される。	→	その考えが社会のなかで語られ、意味づけされ、しだいに受け入れられた現実となる。	→	つくられた現実は、しだいに動かしがたいものとして、人々の内面に浸透する。

　フーコーの思想や社会構成主義の考え方を、具体的に家族療法の分野に応用したホワイト（White, M.）とエプストン（Epston, D.）は、1990年『物語としての家族』においてナラティヴアプローチの手法を著した。

2 ナラティヴアプローチとは

　社会構成主義の考え方を根底に、人々が語る人生の物語（ナラティヴ）に焦点を当て心理的治療を行う手法である。ソーシャルワーカーはクライエントのパートナーとして、問題が染み込んだ主流の物語（ドミナントストーリー）に耳を傾け、問題をクライエントから切り離し、共同で物語を解体する。そして長い間、主流の物語の陰に置かれていた別の真実を発見し、それらをつなげて新しい物語（オルタナティヴストーリー）をつくっていく。

　ナラティヴアプローチにおけるソーシャルワーカーは、「人が問題ではなく、問題こそが問題である」つまり、クライエントの抱える問題は、彼ら自身のなかではなく、外から入り込んだもの、それゆえ、切り離すことができると捉える。またクライエントは、自身の人生の専門家であり、問題解決のための能力や技術をもっている存在と捉える。

3 ナラティヴアプローチの特徴（ホワイトとエプストンを中心に）

❶私たちは、物語によって、自分自身とその人生を意味づけている

　私たちは、人生で経験する出来事を、過去、現在、未来という時間軸

---

ii　たとえば、「落ちこぼれ」という言葉は、不登校が増加した際、マスメディアが書き立てた言葉であったが、その後、社会のなかで語られ、さらに否定的な意味づけが加えられ、「学校で標準的な成績についていけない人々」「能力の低さから出世コースからはずれた人々」など、人格が劣っているという意味も込めて、あたかも最初から存在する現実として受け入れられるようになった。

第7章　ソーシャルワークの実践モデルとアプローチ

上でつなげ、物語をつくっている。またその物語によって、自分自身とその人生を意味づけている。

　クライエントは、人生において多くの出来事を経験する。その出来事は、記憶のなかに散らばる写真のようなものである。この写真を時間軸に沿って一枚ずつ選び、つなげていくと、一つのまとまった筋書きができる。いったん、筋書きができると、その後、意味が合致する写真だけが選ばれ、つなげられ、題名（意味）を付した物語のアルバムが完成する。私たちはこの物語によって、自分はどのような人間か、自分の人生とはどういうものかを意味づけている。

図7-19　物語のアルバム

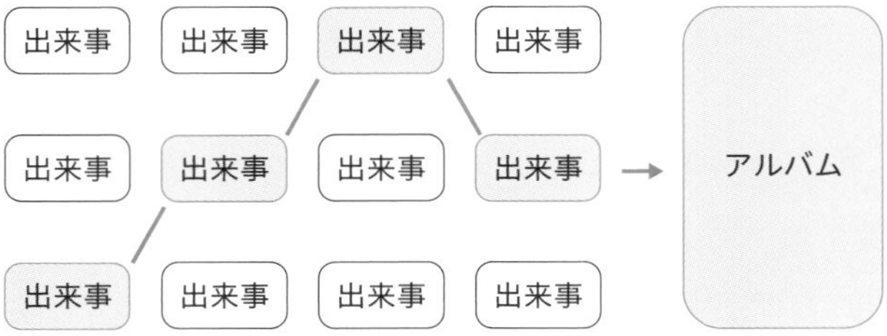

❷クライエントは複数の物語を同時にもっている

　クライエントは複数の物語を同時にもっているので、同じ出来事であっても、別の物語のなかで語ることができる。そしてどのような出来事を選び、つなげ、物語にするかは、選択が可能である。どのような物語をつくるかによって、そこに込める意味も変わってくるし、自分という存在への理解も異なる。

❸ディスコースとは、周りの世界や現実を説明するときに用いる都合のよい枠組み

　「落ちこぼれ」「不登校」「ひきこもり」「ひとり親家庭」など、社会に存在するディスコースには限りがない。私たちはそのような言葉の枠組みによって、周囲の現実を説明しようとする。また自分がそのような枠組みに入った場合、社会が決めた意味づけに屈服していく。こうしたディスコースが私たちの物語に影響を与え、否定的な意味づけをする。

❹ドミナントストーリー——問題が染み込んだ主流の物語

　クライエントが持ち込んでくる主流の物語は、ドミナントストーリーと呼ばれる。ここには精神的な悩みや、苦痛、過去の失敗、劣等意識など、おおよそ否定的な問題が染み込んでいる。そして彼らはあたかも、それだけが自分を語る唯一、真実の物語であると信じ込んでいる場合が

多い。

　ドミナントストーリーを集めたアルバムには、「失敗」や「問題」というタイトルがついているため、同じ意味づけの写真で埋まっている。そしてほかの意味をもつ写真はドミナントの意味づけになじまないため、脇に寄せられ、忘れられ、いつしかドミナントの支配下に置かれていく。

　またドミナントストーリーは、分厚くなるに従って影響力も増していく。「自分はいつも失敗してきた」という物語に支配された人々は、自分自身をも失敗と評価し、将来の行動さえも回避してしまう。

❺オルタナティヴストーリー──新しい物語

　主流のストーリーができあがる陰に、その意味に合致しない出来事がたくさんある。これらは物語として選ばれることも、つなげられることもないままになっている。そうした真実の出来事の多くを含んでいるのが、オルタナティヴストーリーである。

　オルタナティヴストーリーは、ドミナントストーリーに代わる新しい物語である。それは利用者が自分自身で語り、見出すものであり、何より彼らの希望する生き方に合致するものである。オルタナティヴストーリーをつくり上げるのは簡単ではないが、完成した物語は、人々の生活に新しい可能性を与える。

　ドミナントストーリーが語られるとき、それになじまない出来事がある。それが登場したとき、深く質問することでユニークな結果が得られ、オルタナティヴストーリーへの扉を開くことができる。

❻人が問題ではない、問題が問題なのである

　ナラティヴアプローチでは、「人が問題ではなく、問題こそが問題」と捉える。問題がどこにあるかは重要である。もし人に問題があるとみなせば、その人自身の内面に原因を探り、探し当てた欠陥に焦点を当てる。しかし入り込んだものが問題ならば、それを切り離すために、力を合わせて立ち向かうことができる。

　現在の苦しみの原因が「自分自身」か、それとも「入り込んできた問題」なのか、決めることが分かれ道となる。もし自分が問題であれば、正され、非難される存在でしかない。しかし外から入り込んだ問題であれば、切り離すことができる。

■4 支援プロセス

●ナラティヴアプローチの基本姿勢

クライエントを自身に関する専門家と考え、純粋な好奇心で、彼らの人生の物語に注意を払い、深く思い巡らし、知られざる真実とその意味、影響、文脈を探求する。相手を正解に誘導する質問はせず、あくまで自分がわからないことに関して質問する。アセスメント・プランニング・トリートメント（働きかけ）は、絶えず変化するため区別せず、ソーシャルワーカーの権威を示す行為（診断、原因を探る質問、プラン）もしない。

このような基本姿勢により、①脱構築と②再構成という二つの作業を通した物語の書き換えを行う。

表7-17　支援プロセスの例（脱構築と再構成）

脱構築	再構成
・ドミナントストーリーへの傾聴 ・問題の外在化 ・ドミナントストーリーの見直しとユニークな結果の発見	・オルタナティヴストーリーをつくり、強める

①　脱構築

・ドミナントストーリーに耳を傾け、問題を人から切り離す（問題の外在化）

共感的な関係で、問題の染み込んだ物語に耳を傾ける。「どのような経験をしてきたのか？」という会話を通して、相手の経験してきた現実をより深く、かつ広く理解しようとする。

問題の外在化は、アプローチのすべてで継続する作業である。まず問題を切り離すことが可能であることを理解させる。問題を、人生を悩ます「何か」にたとえ、名づけ、外在化する会話を用い切り離す。切り離された問題に対して、クライエントとソーシャルワーカーは共同で対抗する。

・ドミナントストーリーを見直し、ユニークな結果を発見する

ドミナントストーリーの支配下に置かれ、これまで気づかなかった現実や真実を思い起こす。問題に打ち勝った経験、自分の強さ、対処能力

---

iii　つらい過去を何度も語らせることは、問題の染み込んだ物語を逆に強める可能性がある。その場合、物語を広げるような会話が必要になる。

iv　例　問題は―「あなたの人生を、いつから妨げるようになったか？」「どのくらい苦しめているか？」「どのように戦ってきたか？」「どのように発展してきたか？」「誰が、何が関連しているか？」「どのように意味づけているか？」

等を見出せるように助ける。ドミナントに見合わないものは、すべてユニークな結果となり、オルタナティヴストーリーのはじまりとなる。

② 再構成

・オルタナティヴストーリーをつくり上げ、強める

　新しく見出した強さや真実は、それだけでは単なる出来事にすぎない。それらをつなげ、意味づけ、望ましい物語につくり上げることで、定着し、影響力が増す。ホワイトはこのことを「行為の風景*」「アイデンティティの風景*」と呼んだ。

　さまざまなアイデアでオルタナティヴストーリーを強めることができる。たとえば、【タイトルをつける】【仲間を増やす】【決意を形に残す】等がある。

5 アプローチの適用

　ナラティヴアプローチは、主に家族療法に適しているが、個人やグループへの有効性も探求されてきた。批判的な視点には、「重度精神障害者の病理への軽視」や「外在化による犯罪の軽視」等がある。

　ただこのアプローチは、統計的に効果を検証することに異議を唱える理論背景をもっている。そのためほかの理論と有効性に関して比較することにはなじまない。しかし実践する人々の経験から、幅広い問題に対して有効であることが報告されている。人間の行動や心理を、統計的に検証することばかりに目を奪われて、ナラティヴアプローチの効果を見失うべきではない。

★行為の風景
ユニークな結果について「いつ」「どこで」その出来事が起こったのか、「誰が」「何を」し、「どのように」かかわったのか等、その行為がなされた風景を探求するために、あらゆる角度から質問する。またユニークな結果とつながっているほかの出来事についても探る。こうして出来事が、確実な風景としてつながることで物語ができあがる。

★アイデンティティの風景
ユニークな結果が物語として定着するには、その意味を自身のアイデンティティと固く結びつける必要がある。その出来事が相談者にとっての「望み」「希望」「価値観」などに合致しているとき、オルタナティヴストーリーは、その人にとって望ましい物語となる。

第7章

ソーシャルワークの実践モデルとアプローチ

v　完成したオルタナティヴストーリーに、自身の望む生き方に合致するタイトルをつけることで、より強さと希望を感じ、ドミナントストーリーの影響から離れることができる。

vi　賛同してくれる仲間を増やす。たとえば、クライエントの新しい物語を最も支持してくれる重要な人物をセッションに加える。

vii　手紙、認定証、宣言書、決意を思い出させる写真、絵画、音楽、コラージュなどを用いて、決意を形に残すことができる。

「優花は、高校を中退したが、現実は厳しかった…」
　優香にコンプリメント（励まし、褒めること）を行いつつ、比較的う
まくいっていることに目を向ける。またミラクルクエスチョン等で将来
像を共有し、リソースを活用しつつ、将来像へ近づくための小さな変化
を起こす。

1 ヒストリー

　1980 年代後半、アメリカのミルウォーキーの BFTC（Brief Family
Therapy Center）において、インスー・キム・バーグ（Berg, I. K.）
とスティーブ・ディ・シェイザー（Shazer, S. D.）は、解決志向アプロー
チを開発、提唱した。その成り立ちは、1959 年に設立された
MRI（Mental Research Institute）の中に、1966 年、ブリーフセラ
ピー・センターが創設されたことにさかのぼる。

　ブリーフセラピーは、効率的、かつ効果的な短期療法であり、グレゴ
リー・ベイトソン（Bateson, G.）とミルトン・エリクソン（Erickson,
M. H.）の影響を受けた。こうしたブリーフセラピーからミラノ派家族
療法、そして解決志向アプローチが誕生した。またこのアプローチは、
ナラティヴアプローチと同様、社会構成主義の影響も受けており、現実
の問題が多面的であるため、解決もただ一つの正解ではなく、多面的で
あると捉えている。

2 解決志向アプローチとは

　「原因を探ることと問題解決は別である」という考えに基づき、「問題
が解決された未来像」をイメージさせ、そこに近づくためにスモールス
テップを踏んでいく短期療法である。

　問題を抱えると、人はさまざまな原因を探る。その結果、自分自身を

★ MRI
アメリカ西海岸に設立
された。東部のアッ
カーマン研究所ととも
に、家族療法の発展に
寄与した。

---

viii 〔Gregory Bateson〕1904-1980. 文化人類学、精神医学の研究者。ダブルバイン
　　ドという仮説が有名。ナラティヴアプローチをはじめ、多くのアプローチに影響を
　　与えた。
ix 〔Milton Hyland Erickson〕1901-1980. 催眠療法家、心理療法家。解決志向アプロー
　　チでは、エリクソンの実践を研究し、「可能なことをすべて治療に利用する」こと、
　　「問題と解決は別という発想」を取り入れた。

責め、周囲に怒りを向け、自分を受け入れてくれない人々に失望し、さまざまな機会を拒否する。しかし解決志向アプローチでは、問題の原因には目を向けない。あくまで問題が解決した未来像に、どうしたら近づいていけるかを問いかけ、自身のもつリソースを活用しながら、小さな変化を起こし、解決に導いていく。

3 解決志向アプローチの特徴

❶問題の原因を探るより、問題が解決した未来像に焦点を当てる

解決志向アプローチは、「なぜこうなってしまったのか？　原因は何か？」を掘り下げず、問題が解決した未来像に焦点を当てる。

原因を探ることは悪いことではないが、必ずしも解決につながらないことが多い。逆に、原因に打ちのめされると、乗り越える力をもてず、自分や他人を責めることもある。また原因は一つに特定できないことも多く、探そうとすればたくさん見つかる。最終的に特定できたとしても、問題解決は別のところにあることも多い。

解決志向アプローチは、「どうなれたらいいのか？」「何をすれば、明日もっとよい一日を送れるのか？」等の質問をしながら、最終的に問題が解決した未来像に近づけようとする。

❷小さな変化から大きな変化が起こる

「小さな変化の連続が、やがて大きな変化につながる」という考え方が、このアプローチの根底にある。つまり、一つの小さな変化を見逃さなければ、それが次の変化へとつながっていき、やがては未来像に向かって変化し続ける。この過程で問題が少しずつ解決に至ると考える。大切なことは、一つの小さな変化を起こすために、何に焦点を当て、どう行動するかである。

❸うまくいっている状態に目を向ける
　　── "Do more" Vs "Do something different"

解決志向では、「現在、問題を抱えつつも、比較的うまくいっていることはありますか？」という質問をする。そして、その答えによって、方向が違ってくる。

問題を抱えると、せっかくうまくいっていることを途中でやめてしまったり、逆に、うまくいっていないことを止められず、悪循環を引き起こしていることが多い。解決志向アプローチでは、比較的うまくいっていることに目を向け、それを続けることで、悪循環を断ち切り、よい循環を生み出そうとする。

図7-20 「比較的うまくいっていることはありますか？」

❹例外を解決の一部とみなし、なぜそれが起こったのかを追及する

　問題があったとしても、うまくいっている（肯定的）状況に焦点を当て、それを広げていく手法を解決志向アプローチでは「例外探し」と呼んでいる。

　うまくいっている状況（例外）は、「すでに解決が起こりはじめている解決の一部」と捉える。つまり例外を見出すことが解決の糸口になる。

　例外を尋ねるには、たとえば、「問題が起きていない（うまくいっている）のはどのようなときか？」「どうして、それはうまくいったのか？」「何が役立ったのか？」「何が違っているのか？」という質問ができる。例外の責任を追及しつつ、その行動を肯定的に評価することになる。

❺変化を妨げる否定的なメッセージをなくし、コンプリメントを行う

　問題を抱え、失望すると「何をしても変わらない」という言葉を口にする。こうした否定的なメッセージ自体が、変化を妨げる。これは一種の否定的暗示とも呼べる。

　解決志向アプローチでは、まったく逆に、「あなたは変わる」「あなたはもっとよくなれる」という肯定的な考えやメッセージを伝えることで、よい変化を起こそうとしている。これは、コンプリメント（励まし、褒めること）と呼ばれ、解決のための重要なリソースになる。

❻ミラクル・クエスチョン

　解決志向アプローチで有名な「ミラクル・クエスチョン」は、たとえば、次のように問いかける手法である。

> 「今晩、寝ている間に奇跡が起こり、朝、問題がすっかり解決していれば、それは、どんなことから気づき始めますか？」

　こうした質問により、クライエントの頭に、問題や原因ではなく、解決された未来像が思い浮かぶ。自分の至らなさ、周囲への落胆ではなく、

問題が解決されている姿を見せる。このように目的地（ゴール）がはっきり見えることで、クライエントはそこへ向かって歩き出そうとする。

　この手法は、ミルトン・エリクソンの催眠療法がヒントになっている。彼は患者をトランス状態（無意識と意識の中間）に引き込み、「あなたの未来がどのように見えますか？」と質問したが、解決志向アプローチでは、同じ効果を、トランス状態ではなくても可能な形にしている。

❼スケーリング・クエスチョン

　現在の状態から問題が解決した未来像に近づくための手法に、スケーリング・クエスチョンがある。次のような質問をする。

> 「0—10 スケール（10 がすべて問題が解決した状態）で、自分の現在の状態を考えてみたら、どのくらいの数字ですか？」
> 「どうやって4になりましたか？」
> 「とりあえず、数字はいくつになれたらよいでしょうか？」
> 「5はどういう状態で、何が起きていると思いますか？」
> 「5の状態に近づくために、絶対にできることを一つ選んでください」

❽人は問題を解決するためのリソース（資源）をもっている

　ミルトン・エリクソンが「利用」を重視したように、解決志向アプローチでも、あらゆるものを「リソース」として解決のために持ち込む。たとえ問題や困難でさえも活用する。ないものに目を向けず、「あるもの」を探し、解決に活用する。

❾リソースを活用することで、解決した未来像に近づこうとする

　これまで、解決した未来像に焦点を当て、小さな変化を大切に、うまくいっている例外に目を向けることについて取り上げたが、これらは、自身がもっているリソースを活用することで可能になる。つまり、リソースを見出し、活用することで、最終的に問題が解決した未来像を手にできる。

4 支援プロセス

表7-18　支援プロセスの例

ソリューショントーク／コンプリメント	将来像の共有／ミラクル・クエスチョン	例外探し	リソースの活用

5 アプローチの適用

解決志向アプローチは、主に、個人、家族が抱える幅広い問題に適用される。我が国では、不登校やいじめ等、教育相談の分野での活用も進んでいる。

14 さまざまなアプローチ

これまでソーシャルワークの分野で取り上げられることが少なかったが、有益な四つのアプローチを簡単に解説する。

1 アドラー心理学（個人心理学）

オーストリアの精神科医アドラー（Adler, A.）は、最初、フロイトとともに精神分析学の研究に従事したが、後に意見を異にし、1910 年代、独自のアプローチである個人心理学を創始した。アドラーの思想は、今日では常識（コモンセンス）に映るかもしれないが、これまで認知理論のエリスやロゴセラピーのフランクル（Frankl, V. E.）、交流分析のバーン（Berne, E.）らをはじめ、多方面に影響を与えてきた。ソーシャルワーカーは、主に育児や子どもへの支援の場面で、このアプローチを活用できる。

❶ライフスタイルを土台として形成し目標を達成する

アドラーの育児や教育における目標は、子どもたちが「自立し、社会と調和して暮らす」こと、「私は能力があり、人々は私の仲間である」と感じられることであり、そのために「自分の人生の問題を自分で解決する力」、「周りの人々との関係を築く力」を強めようと考えた。そしてこうした目標を達成する土台としてライフスタイルの形成を提唱した。

図7-21　アドラー心理学の目標

行動面の目標 自立する 社会と調和して暮らす	心理面の目標 私は能力がある 人々は私の仲間である

ライフスタイル
子どもたちの自己や世界についての
信念・信条を形成する

★個人心理学
人の存在がそれ以上分割できない個人であるという考えから、アドラーは自身の考えを個人心理学と呼んだ。「なぜ問題が起きたのか」という原因論ではなく、「どうすればいいのか」という目的論を重視した。

★ライフスタイル
自己や世界についての信念や信条。目標達成の土台となる。ライフスタイルの考え方は認知理論にも影響をもたらした。

❷三つのライフタスク──人生の主要な関係性を改善する

　アドラーは、人の抱えるすべての問題は、人間関係上の問題であると捉え、その関係性を「仕事のタスク、交友のタスク、愛のタスク」という三つに分類して説明している。

❸子どもたちは勇気がくじかれている

　子どもたちには「自分は劣っている」という**劣等コンプレックス**がある。それを隠すために、普通でいることを拒否し、普通以上によくなるか、あるいは悪くなるかして、優越性と注目を得ようとする「優越コンプレックス」がある。これは「普通でいることの勇気」がくじかれている結果である。このような子どもたちが「普通でいることの勇気」をもち、どのような状態でも愛され、注目される必要がある。

❹褒めるのではなく勇気づけをする

　子どもたちの適切な行動に注目することは大切だが、安易に褒めることは適切ではない。褒める行為は、能力のある人からない人への評価、縦の関係であり、対人関係では、たとえ子どもたちでも横の対等な関係を築き、気持ちを分かちあいながら、勇気づけ*ていく必要がある。

❺課題分離を行う──これは誰の課題か？

　「これは一体、誰の課題か？」を問いかけ、親や教師がやるべき課題と子どもたちが自分の力で取り組むべき課題を分離する。子どもたちには、自分の人生に責任をもたせ、自分の課題に取り組むよう勧め、多少の痛みを感じたとしても、選択の結果を経験していけるよう促す。

　親や教師が子どもたちの課題に手や口を出すなら、彼らは、苦しくなるといつも助けてもらえると考え、依存的になり、自分には能力があると感じられなくなる。もちろん子どもたちが、自分の力だけで解決できない課題があれば、共通の課題にするかどうかを話しあっていく。

❻力で押さえつけず、罰せず、話しあって解決する

　力で押さえつけたり、罰したりすることは、子どもたちとの関係が悪くなり、勇気をくじくだけで、子どもたちが人の信念を築いたり、子どもたちに「私は能力がある」という気持ちを得させることはできない。罰による効果は一時的で、子どもたちに居場所を失わせ、人々を敵だと思わせるようになる。どのようなときでも、話しあうことが大切である。

❼自己受容、他者信頼、他者貢献

① 自己受容

　誰にでも欠点や癖があり、それも含めた自分自身を受け入れる─自己受容が大切である。与えられていない能力を気にかけず、与えられてい

★**勇気づけ**
人が自分の人生課題に取り組み、自分で問題を解決し、自分にはその能力があるという自信をもてるように援助すること。上から目線で「褒める」のではなく、対等な関係で、相手の存在を受け入れ、彼らの達成に感謝し、素直な気持ちを共有する。温かな言葉がけに依存させず、自分の意思と力で、自分の人生の課題に向かっていく力を与えること。

る特質の「自分という存在」を受け入れ、どう使いこなしていくかに目を向ける。

② **他者信頼**

もし周りの人々が自分の敵や競争相手だと思うならば、その人々を仲間と思うことはできない。社会において、常に人々は自分の仲間であるという**共同体感覚**を感じさせることを目標とし、そのために他者を信頼することを強調した。

③ **他者貢献**

何かを受けるだけの人になってはならず、むしろ周りの人々に返していくことを学ぶべきである。子どもたちは、自分以外の仲間のために、貢献することによって自分に対する自信を深めていく。

どの時代でも、親は子どもたちに手や口を出しすぎる傾向がある。しかし何でも与え、手や口を出すならば、子どもたちの貢献できる機会が奪われる。それは子どもたちから、「自分は能力がある」という信念を築く機会をも奪ってしまう。

■2 ロゴセラピー（実存主義的アプローチ）

❶ロゴセラピーは、生きる意味を見出す心理療法

ロゴセラピーは、1930年代、ウィーンの精神医学者、神経学者であったフランクルによってつくられた心理療法である。フロイトから学んだ精神分析学やアドラーから学んだ個人心理学をベースに、「生きる意味」を問う実存主義的な思想に貫かれたアプローチである。フランクルはその後、ナチスドイツの強制収容所に送られ、過酷な体験を通して、自らの思想やロゴセラピーの仮説への確信を深めることになった。

フランクルは、生きる意味を喪失する人々が病や問題を抱えると考え、ロゴセラピーを通して、人々が人生を吟味し、生きる意味を再び見出し、実現するように促した。彼の影響は、政治、経済、医療、教育をはじめ広範囲な分野に及んでいる。クライエント中心アプローチを築いたロジャーズ（Rogers, C. R.）も影響を受けた一人である。

ソーシャルワーカーは、主に心理的葛藤を抱えるクライエントに対し

---

x　自己受容、他者信頼、他者貢献は、相互に支えあっており、どれ一つ欠けても十分ではないとアドラーは考えた。

xi　ロゴとはギリシャ語で「意味」を表す「ロゴス」からきている。フランクルは、人は一度だけの人生を生きるかけがえのない存在であり、人生には、実現するべき価値や意味があること、また人は本質的に、意味や価値に方向づけられた存在であり、自らに課された人生を生きる必要があると考えた。

てこのアプローチを活用できる。

❷フランクルは、強制収容所で過酷な体験を強いられた[xii]

　ユダヤ人のフランクルは、第二次世界大戦中、ナチスドイツの強制収容所に送られ、過酷な体験を強いられた。妻は収容所に来た日に殺され、家族も病死、あるいは毒ガス室に送られた。そして彼自身も自分の運命がどうなるかわからない日々を送った。収容所では、盗み、暴力、利己的な行為が日常化していたが、フランクルら少数の人々は、周囲の人々に思いやりある言葉をかけ、なけなしのパンを分け与えた。裸で独房に入れられ、苦しい状況を経験したフランクルは、いつか自分が解放されたとき、その経験を大学で学生たちに伝える様子を想像し希望を感じた。

　看守たちは、拷問、殺戮、恐怖を与えることで、フランクルのほとんどの自由を奪うことができたが、「与えられた環境でどう行動するか」という人間としての最後の自由だけは、誰も奪うことはできなかった。彼がこのような自由を発見できたのは、自分の意思で選択できる内的な力をもっていたからである。彼はその力を大きく成長させ、周囲の人々の模範となり、多くの人々に生きがいを与えることができた。そして、たとえ極限状態であっても、それに打ち負かされるのではなく、内的な意思を使い「どのように反応するか」を自分で選択することができた。

　こうした収容所生活での観察から、フランクルは、体力と運だけでは、生き延びることは難しかったこと、また意味ある目標をもつことができた人々は、生き延びる割合が多かったことを見出した。このことから彼は、人が人生において目標や意味を問う存在であると確信した。

❸ロゴセラピーは、三つの中心概念で成り立っている

① 意思の自由（Freedom of Will）

　どんな状況でも、人は自分の意思で行動し、未来を決めることができる。人は遺伝や生まれ育った環境、運命などに、単に反応するだけの者ではなく、意思をもつ存在として、自分で選び、積極的に人生を築いていける存在である。

② 意味への意思（Will to Meaning）

　人が生きる意味を見出そうとすることは、本来もっている欲求であり意思である。言い換えると、どのような人も、人生において、意味ある何かを実現したいと強く願っている。その思いが満たされないとき、人はバランスを欠き、欲求不満となり、さまざまな神経症的な障害に見舞

[xii] フランクルの経験は、後に『夜と霧』という著作にまとめられロングセラーとなった。

われる。人生で意味ある目的をもつとき、思いが満たされ心身の健康を保つことができる。

③　人生の意味（Meaning in Life）

　生きている以上、さまざまな経験をする。病気や老い、障害を負うこと、また尊厳が脅かされることや理不尽に思える経験もある。しかしどんなに過酷な経験に満ちた人生であっても生きる意味がある。

❹生きる意味を見出すには、三つの道がある

　フランクルは、生きる意味を見出す方法として、三つの価値領域「創造価値」「体験価値」「態度価値」を強調した。

①　創造価値

　人は何かを創り出すことで、世の中に与えることができ、そこから価値と意味を見出すことができる。これは活動し創造することによって実現される価値であるが、職業が何であるかは問わない。自分に与えられた仕事に、どれだけ最善を尽くしているかが大切となる。

②　体験価値

　美しいもの、真実なものを体験することによって実現される価値である。私たちは、人を愛し、人から愛される体験をする。また奉仕、ボランティア体験、自然から何かを受け取る体験をする。こうした体験によって実現される価値がある。体験価値とは、人とつながり、人を必要とし、また人から必要とされることでもある。人生においては、「まさにこの瞬間のために生きてきた」という体験に出会うこともある。

③　態度価値

　過酷な運命に遭遇し、創造価値も体験価値も実現できないことがある。しかし、変えられないことに対して、どのような態度をとるかによって実現される態度価値が存在する。フランクルが経験したように、抗うことのできない運命のような環境においてさえ、相手を思いやるような態度を貫くことができる。

　加齢や病気、障害を負うと、何かを創造し体験することができなくなる（これは創造価値、体験価値、ともに奪われた状態である）。しかし、自分ではどうすることもできない状況下にあっても、周囲の人々を気遣う態度をとることはできる。こうした態度価値は最高の価値であり、決して奪われることはないとフランクルは考えた。

❺私たちは人生から問いかけられている

　ニヒリズム*に陥ると、人は人生に対して意味を問いかける。しかし、フランクルは「人間が人生に意味を問う必要はない。人生そのものが、

★ニヒリズム
虚無主義。私たちの人生や人の存在目的には、意味や価値がないという哲学的な主張。

人間に存在の意味を問いかけている。だから人間はそれに責任をもって応えなくてはならない」と主張する。すなわちこの人生で、「私は何のために生きるのか？」「誰のために生きるのか？」「私は何をすればいいのか？」と自分の生きる意味を探し、それに気づくことで、心の虚しさを乗り越えることができる。

3 交流分析

　交流分析（Transactional Analysis：TA）は、1950年代、精神科医バーンによって提唱されたパーソナリティ理論である。精神分析学を土台としながらも、アドラーやエリクソンなどの影響もみられる。

　交流分析を通して、人々は、より自分の考え方、感じ方、行動の要因を理解し、自分がほかの人々とどのようにかかわっているかに気づく。また、自分の人生の脚本とそれがどのように決められてきたのか、どのようなものが自分の可能性を妨げてきたのかに気づき、そこから抜け出し、より自律的に生きることを目指すようになる。

　ソーシャルワーカーは、主に他者とのコミュニケーションや自己肯定感を改善したいクライエントに対して、このアプローチを活用できる。

❶自我（エゴ）状態を分析する

　私たちのパーソナリティは、厳格で批判的、あるいは保護的な「親（Parent）」のような特質、論理的で理性的な「大人（Adult）」のような特質、本能的・感情的・直感的な「子ども（Child）」のような特質という三つの自我状態でつくられている。デュセイ（Dusay, J. M.）が発展させたエゴグラムを用いると、自分の特性を知り、上手に使うことが可能になる。

　エゴグラムとは、エゴ状態を五つに分類し、それぞれに注がれるエネルギーを棒グラフで示したものである（**図7-22**）。これらは自我状態に関する質問への回答をもとに分析される。たくさんのエネルギーが一つの自我状態に注がれると、それだけほかの自我状態のエネルギーは少なくなる。

図7-22　エゴグラム

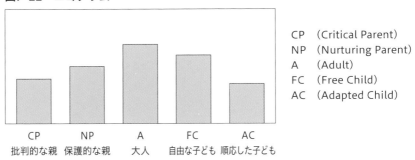

CP　（Critical Parent）
NP　（Nurturing Parent）
A　　（Adult）
FC　（Free Child）
AC　（Adapted Child）

CP　NP　A　FC　AC
批判的な親　保護的な親　大人　自由な子ども　順応した子ども

表7-19　エゴグラムの解釈

	高い	低い
CP	支配的、批判的	ルーズ
NP	献身的	無関心
A	合理的	感情的
FC	無邪気、創造的	感情を表せない、楽しめない
AC	世間体を気にする、行儀がよい	非協調的

❷個人間の交流を分析する

　個人同士が交流する場合、それぞれが親、大人、子どもの三つの自我をもつため、交流はさまざまな組み合わせが考えられる。

図7-23　個人間の交流イメージ

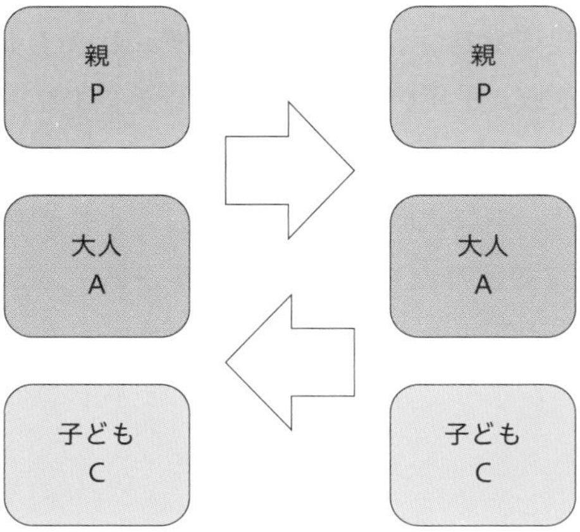

親 P	→	親 P
大人 A		大人 A
子ども C	←	子ども C

① 　相補（平行）交流

　互いに相手の自我状態に話しかけることで、コミュニケーションが継続する。

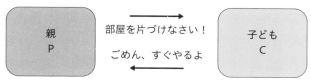
図7-24 相補（平行）交流

② 交差交流

相手の自我状態とは異なる自我状態へ話しかけるので、コミュニケーションは断絶するが、どちらかが自我状態を変化させることで回復する。

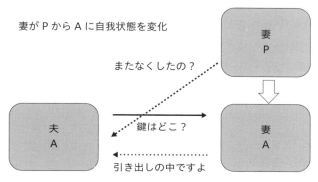
図7-25 交差交流

③ 裏面交流

言葉と本心のやりとりが違う。

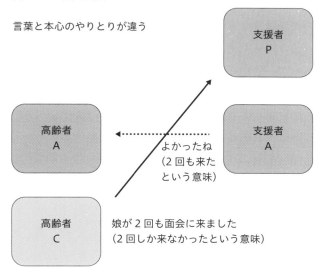
図7-26 裏面交流

交流分析の目的は、三つの自我状態のどの部分に対して、刺激や反応が基づいているかを気づかせることにある。これは主に言語、非言語の表現に見出される。自分のP、Cの自我状態に敏感になるなら、相手のP、Cの自我状態にも敏感になり、そこから自分のAという自我状態をもっと強めることができる。

❸ストローク

相手の存在を認める言葉や行動のすべてをストロークと呼ぶ。人々はコミュニケーションを通して、他者からの肯定的なストロークに飢え、それを得ようとする。人は肯定的なストロークの環境にいるとき成長し、生産的な生き方ができるが、そうでない場合、問題を抱える。人はコミュニケーションをとりながら、基本的な心の姿勢を自分で証明している。仮に肯定的なストロークが得られなければ、否定的なストロークでもいいので得たいという思いが人をゲームに走らせ、結果的に、ラケット感情につながっていく。交流分析では、自分や相手に対して、肯定的なストロークである「私もあなたも特別な人である」というメッセージを言葉や態度で伝えていく。

❹ゲームは反生産的な社会交流である

いつも同じ結末になることを互いに知っていながら、そこに向かって進んでいく反生産的な社会交流をゲームと呼ぶ。たとえば、夫婦喧嘩で、結末はわかっているのに、同じパターンにはまり込み、最後に「またやってしまった」という後味の悪い気持ちになることがある。こうした行動は、まるでゲームのように再び繰り返されてしまう。

ゲームの報酬はラケット感情であるが、人はそうした感情を苦しいと思いつつ「誰かが私を落ち込ませた」と責任転嫁する。その結果、子どもの頃の脚本が一層強固になっていく。

人々は、真実に直面するのを恐れるとき、ゲームを続け、偽の充実感で心を満たす。ゲームを繰り返す限り、真実の交流に気づくことはできないため、早く自分の行うゲームのパターンに気づき、改善方法を考えることが大切である。

❺人は時間を構造化し、周囲の人々からストロークを得ようとする

構造化には「ひきこもり」「儀式」「活動」「社交」「ゲーム」「親密さ」の六つの方法がある。人は空想にひきこもり、自分の内面でストロークを補う。儀式は社会的にプログラム化されている日々の挨拶など、決まった形のストロークを交換する。また人は、家事や仕事など、外的な活動によってストロークを得ている。

★ラケット感情
慢性的な悪感情。幼い頃の脚本に基づいた行動からもたらされる慣れ親しんだ悪感情。

ゲームは偽りの交流である。交流分析が理想とするのは、親密さによる交流である。これは「私は OK、あなたも OK」という姿勢を互いに受け入れている状態である。

❻心の四つの姿勢——"I'm OK""You're OK" を目指す

交流分析には、自分と他人の関係を示す四つの基本的な心の姿勢がある。これらのうち交流分析が目指すものは、「私は OK、あなたも OK」という相互理解的な姿勢である。その他の三つの姿勢は、成長や発達が妨げられている状態である。自分たちがふだん、とっている心の姿勢は、コミュニケーションのとり方に強い影響を及ぼしていることがわかる。

図7-27　心の四つの姿勢

私は OK ではない あなたは OK 　 問題が起こると 自分がだめだと考える	私は OK あなたも OK 　 問題が起こっても 話しあい、よい関係を築ける
私は OK ではない あなたも OK ではない 　 問題が起こると 相手のせいだと考えるが 自分も何もできない	私は OK あなたは OK ではない 　 問題が起こると 相手のせいだと考え 自分が見えない

❼人生脚本を分析する

人は幼い頃の育った環境、両親の影響、その頃に見出した生きる目的などによって、何らかの決断をし、それぞれの人生脚本を描く。この脚本は、あたかも予定されている人生プランとして、呪縛のように強い影響を人に及ぼす。多くの場合、皆自分の人生脚本の存在に気づかないまま、そのとおりにゲームを演じる。そして脚本になじまない出来事は、ゆがめられていく。しかし、人生脚本は宿命でも運命でもない。その存在に気づき分析することで、新しい決断を得て、否定的な脚本を肯定的な脚本に変えることができる。

4 神経言語プログラミング

神経言語プログラミング★（Neuro-Linguistic-Programming）は、心理療法の近代的理論である。1970 年代、アメリカのバンドラー（Bandler, R.）とグリンダー（Grinder, J.）によって開発された。英

★神経言語プログラミング
Neuro は脳の働き（視覚、聴覚、身体感覚、嗅覚、味覚などの五感）、Linguistic は言語・非言語で表現する情報（表情・声のトーンなど）、Programming は脳に組み込まれた行動パターンを表す。

語の頭文字で NLP とも呼ばれる（以下、NLP）。このアプローチは、世界的に著名な3人の実践者（家族療法家のバージニア・サティア（Satir, V.）、ゲシュタルト療法創設者のフレデリック・パールズ（Perls, F. S.）、催眠療法家のミルトン・エリクソンらの業績を体系的に積み上げたものを基盤としている。

　NLP は、五感や言語による体験が脳のプログラムに組み込まれ、言語や行動パターンをつくり出していることに着目し、脳のプログラムを書き換えることで新しいパターンを生み出し、それによって問題を改善していこうとする。認知、行動理論、催眠、言語学等の概念を含み、極めて短時間で効果をもたらすユニークな折衷的アプローチであるが、ナラティヴアプローチと同様、科学的妥当性よりは実践的効果に焦点を置いている。[xiii]

図7-28　NLP の流れ

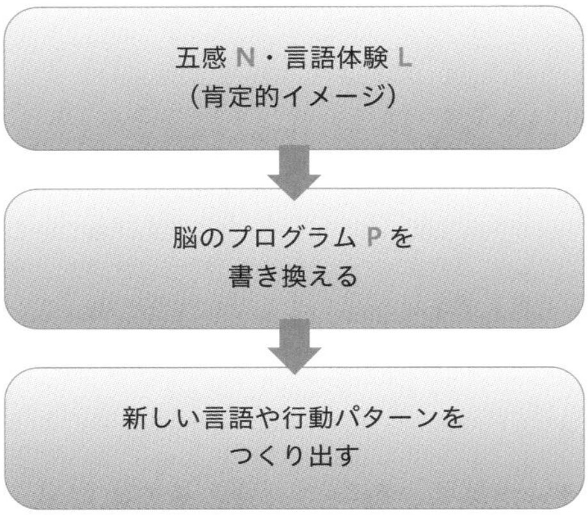

五感 N・言語体験 L
（肯定的イメージ）

↓

脳のプログラム P を
書き換える

↓

新しい言語や行動パターンを
つくり出す

　問題の深刻さ、複雑さが増す時代を迎えているため、今後、ソーシャルワーカーは、こうした実用的なアプローチの活用も視野に入れるべきである。NLP は、薬物、アルコール依存等に影響力がある。また PTSD（外傷後ストレス障害）や性的虐待で苦しむ大人への治療にも応用されてきた。ただし、向精神薬等の影響のため、認知、感覚的なコミュニケーションが阻害されるクライエントには効果は限定的である。

❶五感や言語が脳のメカニズムに与える影響を最大限に活用する

　私たちの脳は、「意識」という部分で五感の情報を処理し、考え、言

---

xiii NLP はユニークさゆえ、理論的根拠を求める保守派には積極的に導入されてこなかった。我が国では先にビジネス分野の「コーチングスキル」として取り入れられたこともあり、正当に評価されていないアプローチでもある。

語化する。この「意識」は通常、一つのことを捉えるとき、同時に別の
ことを捉えられない。また脳には、現実体験もバーチャルな体験も、区
別なく記憶される。もし私たちが、将来なりたい自分の像をイメージす
るなら、脳は、まるでそれが実現したかのように記憶、反応する。こう
した特性を最大限に活用する、つまり意図的に脳にポジティブなイメー
ジを伝達することで、よりよい行動パターンに変化させることが可能と
なる。

❷五感による体験を三つの優位感覚[xiv]で捉える

　五感とは、通常「視覚」「聴覚」「身体感覚」「嗅覚」「味覚」を指すが、
NLP では、このうち「視覚」「聴覚」「身体感覚（嗅覚と味覚を含める）」
の三つに特定する。そして人々が物事を意識化する場合、いずれか優位
な感覚が存在することに着目している。

　異なる優位感覚をもった人々同士がドライブに行き、道に迷った場
合、視覚優位な人は、地図を入念に調べ、聴覚優位の人は、降りて誰か
に道を尋ねる。そして身体感覚優位な人は、ひたすら走りながら場所を
確かめる。同じ体験でも優位感覚によって、受けとめ方、感じ方、言語
表現、問題解決方法、コミュニケーションパターンが違ってくる。

❸相手の優位感覚に合わせてコミュニケーションを行う

　NLP では、相手の優位感覚に合わせてコミュニケーションを行う。
視覚優位な人は、顔の表情、視線、手のしぐさなどから判断し、視覚資
料を用いイメージしやすいようにコミュニケーションしていく。聴覚優
位な人は、声のトーン、笑い声、ため息などに反応するため、声のトー
ンや使う言葉をより大切にする。身体感覚が優位な人は、握手や身体接
触をしたときに反応があるため、実際に何かに触ってもらいながら伝え
るのが効果的である。相手の優位性がつかめない場合、視覚、聴覚、身
体感覚の表現を織り交ぜて使っていくことが効果的である。

❹三つの優位感覚を意図的に体験に組み入れる[xv]

　クライエントに体験を提供する場合、視覚、聴覚、身体感覚という三
つの優位感覚を意図的に体験に組み入れる。基本的には、すべての優位

---

xiv　視覚（Visual）優位な人は、物事を映像や図など、視覚を用いて捉える傾向があり、
　　聴覚（Auditory）優位な人は、音声、言葉、声など、聴覚の要素に反応しやすい。
　　身体感覚（Kinesthetic）優位な人は、物事に直接触れ、体験することで理解を深め
　　ていく。

xv　たとえば、目隠し等、クライエントが視覚を奪われた不自由さを体験する場合、視
　　覚に優位性をもつ人々にとっては苦しい体験だが、聴覚に優位性のある者は、ほか
　　の人々をカバーする働きができる。

性を混ぜるが、特定の優位感覚を用いたり、逆に、優位感覚を使えない体験を通して、他者の立場を学ばせることもできる。

❺サブモダリティを操作することで、イメージを変える

　五感の感覚の細かな要素をサブモダリティ*と呼ぶ。これらにスイッチをつけ、ON、OFF し、レベルを UP、DOWN させることで、イメージを自由に変化、増幅させ、苦手なものへのイメージを変える[xvi]ことができる。サブモダリティによるイメージの操作は、脳のメカニズムに記憶され、そこで肯定的な経験に書き換えられる。その結果、不安感情がなくなり、積極的な言語や行動パターンがつくり出される。

❻リソースアンカー（アンカリング）を活用する

　懐かしい写真や思い出の音楽は、人を過去の世界へ連れ戻し、その頃の感情をも呼び戻す。これらは写真や音楽が刺激となって起こる感情反応（条件反射）である。こうした反応を意図的に起こすスイッチをつくり、いつでも望ましい状態や感情（リソース）を呼び起こすことをアンカリング*という。

❼リフレーミングにより視点を変える

　リフレーミング*により、現在だけではなく、過去の出来事をも捉え直すことができる。そして捉え直した意識は、新たに脳に記憶され、その後の言語や行動パターンに影響を及ぼす。これは単なる「前向きな思考」ではなく、きちんとした根拠と相手に役立つ内容をもった「再意味づけの手法」である。

❽言葉やイメージの力を最大限に活用し、過去の記憶を修正する

　NLP において、言葉やイメージは大きな力をもつ。相手に対しても、自分に対しても、脳に肯定的な言葉とイメージを伝えることで、自分自身を苦しめていた過去の記憶（映像や音声）を消去し、肯定的なものに修正する。ここから、より積極的な行動パターンを生み出すことができる。この手法が明らかにほかのカウンセリングと異なるのは、クライエントがもはやつらい体験を何度も話すことは必要ないということである。

★**サブモダリティ**
たとえば、視覚には、色、形、動き、明るさ、深さなどがある。聴覚には、音量、音程、リズムなどがある。身体感覚には、圧力、温度、湿度、感触などがある。

★**アンカリング**
アンカリングには、複数のリソースにアクセスするスタッキングアンカー、状況の強さを高めるスライディングアンカー、思い出したくないネガティブな気持ちに対して、ポジティブな気持ちを中和させるコラプシングアンカーなどがある。

★**リフレーミング**
相手に別の考え方の枠組みを提供し、これまでと違った見方、感じ方、意味づけ、捉え方をつくり出す手法。たとえば、試験で点数を取れず、落ち込んでしまったとき、「間違えたことで、自分の弱い部分がよく理解できた！」と捉え直すことがある。

---

xvi たとえば、新しい職場に出勤する際、不安な気持ちになったら、まず職場の様子をシミュレーションしてみる。職場が暗く感じたら、スイッチを入れて明るくし、自分の話す声が小さい場合、音量レベルを上げる等ができる。

◇参考文献
・M. E. リッチモンド，佐藤哲三監訳，杉本一義監『社会診断』あいり出版，2012.
・Saleebey, D., *The Strengths Perspective in Social Work Practice*（6 *th* ed.），Pearson, 2012.
・C. A. ラップ・R. J. ゴスチャ，田中英樹監訳『ストレングスモデル──リカバリー志向の精神保健福祉サービス 第 3 版』金剛出版，2014.
・狭間香代子『社会福祉の援助観──ストレングス視点・社会構成主義・エンパワメント』筒井書房，2001.
・C. B. ジャーメインほか，小島蓉子編訳・著『エコロジカル・ソーシャルワーク──カレル・ジャーメイン名論文集』学苑社，1992.
・Gitterman, A. & Germain, C. B., *The Life Model of Social Work Practice : Advances in Theory & Practice*（3 rd ed.），Columbia University Press, 2008.
・Hamilton, G., *Theory and Practice of Social Case Work*, Columbia University Press, 1940.
・久保紘章・副田あけみ編著『ソーシャルワークの実践モデル──心理社会的アプローチからナラティブまで』川島書店，2005.
・F. J. ターナー編，米本秀仁監訳『ソーシャルワーク・トリートメント──相互連結理論アプローチ 上』中央法規出版，1999.
・F. J. ターナー編，米本秀仁監訳『ソーシャルワーク・トリートメント──相互連結理論アプローチ 下』中央法規出版，1999.
・F. ホリス，黒川昭登・本出祐之・森野郁子訳『現代精神分析双書⑥ ケースワーク──社会心理療法』岩崎学術出版社，1966.
・金子絵里乃「ソーシャルワーク理論の再考──フローレンス・ホリスの研究の変遷を辿る」『現代福祉研究』第 7 巻，2007.
・川村隆彦『ソーシャルワーカーの力量を高める理論・アプローチ』中央法規出版，2011.
・伊藤冨士江『ソーシャルワーク実践と課題中心モデル──わが国における適用をめざして』川島書店，2011.
・P. A. アルバート・A. C. トルートマン，佐久間徹・谷晋二・大野裕史訳『はじめての応用行動分析──日本語版 第 2 版』二瓶社，2004.
・A. エリス，野口京子訳『理性感情行動療法』金子書房，1999.
・D. C. アギュララ，小松源助・荒川義子訳『危機介入の理論と実際──医療・看護・福祉のために』川島書店，1997.
・R. アダムス，杉本敏夫・齊藤千鶴監訳『ソーシャルワークとエンパワメント──社会福祉実践の新しい方向』ふくろう出版，2007.
・小田兼三・杉本敏夫・久田則夫編著『エンパワメント実践の理論と技法──これからの福祉サービスの具体的指針』中央法規出版，1999.
・M. ホワイト・D. エプストン，小森康永訳『物語としての家族』金剛出版，1992.
・P. L. バーガー・T. ルックマン，山口節郎訳『現実の社会的構成──知識社会学論考』新曜社，2003.
・若島孔文『ブリーフセラピー講義──太陽の法則が照らすクライエントの「輝く側面」』金剛出版，2011.
・P. ディヤング・I. K. バーグ，桐田弘江・住谷祐子・玉真慎子訳『解決のための面接技法──ソリューション・フォーカストアプローチの手引き 第 4 版』金剛出版，2016.
・岸見一郎『ワニの new 新書 アドラー心理学入門──よりよい人間関係のために』ベストセラーズ，1999.
・A. アドラー，岸見一郎訳『子どもの教育』一光社，1998.
・I. スチュアート・V. ジョインズ，深沢道子監訳『TA TODAY──最新・交流分析入門』実務教育出版，1991.
・中村和子・杉田峰康『わかりやすい交流分析（Transactional Analysis SERIES ①）』チーム医療，1984.
・R. バンドラー，酒井一夫訳『神経言語プログラミング──頭脳をつかえば自分も変わる』東京図書，1986.
・加藤聖龍『手にとるように NLP がわかる本』かんき出版，2009.
・V. E. フランクル，池田香代子訳『夜と霧 新版』みすず書房，2002.
・V. E. フランクル，山田邦男監訳『意味による癒し──ロゴセラピー入門』春秋社，2004.

● おすすめ
・川村隆彦『ソーシャルワーカーの力量を高める理論・アプローチ』中央法規出版，2011.

第**7**章

ソーシャルワークの実践モデルとアプローチ

第8章

ソーシャルワークの面接

　ソーシャルワーク実践は、クライエント（クライエント・システム）が抱える生活課題を解決に導く目的をもった過程の展開といえる。その際、面接は、一連の実践過程のそれぞれの局面において、ニーズや課題状況の把握、理解を推し進めるための基本の「基」といえる。

　本章において、ソーシャルワークにおける面接の意義と目的を理解したうえで、面接の形態や手段、面接が行われる場所の多様性や構造、面接を実施する際に基本的に留意しなければならない点について、しっかりと理解を深める必要がある。さらに、非言語的・言語的双方の側面から、面接の基本的技法について把握し、知識として定着させる必要がある。

第1節 面接の意義と目的

学習のポイント

● 日常会話と面接の特徴の違いを理解する
● ソーシャルワークにおける面接の意義を理解する
● ソーシャルワークにおける面接の目的を理解する

1 面接の意義

1 ソーシャルワークにおける面接

❶日常会話と面接の違い

　文字の意味から、面接は"面（顔）を合わせて接する（話す）"こと、インタビューは"互いに観る"ことと理解できる。ソーシャルワーカーが人々やさまざまな構造に働きかける際に、面接は必要不可欠な手段である。面接はソーシャルワークに限らず、入学試験や入社試験、アルバイトの採用や職場の人事考課、顧客や住民のニーズ調査など、社会生活のさまざまな場面で、評価や情報収集の手段として実施されている。また日常生活で、人は他者と顔を合わせてさまざまな話をする。

　「日常生活での会話」と「ソーシャルワーク面接」の違いについては**表8-1**のとおりである。

❷対人援助職にとっての面接

　岩間は、対人援助職が行う面接を「一定の条件下において、ワーカー（面接者）とクライエント（被面接者）とが、相談援助の目的をもって実施する相互作用（コミュニケーション）のプロセス」と定義している[1]。

　ソーシャルワーク面接は、一定の要件のもとで「専門的援助関係」を軸とし、ソーシャルワークの価値・知識・技術（技法）に基づいて展開される専門的援助活動である。

2 ソーシャルワークにおける面接の意義

　面接は、ソーシャルワークの「価値」をソーシャルワーカーが行動として示す手段であり、次のような意義がある。

表8-1　日常会話とソーシャルワーク面接の違い

	日常会話	ソーシャルワーク面接
1．目的	互いに話したいことを自由に話すため、話題はさまざまで幅広い	明確な目的をもち、目的を達成するために行う
2．責任	たとえ会話がうまく進まなかったとしてもどちらの責任でもない	ソーシャルワーカーはクライエントに対し意図的に働きかけ、面接の目的を達成する責任を負う
3．役割分担	話し手と聴き手の役割はあいまいで、自分が質問されたら同じことを相手に問い返すといったやりとりが、マナーとして実施される	ソーシャルワーカーとクライエントの役割は明確に区別され交代しない。ソーシャルワーカーは専門職としてクライエントの課題解決に役立つようにかかわる
4．計画性	特に計画して実施されるのではなく、いつでも自由に話したいときに会話する	面接は目的達成のために意図的・計画的に実施される
5．義務	会話は義務ではなく、それぞれが話したければ会話する。一般的に共通の話題がある人と会話を始めることが多い。会話を終えるタイミングも自由である	ソーシャルワーカーはクライエントのニーズに応じて面接し、課題が解決する、もしくは解決できないことが明らかになるなどの終結に至るまで、面接を継続する義務を負う
6．互いの関係	自由に話すが、話す量が同じくらいになるよう互いに配慮することが礼儀とされている	ソーシャルワーカーはクライエントがより多く話せるように意図的にかかわる
7．機会の設定	時間や場所の予約が必要なく、それぞれの都合で自由に開始し終了する	約束された時間、期間、じゃまされない場所での実施が原則だが、どこで実施されるとしてもソーシャルワーカーが意図的にかかわれば面接になる
8．取り扱う事柄	通常は楽しみのために会話することが多く、相手を不快にさせないように気を配る。個人の意見などを自由に述べる	必要に応じてクライエントにとって不快な事柄も取り上げる。ソーシャルワーカーが個人的意見を述べる際には注意する

出典：Kadushin, A., *The Social Work Interview*（*2 nd edition*）, Columbia University Press, pp.14-17, 1983. を参考に筆者作成

❶面接そのものが援助過程となる

　第 2 章から第 6 章で述べているように、援助過程ではクライエントのニーズに応じて設定した目標を達成していく。援助過程の各段階で面接が実施されるが、面接におけるやりとりそのものが援助過程であり、クライエントが課題解決に向きあっていく過程となる。ソーシャルワーカーの意図的なかかわりを通じて、クライエントが成長し能力を高め、課題を解決する。

❷面接はクライエントとの協働作業である

　ソーシャルワーカーはクライエントに意図的に働きかけ、協働して目標を達成する。ソーシャルワーカーが課題を解決するのではなく、クライエント自らが課題を解決できるよう援助するのがソーシャルワークである。クライエントは、ソーシャルワーカーの問いかけに応じていくうちに、課題を整理し、解決方法を模索しながら決定できるようになる。

❸面接は信頼関係を形成する過程である

　他者に援助を求める際に、人はどのような気持ちを抱くのだろうか。クライエントは誰しも、自覚している困りごとが解決するかどうかという、問題そのものへの不安を感じる。面接ではこの解決すべき問題が取り扱われ話しあわれることになる。そしてもう一つ、クライエントは、目の前のソーシャルワーカーが解決にどのくらい役立ってくれるか、課題をもつ自分を見下したり軽んじたりしないかなど、ソーシャルワーカーに対する不安を感じている。このソーシャルワーカーへの不安もクライエントであれば誰しも感じる不安であるが、クライエントから語られることはごくまれである。特にインテーク面接では、こうしたクライエントの感情に配慮し、短時間で、継続する**信頼関係**を構築し、援助関係を進めていく必要がある。

❹面接はクライエントの利益になる

　ソーシャルワークはクライエントの利益のために実践され、当然、ソーシャルワークにおける面接もクライエントに利益をもたらすものでなければならない。クライエントが面接によって自分の感情に気づく、課題への考察を深めるなど、何かを得たと感じると、次の援助へとつながっていく。面接はソーシャルワーカーのためではなくクライエントのためにある。

Active Learning

面接によって、クライエントにもたらされる利益にはどのようなものがあるか、具体的に考えてみましょう。

2　面接の目的

1　面接における目的

　日常会話とは異なり、面接には「明確な目的がある」ことが特徴である。1回1回の面接には目的があり、面接の終了時には目的がある程度達成されなければならない。ソーシャルワークにおける面接の目的は、大きく次の三つにまとめられる。援助過程の段階や、クライエントや課題の状況に応じてそれぞれの目的が占める度合いは異なるが、常に三つの目的を意識する。

❶専門的援助関係の形成

　専門的援助関係は、対人援助専門職と非専門職との間に形成される特別な人間関係である。ソーシャルワーカーをはじめ、医師、弁護士、教師など専門職は、専門分野に関する知識と技法をもち、相手よりも優れていなければならない。そして優れている点を相手の利益のために用

★専門的援助関係
ソーシャルワークでは、ソーシャルワーカーとクライエントの対人関係を指す。ソーシャルワーカーがクライエントに専門的援助を行うことを目的とした職業的関係であり、援助の前提となる。ソーシャルワーカーには専門職の要件である価値・知識・技術（技法）が要求される。

い、相手をだまさないという倫理観をもたなければならない。相手からさまざまな情報を得たうえで提案や助言を示し、相手が適切に選択・決定できるよう援助する。こうした関係は相手からの信頼のうえに成り立つものであり、ソーシャルワーカーの面接における行動一つひとつは、クライエントとの信頼関係構築につながる。

友人との信頼関係は、私的に付き合うなかで互いの個人情報を知り、時間をかけて関係を深め、形成されていく。しかし、ソーシャルワーカーは初めて出会ったクライエントとの間で、自らの個人情報を開示することなく、短時間で信頼関係を構築することが求められる。特に初回面接でこの信頼関係がうまく形成されないと、ここから始まる援助過程に支障が生じる。また援助過程でのソーシャルワーカーの一言や態度が、クライエントからの信頼を損ねる原因になることもある。そのような場合、ソーシャルワーカーは再び信頼を得られるように速やかにかかわりを修整する。常にクライエントに自分がどのように映っているのかを意識し、"信頼される専門職" としての行動を心がける。

❷情報収集とアセスメント

情報収集は面接の大きな目的の一つであるが、収集するのはクライエントの援助に必要な情報に限られる。ソーシャルワーカーの関心は常にクライエントの課題解決に向けられ、ソーシャルワーカーの興味に基づいて情報が収集されるのではない。また、援助に必要ない情報までをも収集することは、クライエントの秘密保持に抵触することにもなる。ソーシャルワーカーは、クライエントが話す内容を整理し、アセスメントを行い、不足している情報を収集するために意図的に応答する。こうした相互作用を通じて、援助に必要な情報をクライエントが話すことになるが、ソーシャルワーカーはクライエントが課題に気づけるように面接を構成する。クライエントはソーシャルワーカーの意図的なかかわりに応答する過程で、自らの課題に向きあえるようになる。

❸課題解決・ニーズ達成

援助の目的はクライエントの課題を軽減・解決しニーズを達成することであり、解決や達成する方法は面接過程を通じてクライエントが決定する。クライエントが利用可能な社会資源を紹介するのがソーシャルワーカーの役割ではない。面接はクライエントの問題解決能力を高め自己決定を支援し、課題解決への動機づけを達成する過程である。課題が解決しなくても、クライエント自身が自らの力で課題に対応し生活できる方法を修得し、援助が終結することもある。

★倫理観
社会福祉における倫理とは、援助の基本となる道徳的規範のことである。ソーシャルワーカーはクライエントの基本的人権を尊重し、職務上知り得たクライエントの秘密や情報を守る義務がある。ソーシャルワークの土台を支える概念といえる。

★秘密保持
ソーシャルワーカーは職務上知り得たクライエントの秘密や情報をクライエントの許可なく第三者に漏らしてはならない。社会福祉士及び介護福祉士法第46条では、社会福祉士でなくなったあとも秘密保持の義務は継続することを定めている。

★動機づけ
人に行動を起こさせ、その活動を方向づける力動的な心的過程。人を行動に駆り立てる内部状態を動機（動因）といい、行動を起こさせる外部刺激を誘因または目標という。動機には生理的反応として生じる一次的動機と、社会的動機である二次的動機がある。

◇**引用文献**
　1）岩間伸之『対人援助のための相談面接技術 ── 逐語で学ぶ21の技法』中央法規出版，p.8，2008.

◇**参考文献**
　・Hepworth, D. H., Roony, R. H., et al., *Direct Social Work Practice : Theory and Skills（6 th ed.）*, Brooks/Cole Thomson Learning, 2002.
　・平山尚・黒木保博・平山佳須美・宮岡京子『MINERVA 福祉専門職セミナー① 社会福祉実践の新潮流 ── エコロジカル・システム・アプローチ』ミネルヴァ書房，1998.
　・Zastrow, C. H., *The Practice of Social Work : Applications of Generalist and Advanced Content（7 th ed.）*, Brooks/Cole Thomson Learning, 2003.
　・L. C. ジョンソン・S. J. ヤンカ，山辺朗子・岩間伸之訳『ジェネラリスト・ソーシャルワーク』ミネルヴァ書房，2004.
　・Kadushin, A., Kadushin, G., *The Social Work Interview（5 th ed.）*, Columbia University Press, 2013.

●**おすすめ**
　・D. A. ショーン，佐藤学・秋田喜代美訳『専門家の知恵 ── 反省的実践家は行為しながら考える』ゆみる出版，2001.

第2節 面接の方法と実際

学習のポイント

● ソーシャルワーク面接の形態や手段、場所の多様性を理解する
● ソーシャルワーク面接の基本的留意点を理解する
● 具体的な面接技法を理解する

1 面接の方法と留意点

1 面接の方法

❶面接の形態

　面接の形態は、ソーシャルワーカーとクライエントが1対1で面接する「個別面接」、クライエントを含む家族など、複数人とソーシャルワーカー1人が面接する「合同面接」、親子など一つのケースで個々のクライエントと担当ソーシャルワーカーがそれぞれ面接する「並行面接」、一つの面接に複数のソーシャルワーカーが参加する「協同面接」などがある。

　面接の形態は、クライエントおよび課題の状況、ソーシャルワーカーの習熟度やソーシャルワーカーが用いるアプローチなどに応じて選択する。家族合同面接は、家族システムを把握でき、一度の面接で多くの情報を得られるなどの利点があるが、ソーシャルワーカーが面接の場を適切に調整する能力を備えていないと混乱を招く場合もあるので注意する。

　1人の被面接者に複数の面接者が対応する面接は、入学試験や入社試験の際に用いられることが多いが、被面接者が圧迫感を感じ緊張してしまう。現場では、クライエントの課題の内容によって、異なる施設・機関に勤務するソーシャルワーカーが複数で面接したり、ソーシャルワーカー以外の職種が面接に参加する場合もある。そのような場合には、最初に、それぞれの面接者の役割と、複数で面接しなければならない理由をクライエントに説明し同意を得る。実習生や新任ソーシャルワーカーが教育の一環として同席する場合も同様である。

❷面接の手段──電話面接

　電話面接は、クライエントの移動に伴う時間的・経済的・身体的負担

第8章 ソーシャルワークの面接

を軽減できる。またクライエントにとっては、気持ちや話す内容の準備を整えたうえで自分の都合のよい時間に匿名性を保ったまま相談し、場合によっては途中で話を終えて、一方的に電話を切ることができるなどの心理的な利点もあり、初めてでも相談しやすい手段といえる。しかし、電話では外見、表情や態度などの情報が伝わらない。ソーシャルワーカーはクライエントの状態がつかみにくく、また意図的なかかわりとしての表情や姿勢などの非言語的面接技法（「3　面接の技法」（p.199）参照）がクライエントへ伝わらない。そのため電話面接では、話す内容はもちろん、話す速度や声の高さ、口調などに特に気を配る。対面での面接であれば表情などで伝えることができる感情を「それは大変でしたね」「私も気にかかります」など、言語化して伝えるなどの工夫で、クライエントが安心して相談できる雰囲気をつくりだす。電話面接では、クライエントの課題の概要と緊急性を把握したうえで今後の方針を決定し、必要な場合は速やかに対面での面接につなぐ。

　ソーシャルワーカーとクライエントが相談する手段として、従来の電話やファクシミリに加えて、メールやオンラインミーティングなどICT（Information and Communication Technology：情報通信技術）を活用する機会も増えている。利用しやすく便利な手段ではあるが、クライエントの能力や環境によってはICTが利用できない場合もある。直接対話する面接だからこそ達成できる目的や活用できる面接技法を考慮し、適切な手段を選択する。

❸面接の場所と機会

　面接は、面接室で行われる面接のみを指すのではない。ソーシャルワーカーが行う目的のある意図的なかかわりは、すべて面接だといえる。たとえ他者からはデイルームの片隅で会話しているようにしか見えないとしても、ソーシャルワーカーがクライエントの生活歴を知るという目的をクライエントと共有し、意図的にかかわりながらクライエントの昔話を傾聴しているとき、それは面接となる。

① 面接室での面接

　相談のためにクライエントが施設や機関を訪れる場合、多くのクライエントは問題に向きあう準備ができているといえる。クライエントは、クライエントを迎え入れるために整えられた相談室へ案内されると、相談への動機づけが高まる。部屋の広さや窓の有無、室温、静かさなどの環境に加え、ソーシャルワーカーとクライエントが適切な距離をおいて着席できるように机やいすの配置にも気を配る。風景画や静物画、植物

Active Learning

面接室、施設外・機関外、生活場面といった、面接が行われる場所や機会のそれぞれを比較し、メリットとデメリットを具体的に整理してみましょう。

などが飾られていると、雰囲気を和らげるとともにクライエントの目の
やり場にもなる。

② 施設外や機関外での面接

　ソーシャルワーカーは、施設外であってもクライエントが援助を求め
てきた際には、面接を開始するという心構えをもって対応する。帰り道
の駅や休日のスーパーマーケットでクライエントと出会い話しかけられ
ることもあるかもしれないが、信頼関係に基づいた専門的援助関係と個
人的親しさは異なる。ソーシャルワーカーは、クライエントとの専門的
援助関係と個人的な交友関係を明確に区別し、自分の個人情報を必要以
上に開示しないよう留意する。秘密保持や専門的援助関係の枠組みを保
つために、面接は予定された時間や場所で行われることが重要である。
施設外や時間外に相談をもちかけられた際はあらためて時間を約束して
面接を設定することになるが、クライエントの状態に気を配り、緊急性
をアセスメントすることを忘れてはならない。

③ 生活場面面接

　クライエントの居室や自宅をソーシャルワーカーが訪ねていく生活場
面面接は、クライエントにとっては出かけるための時間的・身体的・経
済的負担がなく、慣れた環境で緊張せず面接に臨める。ソーシャルワー
カーにとっては移動にかかわる負担が発生するものの、クライエントの
自宅周辺や室内の様子などからクライエントの生活へのイメージを膨ら
ませ、さまざまな情報を得る機会となる。部屋に飾ってある置物や写真
を手がかりにクライエントの生活歴や価値観を知ることができ、家族の
やりとりから家族全体の関係性などを知ることもできる。

　ソーシャルワーカーにとっては業務の一つである自宅等への訪問は、
クライエントや家族にとってはプライベートな領域に踏み込まれること
である。自分の生活空間に立ち入られることに不安や不快を感じるクラ
イエントも存在する。ソーシャルワーカーは、玄関で履物をそろえる、
促されてから座る、物珍しそうにじろじろと見まわさない、許可を得ず
に物に触れないなど、訪問先での一般的礼儀をわきまえておく。また自
宅内のトイレや浴室などを確認する必要がある場合は、訪問前にあらか
じめクライエントに説明し許可を得ておく。家族が一緒の場合、家族か
ら情報を得られる一方で、騒がしかったり、クライエントが気兼ねした
り、クライエントの秘密が守られないこともある。クライエントのかた
わらに常に家族が付き添っている場合に席をはずすように依頼すると、
家族の気分を害することもある。クライエントだけと話す機会を確保す

るためには、たとえばクライエントがデイケアを利用しているときに施設へ訪問するなどの工夫も必要である。

施設の居室や病院の病室、談話室など、周りに他者が通りかかる環境で面接する場合は、クライエントのプライバシー※に配慮し、取り扱う内容に留意する。

2 面接の留意点

❶傾聴する

"Active Listening（積極的に聴く）""傾聴"で用いられる「聴」という漢字は、耳と目と心という漢字で成り立っている。古来「心」という漢字は「気持ち」「考える」という意味を含んでいた。傾聴は相手の言葉に耳を傾け、相手の様子を観察し、相手の感情を感じつつ、それらを統合して考え、意図的に面接を進めることといえる。またソーシャルワーカーは、身体をクライエントに向けて"傾ける"など、姿勢や態度を用いて「聴いて」いることをクライエントに伝える。自分の話を聴いてもらっていると感じたクライエントは安心し、話しやすくなる。ソーシャルワーカーはクライエントの話からクライエントのおかれている状況を考え、どのように反応すべきかを決定する。

❷知的な理解と情緒的かかわりのバランス

ソーシャルワークでは、理論やモデルに基づく根拠によってアセスメントが進み、解決方法を模索するためにさまざまな客観的事実の情報が必要となる。またクライエントと協働するためには、クライエントを受容し、クライエントの感情表出を促し、共感的にかかわることが重要となる。面接では、知識に支えられた知的な理解と情緒的かかわりの両方にバランスよく焦点を当てる。

面接ではクライエントから「聴かせてもらう」ことが重要だが、クライエントが自由に話すことを聞き、クライエントの感情や気持ちに反応するだけでは面接とはいえない。ソーシャルワーカーには面接を適切に進める責任がある。クライエントに共感しクライエントのペースに合わせつつも、意図的なかかわりによって必要な情報を収集する。クライエントの感情に応答するのみで、具体的な解決への道筋が立たなくなることは避ける。

❸動的な過程

取り扱う内容や援助過程によって差はあるが、1回の面接時間は1時間以内が適切だといわれる。面接ではクライエントの話す事実と話し

★プライバシー
個人の私生活や秘密は断りなく干渉されないという権利。通信手段の発達、情報化のなかで、個人情報がみだりに公開される危険が大きくなったことから、しだいに一つの基本的人権として確立されるようになった。

ているクライエントの感情の双方に注意を払い、発言の背景を考える。
得た情報を整理しつつ、クライエントの話に沿った反応を用いて新たに
必要な情報を収集する。すでに得ている情報に新たに得た情報を加えて
クライエントの全体像をつくり上げていく。クライエントの心身の状態
や感情、考え方は互いに影響しあい、クライエントを取り巻く状況の変
化に応じても変わっていく。面接はソーシャルワーカーの五感と考察力
を活用してクライエントの変化を敏感に捉え、アセスメントしながら意
図的に対応する行為である。長時間の面接ではクライエントが疲弊し、
また、ソーシャルワーカーの集中力が続かない。面接の過程は、あらか
じめ決めておいたチェックリストに沿って質問を重ねるのではなく、
ソーシャルワーカーとクライエントの相互作用によって変化する動的な
過程である。

❹必要なことを伝える

　面接ではクライエントに語ってもらうことが中心となるが、ソーシャ
ルワーカーからクライエントに伝えることも重要である。伝える内容は
面接の展開過程や面接の内容によって異なるが、どのような場合でも、
伝え方と伝えるタイミングに留意する。ソーシャルワーカーや所属機関
の機能は援助過程の早期の面接で伝え、クライエントが抱く疑問には、
そのつど応答する。クライエントの課題がある程度明らかになった段階
で利用可能なサービスや解決方法を提案する際は、クライエントが提案
内容を検討して決定できるタイミングで伝える。ソーシャルワーカーが
支援しようと焦るあまり情報を提示するタイミングが早すぎると、たと
え役立つ情報や解決方法であったとしてもクライエントが活用できない。

❺肯定的に捉える・ストレングスを活かす

　ソーシャルワーカーが出会うクライエントは、自分一人では解決でき
ない生活上の困難に出遭っている。さまざまな困難に直面するなかで、
孤独感や無力感に支配され自己肯定感が低くなっているクライエントも
存在する。ソーシャルワーカーは面接を通じて、クライエントが自分自
身の力や能力、そして環境に存在する資源などのストレングス★（強み）
に気づけるようにかかわる。以前にできていたこと、これからやってみ
たいことなど、過去から未来に至る時間のなかで、クライエントが自分
のもつストレングスを発見し、人生を肯定的に捉えられるようにかかわ
る。根拠なくクライエントを励ましたり、「大丈夫ですよ」と安易な言
葉をかけるなど、一方的なかかわりにならないよう留意する。

★ストレングス
人の「強さ」（能力、
意欲、自信、志向、周
りの環境に存在する資
源など）を指す。スト
レングスに着目した援
助を行うことは、クラ
イエントが自ら問題を
解決していく力を高め
ることにつながる。

❻専門的視点と倫理（不利益や危機の回避）

　ソーシャルワーカーは対人援助専門職であり、ソーシャルワーカーの
倫理に基づいてソーシャルワーカーとしての行動を決定する。ソーシャ
ルワーカーは専門的価値・知識・技術（技法）を身につけた専門職とし
て、クライエントと対等に協働して課題を解決していけるように両者の
関係を構築する。これと同時に、両者の関係は「同じ」ではなく、専門
職としての視点を活用し、クライエントに不利益や危機状態が生じるの
を回避する責任がある。面接ではクライエントの心身の状態に注意し、
時にはクライエントの自己決定を制限することでクライエントを守るこ
ともある。必要に応じてソーシャルワーカーが支援方法を決定した根拠
を伝えることで、クライエントが**主体的**に面接や援助過程に参加するよ
う促す。

2 面接の構造と場面

1 面接の構造

　面接は日常会話とは異なるため（**表8-1**（p.187）参照）、面接を特徴
づける一定の構造をもつ。面接の構造は、❶面接時間や場所などの環境
および物理的設定と、❷面接の内容という二つの視点で考えられる。

❶面接環境の構造

① 　面接時間、頻度、回数

　面接における**時間**の枠は重要である。面接日時を約束する際には、開
始時間と終了時間を決めておく。実際に面接を開始する際にも「今日は
〇時まで話を伺います」と伝え、クライエントと確認する。最初に面接
時間を確認することで、限られた時間をクライエントのために効率的に
有効活用することをソーシャルワーカーとクライエントが合意し意識化
できる。意識化した結果、クライエントは面接で自身が果たす役割を認
識し、積極的に面接に参加できるようになる。

　面接の頻度や援助過程の終結までにどの程度面接を重ねるかについて
は、援助の内容によって異なるため、援助の開始時に決めることは難し
い。援助過程の終結が近づいた際には「あと数回でこのようにお会いする
のは終わりにできますね」と予告したうえで面接終了に向けて準備する。

② 　面接空間

　面接は、面接室や相談室など面接専用の部屋で実施されるのが基本形

態である。組織の事情による限界はあるかもしれないが、クライエント
が部屋に入った瞬間に、気持ちが落ち着き相談に集中できるように配慮
する。部屋の構造や調度品のみでなく、緊急事態以外にはソーシャル
ワーカーに連絡が入り面接が中断されることがないように、周りのス
タッフが気遣う環境も重要となる。

　面接はクライエントの生活空間で実施されることもある。自宅や居室
でも相談に集中できる環境をつくりだせるように工夫する。クライエン
トの了解を得たうえで、テレビを消したり窓を閉めたりすることで静か
な環境をつくりだす、カーテンを開ける、電気をつけるなどして部屋を
明るくする、ソーシャルワーカーの座る位置を工夫してクライエントと
の距離や位置を確保するなどの方法によって、生活空間を面接空間へ近
づける。

③　ポジショニング

　クライエントとソーシャルワーカーは専門的援助関係に基づいた関係
であり、互いの位置（ポジショニング）が重要となる。このポジショニ
ングは、物理的な位置関係と、援助過程へ参加する動機やソーシャル
ワーカーとクライエントの心理的関係という二つの要素を含んでいる。
ソーシャルワーカーは、クライエントとの距離や位置などの物理的環境
に配慮することで、クライエントとの心理的関係を構築する。「3　面
接の技法」（p.199）で詳しく述べるが、クライエントが親密さと安心
を感じ心地よいと感じる距離には個人差があり、また、そのときの心理
状態によっても異なる。ソーシャルワーカーはクライエントの様子に気
を配り、クライエントが安心し落ち着いた気持ちで面接に臨めるよう、
自分の身体をポジショニングする。

❷面接内容の構造

①　構造化と自由度

　調査や研究、診断を目的とした面接は、面接内容の構造化によって分
類される。構造化面接とは、あらかじめ質問者が定めた内容や質問項目
に沿って進めていく面接である。非構造化面接とは、回答者が自由に話
し面接者が応答する面接である。半構造化面接とは、この二つの中間に
あたり、あらかじめ定めた大きな質問項目に沿って相手に自由に回答し
てもらう面接である。構造化された面接ほどクライエントの回答の自由
度は低くなる。面接の目的やクライエントの状態に応じて面接を構造化
する。

② 展開過程

援助過程については第2章から第6章で詳しく述べているが、援助過程の開始から終結・アフターケアの段階に応じた面接があり、また個々の面接でも開始から終結までの展開過程を意識する。

次に、展開過程に着目して面接の留意点を述べる。

2 面接の場面

❶インテーク

インテーク（受理）は、第2章で詳述しているとおり、ソーシャルワーカーが初めてクライエントに出会う場面であり、今後の援助過程を進めるための導入となる。そして、もち込まれた課題を受理するかどうかを判断するために必要な情報を収集する。

初めて出会うソーシャルワーカーに対しクライエントが感じる不安をできるだけ早期に軽減し、話しやすい雰囲気を構築する必要がある。ソーシャルワーカーは、見た目やクライエントを迎える態度、最初にかける言葉などに気を配り、クライエントに与える第一印象を形成する。自己紹介の際には、クライエントに対して何ができるのか、ソーシャルワーカーの役割や機能について簡潔にわかりやすく伝える。秘密保持についても同時に伝える。

インテークは「どのようなご相談でしょうか」というような、クライエントが解決したいと望んでいる課題（主訴）を尋ねる質問から始まることが多い。クライエントが最初に話すことは、クライエントが話そうと決めて考えてきたことや話しやすい事柄が多いが、必ずしも本当の主訴や解決すべき課題とは限らない。インテークの最初の一言と、その後どのように面接が展開されたかという相談の流れは、クライエントの心身の状態、つまりクライエントの“居るところ”を知る手がかりとなる。

❷面接の開始と終了

① 面接の開始

継続する面接の開始時には、前回の面接で決めた課題や役割、前回からの変化などを確認する。「前回には、～してみるとおっしゃっていましたが、いかがでしたか」「前回お会いしてから、どのようなことがありましたか」などと質問することで、クライエントを主体としながら面接内容を焦点化し、面接の継続性を保てる。

② 面接の終了

面接を終了する5～10分前には、「今日は～と～について伺いまし

★主訴
主たる訴え。広義のニーズは、クライエント側の主訴（援助してほしいこと感じていること）、実際に困っていること、ソーシャルワーカーが客観的に援助が必要だと判断していることを含んでいる。

た」というように、面接で話しあった事柄を確認したうえで、クライエントの疑問を確認する。単に「わからないことはありますか」ではなく「〜について聞いておきたいことはありますか？」などのように、面接のポイントに着目してクライエントの理解を確認する。また「お話しいただいて今の気持ちはいかがですか」などの質問で、面接の開始時と比較してクライエントの感情が落ち着き、安心に向かっているかを確認することもできる。次に今後の展開を確認し、次回の面接日時を決め、次回の面接までにクライエントやソーシャルワーカーがすべきことを確認する。「では次回は具体的な退院先について相談しましょう。私は主治医へ状態を確認しておきます。○○さんは今日の面接内容をご家族に伝えていただき、意見を聞いていただけますか」などである。

終了時に面接内容を確認しておくと、次回の面接開始時に連続性を保った導入ができる。ソーシャルワーカーにとっては面接の目的を達成したかどうかを再確認する段階となり、伝えるべきことや必要な情報収集を忘れていないかを確認できる。

❸事実を確認する事務的な質問

面接では住所や生年月日などの事実を確認しなければならないことも多い。こうした事実を質問する際には、クライエントの回答を復唱してメモをとりながら確認し、保険証や服薬内容などは現物を確認すると間違えにくい。事実を確認する質問は事務的に進み、クライエントは自由に答える余地がない。事務的な確認は、クライエントが話したいことを話し終えたと判断できるタイミングで「では、これから大切なことを確認させていただきます」と前置きして開始する。

ただし、初めて出会う家族などに対しては「これからお話を伺いますが、まず最初に確認させてください」などのように、クライエントとの関係など最低限の事実を確認してから面接を開始する。

3 面接の技法

1 コミュニケーションとしての面接

❶面接におけるコミュニケーション

面接はコミュニケーションの一つの形態であるが、コミュニケーションは「共有する」「ともにする」という意味が語源となっている。クライエントとソーシャルワーカーが"ともに"問題解決に取り組むために

は適切なコミュニケーションが欠かせない。

❷言語的コミュニケーションと非言語的コミュニケーション

コミュニケーションは、音声による話し言葉、文字による書き言葉、そして手話などによる言語的コミュニケーション★と、言葉がどう伝えられるかという非言語的コミュニケーション★に大別できる。非言語的コミュニケーションは、❶時間的行動（予定の時間より早く来る、遅れて来るなど）、❷空間的行動（座る位置や距離など）、❸身体的行動（視線や姿勢、身振り・手振りなど）、❹外観（服装や髪形など）、❺音声（話し方や声のトーンなど）を含んでいる。言葉は意識して取り繕えるが、非言語的コミュニケーションは自分ではコントロールしにくく、感情や内心を伝えやすい。ソーシャルワーカーは、クライエントの非言語的コミュニケーションに気を配るとともに、ソーシャルワーカー自身の非言語的コミュニケーションを意識し活用して面接を進める。

2 非言語的面接技法

❶表情

顔のつくりそのものを変えることはできないが、表情によって顔を変えることはできる。表情は相手に対する思いやりや心配などさまざまな気持ちを伝える手段となる。ソーシャルワーカーはクライエントが話す内容に応じた表情で聴き、また自分の発言内容に一致した表情で話す。「大変でしたね」という言葉は、案ずる表情とともに発せられてこそ、口先だけの応答でないことがクライエントに届く。

❷視線

「目は口ほどにものをいう」といわれるように、視線を適度に合わせることで相手が話し続けるのを促すこともできれば、視線を合わさないことで相手を無視していると伝えることもある。相手から「目で射る」ように、じっと見つめられると緊張するので、適度に視線をはずし、クライエントに威圧感や不快感を与えないようにする。また視線の高さが同じになるように、前かがみになったりしゃがむこともある。

❸位置と距離

初対面の相手が近距離に近づいてくると違和感や恐怖を感じるが、家族などの密接な間柄の相手とは横に並んでソファに腰かけても平気であるように、相手との心の距離は相手との身体的距離に影響する。また真正面で向きあうよりも90度で着席するほうが、視線をはずす余裕ができ話しやすいといわれる。心地よい位置や距離は、文化的背景や相手と

の親密さ、相手の感情によって異なる。複数回面接してきたクライエントが打ちひしがれていれば、そばに寄り添い、時には肩にそっと触れることもある。クライエントが怒り憤慨しているときは、深くいすに腰かけ距離をとりながら応答する。ソーシャルワーカーはクライエントの様子に気を配り、クライエントが緊張しないよう自分の位置やクライエントとの距離を調整する。

❹姿勢、身振り・手振り

ソーシャルワーカーは自分の身体がクライエントにどのような印象を与えるかを意識する。クライエントより体格が大きい場合は、前かがみになるなど威圧感を与えない姿勢をとる。身振り・手振りは自分を大きく見せる行動であり、時には相手を威嚇する行為となる。逆に、ソーシャルワーカーが身じろぎもせず聴いていると、クライエントの緊張が高まってしまう。ソーシャルワーカーが醸し出す雰囲気によって、クライエントが安心して話せるようになる。

❺言葉遣いや語調

ソーシャルワーカーは落ち着いた温かみの伝わる話し方を心がける。自分の口調がどのような印象を与えるかは自覚しづらいため、ロールプレイなどで振り返るとよい。言葉遣い、話す速度、声の大きさ、声の高さ、語調（明瞭さ、やわらかさ）などに気を配る。ソーシャルワーカーを信頼するにつれて、友だちに話すような親しい言葉遣いになるクライエントもいるが、ソーシャルワーカーは一定の丁寧さを保った言葉遣いを用いつつ、クライエントとの信頼関係を保持する。

❻メモをとる

メモは記憶を補助する手段であるが、面接ではクライエントに対する非言語的コミュニケーションの一つとなる。メモは面接記録を作成するのに役立つだけでなく、クライエントの話を聴いていることを伝え、話し続けるよう促す手段になる。逆に、ソーシャルワーカーが何をメモしているのか、なぜメモしているのかが気にかかり、クライエントが自由に話せなくなることもある。メモすることに気をとられ、クライエントの話から注意をそらしたり面接の進行を妨げないことが重要である。日付や診断名、数値などの客観的事実は正確にメモをとり、クライエントが感情を吐露しているときにはメモをとらず、視線や姿勢をクライエントに向けて聴くようにする。

❼沈黙を取り扱う

クライエントが沈黙している理由はさまざまである。ソーシャルワー

カーを拒否している、疲れていて何も話す気持ちになれない、何を話せばよいのかわからず困っている、話すべきかどうか迷っている、どのように話すべきか熟考しているなど、沈黙の背景によってソーシャルワーカーの応答は変化する。まず基本はクライエントが気持ちを整理して話し始めるのを待つが、待つ間の態度に気をつける。クライエントから集中をそらさないように、ぼんやりとした包み込むような視線を向け、穏やかな表情と落ち着いた気持ちで待つ。しかし沈黙が長く続くとソーシャルワーカーもクライエントも心理的に疲弊してしまう。ソーシャルワーカーから沈黙を破る際には「お話ししにくそうですね、では先ほどお話ししていただいた～について、もう少しお話しいただけますか？」と、クライエントにとって話しやすいと考えられる話題から再び話し始められるよう促す。

■3 言語的面接技法

❶場面を構成する

面接の導入では「今日はよくいらしてくださいました」「今日は時間をとっていただきありがとうございました」などの言葉でクライエントへの労いや感謝を表現する。単なる社交辞令ではなく、面接の開始を意識するための言葉である。「こちらへはどのようにしていらっしゃいましたか？」などの問いかけは、移動手段を知るだけでなく、クライエントの身体能力や判断能力、クライエントの家族関係などを知る手がかりにもなる。

❷機関や自分の職務内容や範囲の説明、秘密保持を伝える

初回面接では、ソーシャルワーカーが「クライエントにとって」何をする職種なのかをわかりやすく、簡潔に伝えたうえで、相談内容に応じて詳細に説明を加える。秘密保持については、面接の初期段階で明確に伝える。

❸話を促す

① 促す

「それで」「ふーん」「なるほど」などの、いわゆる「あいづち」である。これらの応答は言葉自体が短いため、姿勢や態度と同時に用いることで、クライエントが話し続けるよう促す技法となる。間のびした応答では聴く気持ちがないように受けとられてしまい、せわしない速度で頻回に応答すると急かされているように感じられてしまう。短いだけにできるだけ豊富なバリエーションで応答する。

② 繰り返す

　クライエントの話から鍵となる言葉、あるいは短い文章をクライエントの言ったとおりの言葉を使って繰り返して応答する。繰り返すことでクライエントの話を聴いていることを伝えられるだけでなく、クライエントが話した複数の事柄のうち、ソーシャルワーカーが必要とする情報へ焦点化できる。

❹面接を深め、進める

① 質問する

　質問は情報を収集するためにのみ用いられるのではない。質問はクライエントが考え決定する過程を支援するかかわりである。ソーシャルワーカーが一方的に質問を重ね続けると、クライエントは自分の話したいことを話せず、面接は取り調べになってしまう。

　「はい」「いいえ」で答えることができる単純な質問は「閉じられた質問」に分類される。「お母さまの介護は大変ですか？」「明日は仕事に行くのですか？」などの質問は、明確な回答を得られ、考える能力や気力が低下しているクライエントにとっても答えやすい質問であるが、答える内容が限定される。「お母さまとの生活はいかがですか？」「お仕事はどのようにされているのですか？」など、英語の How、What に当たる質問は「開かれた質問」に分類される。クライエントは自由に話しやすいことから話せるため、多くの情報を得られる質問である。ただしクライエントの回答によっては、ソーシャルワーカーが知りたい情報が得られないこともある。「閉じられた質問」と「開かれた質問」は、クライエントの状況や必要な情報に応じて組み合わせ、使い分ける。

　「なぜ、あなたは～した（しなかった）のですか？」という質問は、時にはクライエントを批判・非難する発言となるので注意する。過去に行動した（しなかった）結果が現在の困難の要因かもしれないと自覚しているクライエントに対しては、「そのときはどのような状況だったのですか」など、質問の焦点を"クライエント個人"から"クライエントを取り巻いていた環境"へと変える。

② 言い換える

　クライエントの話した「事実」や「感情」を、簡潔に別の言葉に置き換えて伝え返す。クライエントは、聞くことで自分が話した内容をあらためて認識し、再検討し応答する。やりとりを通じて、ソーシャルワーカーはクライエントの考えや感情をより正確に共有できる。ソーシャルワーカーからの押しつけにならないように「つまり～ということでしょ

うか」とクライエントに確認する姿勢を示す。

③　要約する

　クライエントの話をまとめて伝え返す。話の流れが混乱しとりとめがなくなってきたときに整理する（「これまで○○さんは……があって、そして今は……なのですね」）、今までの流れを明確にして次の段階に話を進める（「つまり……ということですね。では、ご本人はどうおっしゃっているのでしょう？」）、複数の考えを整理し確認する（「では、今考えていらっしゃることは一つ目は○○、二つ目は△△、三つ目は※※ですね。この三つについて検討していきましょう」）などの方法がある。面接の終了時に面接内容を要約することで、次回へつなぎ、面接の継続性を担保できる。

❺クライエントの感情をつかんで応答する

　ソーシャルワーカーは、クライエントの感情を敏感に感じとったうえで、どのように感じとったかをクライエントへ伝え返すことで、クライエントへの共感を示す。ソーシャルワーカーとクライエントの間に双方向のやりとりが存在するのが共感であり、ソーシャルワーカーからクライエントへの一方的な解釈とは異なる。ソーシャルワーカーの反応によって、クライエントは自分の感情をより深く認識していく。他者の感情を理解するのは困難である。ソーシャルワーカーは、最低限、クライエントが言語で感情を明確に表現した際には「〜と感じられたのですね」と言語で応答する。

　クライエントの話に面接技法を用いて意図的に応答することで、ソーシャルワーカーとクライエントは面接の内容を共有し、協働して面接の目的を達成できる。

4 面接技法の考え方

❶マイクロカウンセリング

　マイクロカウンセリングは、1960年代にアメリカのアイビイ（Ivey, A. E.）によって開発された。言語・非言語のコミュニケーションを分類して技法として命名し、技法を修得するためのトレーニング方法を含めて体系的に示している。根源に❶かかわり行動とかかわり技法をおき、❷積極的技法と❸技法の統合を三角形のヒエラルキーで示した。これらのスキルを用いることで、カウンセリングにおけるコミュニケーションが成立するとしたが、カウンセリングのみならずソーシャルワークの面接でも活用できる。

★解釈
クライエントの言動の背景を検討し、クライエントの内面を推測し、それを説明する知的で探索的な行為。クライエントの感情に着目する点では、共感と共通する部分もあるとする考え方もある。

★かかわり行動
マイクロカウンセリングには、①視線の合わせ方、②身体言語、③声の調子、④相手が直前に話したことについていく言語的追跡の四つが含まれ、クライエントとのラポールを築くうえで重要かつ基本となる要素とされている。

❷理論とモデルに応じた面接技法

　ソーシャルワークは科学的実践であり、第7章で述べているように、それぞれの理論に基づいた面接技法が用いられる。選択したモデルやアプローチに依拠して面接の構成や用いられる面接技法が決定する。クライエントの多様な課題に一つのアプローチでは対応しきれない場合もあるかもしれない。しかし、アプローチの背景となる理論や歴史的展開を理解せずに、面接技法だけを取り上げて適当に混在させて活用してはならない。また、どのような理論やアプローチを採用したとしても、ソーシャルワークの基本原則や理念は変わることはなく、クライエントやクライエントを取り巻く環境の状況に応じた適切な応答が求められる。

　紹介した面接技法は限られているが、それぞれの技法を用いる意図を理解し、状況に応じて選択、統合し、適切に使いこなせるように熟練してこそスキルとなる。

❸障害のある人へのかかわり

① 認知症高齢者へのかかわり

　高齢化に伴い増加する認知症高齢者とのコミュニケーションはソーシャルワーカーにとって修得すべき技法であるが、その一つにバリデーションが挙げられる。「強化する」「承認する」という意味をもつバリデーションは、アメリカ人ソーシャルワーカーのファイル（Feil, N.）によって開発された、見当識障害のある認知症高齢者とのコミュニケーション技法である。認知症高齢者の話を傾聴することで、認知症高齢者にとっての現実を支援者が受け入れる技法である。

　「すべての行動には理由がある」という考え方に立ち、高齢者は人生でやり残した課題を解決しようとしている存在だと捉え、行動の背景にある心理的・社会的要因を捉え共感する。そのためにバリデーションは、表8-2に示す14のテクニックを用いる。

　認知症高齢者とのコミュニケーションでは、パーソン・センタード・ケア、ユマニチュード、回想法なども実践されている。認知症高齢者との面接では、言語で表現される内容のみでは相手を理解できないことも多い。ソーシャルワーカーがさまざまな技法や工夫を活用して、認知症高齢者を理解し信頼関係を構築しようと取り組む過程は、他専門職や家族などのモデルともなる。

② 障害のある人へのかかわり

　本節では、心身の障害特性に応じた面接技法については述べていないが、ソーシャルワークがクライエントの個別性を重視するものであれ

Active Learning
認知症高齢者に面接することを想定し、認知症高齢者の特徴を具体的に挙げてみましょう。

★回想法
高齢者へのグループアプローチの一つ。計画的な時間、回数の会合において、人生経験を語りあうことで、高齢者の記憶の回復や日常生活の関心、コミュニケーションを深めることを目的としている。

Active Learning
障害のある人に面接することを想定し、身体障害、知的障害、精神障害、発達障害等の特性や特徴を具体的に挙げてみましょう。

表8-2　バリデーションの14のテクニック

① センタリング（精神の統一、集中）
② 相手を威嚇しないように事実に基づく言葉を使う
③ リフレージング（相手の言うことを繰り返す）
④ 極端な表現を使う（最悪、最善の事態を想像させる）
⑤ 反対のことを想像する
⑥ 思い出話をする（レミニシング）
⑦ 真心をこめて視線を合わせる
⑧ あいまいな表現を使う
⑨ 低くはっきりとした愛情のこもった声で話す
⑩ 相手の動作や感情を観察して合わせる（ミラーリング）
⑪ 満たされていない人間的欲求（愛し、愛される、役立つ、感情を発散する）と行動を結びつける
⑫ 相手の好きな感覚を用いる
⑬ 触れる
⑭ 音楽を使う

出典：N. ファイル・V. デクラーク・ルビン，高橋誠一・篠崎人理監訳，飛松美紀訳『バリデーション・ブレイクスルー───認知症ケアの画期的メソッド』全国コミュニティライフサポートセンター，2014．より筆者作成

ば、当然、個々のクライエントの障害に応じた面接技法が求められる。紹介した基本的な面接技法を障害特性に応じて活用する必要がある。医師やセラピストなどの医療職がもつ障害の原因と対応についての知識を活用するとともに、本人や家族がそれまでに活用してきたコミュニケーションの方法を確認して面接に取り入れる。何度も聴き返したり面接がスムーズに進まないこともあるが、焦ったり気後れしたりせず、常に「あなたの話を聴きたい」という気持ちをもち続けて向きあう。

　ソーシャルワークにおける面接技法は、対人援助にかかわる隣接・関連領域で開発される技法を取り入れ、発展・深化していく。対人援助の基本となる他者への尊厳に基づいた技法であればどのような技法であっても活用できるが、技法の根拠となっている理論を理解したうえで活用しなければならない。

　繰り返しになるが、本章の最初で述べたように、面接はソーシャルワークの価値・知識・技術（技法）に基づいて展開されるべきであり、小手先のテクニックのみを用いて進められるものではない。面接はソーシャルワークの理念を実現するための手段であることを常に意識しておかなければならない。

◇**参考文献**
・N. ファイル・V. デクラーク・ルビン，高橋誠一・篠崎人理監訳，飛松美紀訳『バリデーション・ブレイクスルー――認知症ケアの画期的メソッド』全国コミュニティライフサポートセンター，2014.
・福原眞知子監『マイクロカウンセリング技法――事例場面から学ぶ』風間書房，2007.
・福原眞知子・A. E. アイビイ・M. B. アイビイ『マイクロカウンセリングの理論と実践』風間書房，2004.
・Hepworth, D. H., Roony, R. H., et al., *Direct Social Work Practice : Theory and Skills*（6 th ed.）, Brooks/Cole Thomson Learning, 2002.
・平山尚・黒木保博・平山佳須美・宮岡京子『MINERVA 福祉専門職セミナー① 社会福祉実践の新潮流――エコロジカル・システム・アプローチ』ミネルヴァ書房，1998.
・春木豊編著『心理臨床のノンバーバル・コミュニケーション――ことばでないことばへのアプローチ』川島書店，1987.
・Kadushin, A., Kadushin, G., *The Social Work Interview*（5 th ed.）, Columbia University Press, 2013.
・成田善弘・氏原寛編『共感と解釈――続・臨床の現場から』人文書院，2004.
・Morales, A. T. & Sheafor, B. W., *Social Work : A Profession of Many Faces* (10th ed.), Allyn & Bacon, 2004.
・末田清子・福田浩子『コミュニケーション学――その展望と視点』松柏社，2003.
・武田建『人間関係を良くするカウンセリング――心理，福祉，教育，看護，保育のために』誠信書房，2004.
・渡部律子『高齢者援助における相談面接の理論と実際 第 2 版』医歯薬出版，2011.
・Zastrow, C. H., *The Practice of Social Work : Applications of Generalist and Advanced Content*（7 th ed.）, Brooks/Cole Thomson Learning, 2003.
・中央法規出版編集部編『六訂 社会福祉用語辞典』中央法規出版，2012.

●**おすすめ**
・渡部律子『高齢者援助における相談面接の理論と実際 第 2 版』医歯薬出版，2011.

第9章

ソーシャルワークの記録

　記録のない実践など存在しない。それほど、ソーシャルワーク実践過程にとって記録は必要不可欠であり、重要であるといえる。

　本章では、その記録の意義と多岐にわたる目的について確実に理解することが求められる。そのうえで、実際に記録をとり保存する際に、求められる内容と、好ましく内容を把握することが肝要である。さらには、記録の種類やフォーマット、実践現場において具体的に使用されているSOAPノートの記載方法を理解する必要がある。

記録の意義と目的

学習のポイント
● 専門職として記録を作成する意義と目的を理解する
● 専門職の記録に求められる倫理的責任を理解する

1 記録の意義

　ソーシャルワーカーが日常業務のなかで記録を残すべきか、迷う場面はいくつもある。そこで、まずどのような場面でソーシャルワーカーとして記録を残すことが求められるかを整理して、専門職としての記録の意義を考える。

　たとえばあなたが実習施設・機関や勤務先で、利用者や患者と直接話したとする。面接室や病室でソーシャルワーカーとして話した内容は、記録する必要があるが、受付でばったり会って挨拶だけした場合は、記録はおそらく必要ないというのはわかりやすいだろう。では、受付で会ったときに「ちょっと聞いてください」と呼び止められてそのまま10分近く立ち話をしてしまった場合や、相手が妙にぼんやりしてぶつぶつ独り言を言っていた場合はどうだろうか。そのような場合はあらためて面接の約束を取りつけたり、様子がおかしかったと上司に報告したりして、一連の流れも記録に残す必要があるだろう。

　挨拶だけをする場合、そのかかわりは、ソーシャルワーカーとしてというよりも、知人としてのかかわりである。一方、利用者や患者が何らかの支援を求めているときには、ソーシャルワーカーとしてかかわることが必要になる。記録を作成する必要があるのは、後者のように、専門職としてかかわった場合である。

　次に、専門職として作成する記録は、誰が読むことを想定して書けばよいだろうか。面接内容のメモ書きをイメージすると、自分のための備忘録と考えがちであるが、実は記録は、説明を求める第三者に読まれるためのものである。それは、ソーシャルワーカーのかかわりは、形として残らないということと大きく関係する。利用者や患者、その家族は、ソーシャルワーカーがかかわったからといって、精神的にも身体的にも

元気になるとは限らない。すると、あとになって「あのとき何をやったのか」「その時点でなぜそれをやろうと思ったのか」ということを確認するには、残された記録で振り返ることしかできないのである。

　つまり、ソーシャルワーカーにとっての記録は、専門職としてのかかわりを、第三者に理解してもらうためのツールだといえる。

　近年、ソーシャルワーカーを含め、相談援助に携わる専門職の記録に対しては社会的責任が非常に厳しく問われるようになってきている。介護保険や生活保護の現場では、担当のソーシャルワーカーが作成した記録を見たいという本人からの情報開示請求に対して、行政がいったん黒塗りで開示を拒否した部分も開示するよう、裁判所が判断するといったことが起きている[1]。それだけ、ソーシャルワーカーに記録を残す責任が求められているといえるが、記録そのものの価値が高まっているともいえるだろう。

　また、最近では記録のデジタル化が急速に進んでいる。厚生労働省は2001（平成13）年に保健医療分野における情報化推進として「保健医療分野の情報化に向けてのグランドデザイン」を策定し、それ以降、病院等医療機関の電子カルテ化が徐々に進んでいる。医療分野のソーシャルワーカーはいち早く、長らく手書きで作成・保管されていた相談記録を電子カルテで管理するようになった。それに伴い、それまで他職種には積極的に共有されていなかった困窮相談やスタッフに対するクレームなどをどう記録するかという新たな課題が浮上している。医療分野以外でも記録をコンピューター上で作成・管理する現場が増加しており、情報セキュリティなどスタッフのITリテラシーの向上が課題である。

Active Learning

ソーシャルワークの記録のデジタル化が進むことを想定し、デジタル化によるメリットとデメリットを具体的に整理してみましょう。

2　記録の目的

1　ソーシャルワークの質の向上

　カデューシン（Kadushin, A.）とハークネス（Harkness, D.）は、記録は、データ収集の技術、診断的技術、介入技術、面接技術に並んで、ソーシャルワークプロセスに必要な技術であるとしている[2]。しかし、記録を書くという作業は、多くのソーシャルワーカーにとって面倒な作業なのも事実である。対象者や家族と面談したり、地域に出かけたりするためにソーシャルワーカーを目指す人はいても、記録を書くためにソーシャルワーカーになったという人はほとんどいないだろう。記録はあく

までやらなければならない、面倒な作業だと、日本だけでなく欧米でも長年、思われてきた。[3)]

　しかし、適正な記録を作成すると、ソーシャルワークの質は向上する。文章にすることで漠然と考えていたことが整理でき、また、文字にした内容を目にすることで自分の言動や判断を客観視できるからである。記録は、支援の付属品ではなく、あくまで援助活動の一部である。ここでは、ソーシャルワークプロセスに沿って、記録の目的をみていく。

■2 アセスメントと支援計画

　支援を開始するにあたって、まず問題を把握して状況を判断し、介入方法を決定する必要がある。自分が選んだ支援計画と、なぜその計画がよいと判断したかの裏づけになるアセスメントを明確に示して、自分自身のソーシャルワーカーとしてのかかわりが妥当であると説明するのが記録の役割である。

　たとえば85歳で妻に先立たれた認知症の男性と、75歳で認知機能はしっかりしているが転んで骨折をし寝たきりになった男性がいるとする。2人の病態は大きく異なるが、必要な支援は、介護の調整と家族への心理教育という点で、似ているだろう。

　あるいは25歳の女性が2人いて、1人は発達障害から職場になじめず退職し、もう1人はセクシャル・ハラスメントを受けて退職したとする。2人の状況は退職という点で同じようにみえるが、前者は本人の適性に合った仕事を探したり職業訓練を受けたりする必要があるだろうし、後者はハラスメント被害に対する医療的なフォローや休養を得ることが先決だろう。

　ソーシャルワーカーの実践では、対象者の病態や問題の性質が違っていても介入が似ていたり、もしくは似たような問題を抱えた対象者に対して全く違う介入をしたりすることも多い。その場合、重要なのは、専門職としての判断が説明されているかどうかである。対象者の問題をどのように見立てた（アセスメントした）のか、なぜその支援計画が適正と判断したのかを第三者に伝えるために、記録を活用したい。

---

i　ソーシャルワークでは、支援の対象になる本人を、患者、利用者、クライエント、当事者といったさまざまな呼称で呼ぶ。また、多くの場合、家族も支援の対象となる。本章では、これらを「対象者」という呼称で、包含的に示している。

3 サービスの提供

ソーシャルワーカーが提供するサービスは、目に見えないものである。そのため、サービスが提供されたかどうかも、時間が経つと確認できなくなってしまう。茶碗を作る職人であれば、一日が終わってできあがった茶碗を見れば、それがその日の仕事だと明らかにわかる。しかし、ソーシャルワーカーの仕事はそのように形が残らないので、自らの記録という形で残すしかないのである。

さらに、ソーシャルワーカーの専門性は、それを受ける人には非常にわかりづらい。コミュニケーションや心理的・社会的問題は、本人が問題と自覚していないことも多く、また、改善したかどうかを明確に捉えて、対象者とソーシャルワーカーの間で共有することも困難である。

提供されたサービスがソーシャルワーカーの独りよがりや思い込みでないとわかるように、サービス提供の実績を正確に記録し、専門家としての介入を第三者に伝えるようにする。

4 支援の継続性、一貫性

ソーシャルワーカーの支援は、対象者個人に対してだけでなく、その人を取り巻くシステムにも働きかけることで効率的かつ効果的に行える、というシステム理論に基づいている。ソーシャルワーカーのかかわりも、一人のソーシャルワーカーが単独で支援するという状況はまずない。事業所ごとに考えれば、医療や介護、教育といったほかの専門職と連携することが想定され、また、ソーシャルワーカー同士でも担当者が変更になることもあるだろう。さらに、それぞれの事業所でかかわれる期間や業務範囲に制限があって、他事業所と引き継ぐ場合も多い。

ケアマネジメント（あるいはケースマネジメント）の基本は、必要十分なケアを、途切れることなく必要なときに提供することである。業務がオーバーラップすることが多い援助職のかかわりで、コーディネーションはソーシャルワーカーの専門性が発揮されるところである。記録を活用し、関係者と適正に情報共有することで、対象者へのケアに継続性や一貫性が生まれ、その場しのぎなものでなくなる。

5 教育、スーパービジョン、研究

ソーシャルワーカーの教育には、具体的な支援技術の向上と、事例をソーシャルワーカーとして捉える思考力の強化が必要である。具体的な支援技術については、面接への陪席やロールプレイが有効である。一方、

事例をどう捉え、判断し、介入に至ったかという思考のプロセスは可視化できないので、強化が難しい。そこでその指導のためには、事例をどのように理解したのか、どういった判断に基づいてアクションをとるに至ったかを明確化し説明することが必要になる。教育の手段として、その過程を口頭で共有することももちろん有効だが、文字化した記録を振り返ると、その作業はより進めやすくなる。また、記録にすることで考えが整理されて、より学習が深まる効果も期待される。

スーパービジョンというと、スーパーバイジーがスーパーバイザーの教えを乞うものというイメージがあるかもしれないが、実際は特定の技法やアプローチを「伝授」する場ではなく、スーパーバイジーが論理的思考を身につけるためにスーパーバイザーと双方向にやりとりする機会である。具体的な介入を振り返り、論理的にケースを分析するためには記録が重要な情報源になる。

なお、スーパービジョンでのやりとりについても、記録に残すことが求められる。特に危機介入や安全確保、情報開示といった複雑な判断と対応を要求される場合については、記録に残すことを心がけたい。

研究について考えれば、蓄積した記録は豊かな素材になり得る。ソーシャルワークの実践研究は、それが目に見えないもののため、データ収集や分析が困難である。しかし記録を活用すると、質的・量的分析が可能になり、科学的研究のベースになり得る。

■6 サービス評価

ソーシャルワークプロセスにおいて、サービス評価は非常に重要である。提供されているサービスが対象者のニーズに合っているか、記録をもとに評価し、さらにその実績を記録に残すことが必要である。

対象者の問題やそれを取り巻く環境は常に変化していて、ある時点では効果のあった介入も、長期的にはマッチしなくなるかもしれない。そのため、評価を一度行ってそれきりにするのではなく、定期的に評価し、それを記録に残すことが望ましい。

また、対象者本人が満足できるサービスであっても周囲にはメリットが感じられなかったり、反対に家族や周囲の満足度が高くても対象者が納得しない内容のサービスであったりすることもある。そのため、評価は、対象者自身の主観的な評価と、ソーシャルワーカーを含む支援者や家族等関係者の客観的な評価の二つの視点を盛り込むことが求められる。

7 機関の運営管理

ソーシャルワーカーの記録は、ソーシャルワーカー個人だけでなく、所属組織の運営管理を円滑にするうえでも重要なツールである。ソーシャルワークプロセスに沿って残された記録は、ソーシャルワーカーが所属する機関が組織としてソーシャルワークを実践したという証明にもなるからである。

ソーシャルワーカーが複数在籍する組織であれば、ソーシャルワーカー間でサービスの質にばらつきがないようモニタリングするのにも記録は有効である。ソーシャルワーカー同士が互いの記録を確認することで、全体のレベルアップや質の均一化にも役立てることができる。

また、機関の一員として活動するためには、ソーシャルワーカー以外の専門職に業務を理解してもらうことが欠かせない。組織内の他職種や上司、同僚にも自分が組織の方針に沿って活動しているという実態が伝わるよう、他職種にもわかりやすい記録を作成することが求められる。

8 アカウンタビリティ

記録は、本来はサービスを受ける対象者に、そのサービスについて説明するためのツールである。しかし、近年では、サービス対象者の家族、彼らが雇うであろう弁護士はもちろん、監査機関、裁判官や裁判員から説明を求められた際にも応えなければならないようになっている。そのため、専門家としての判断やその根拠、そこから導かれた介入がさまざまな立場の人に明確に伝えられるような記録が望まれている。

アカウンタビリティ＊（説明責任）については、ソーシャルワーカーの専門職団体が、それぞれ明確に倫理綱領などで言及している。ここでは、全米ソーシャルワーカー協会倫理綱領、ソーシャルワーカーの倫理綱領（日本ソーシャルワーカー連盟倫理綱領委員会）、精神保健福祉士の倫理綱領（公益社団法人日本精神保健福祉士協会）、医療ソーシャルワーカー倫理綱領（公益社団法人日本医療社会福祉協会）、医療ソーシャルワーカー業務指針（平成 14 年 11 月 29 日健発第 1129001 号厚生労働省健康局長通知）を紹介する（一部抜粋）。

先述した開示請求にまつわる判例は、ソーシャルワーカーに高いレベルの説明責任が課されている実態を表している。ソーシャルワーカーは、よりよいサービスを提供するよう努力しなければならないことが倫理綱領に記されていることから、アカウンタビリティはソーシャルワーク全般に求められていると肝に銘じることが望まれる。

Active Learning

多岐にわたる記録の目的について、その要点を整理してみましょう。

★アカウンタビリティ
説明責任と訳される。地域や対象者、管轄各所に対してサービスに関する説明ができる状態のこと、あるいは専門職が自身の果たす役割や支援に用いる方法論を公開し、提供されるサービスが一定の水準を満たしていると品質を保証することをいう。

NASW Code of Ethics（全米ソーシャルワーカー協会倫理綱領）

〈倫理基準〉

３．実務場面におけるソーシャルワーカーの倫理的責任

3.04　クライアントの記録

(a)　ソーシャルワーカーは、記録が正確であり、かつ提供されたサービスを反映するために、適正な措置を講じなければならない。

(b)　ソーシャルワーカーは、サービス提供を促進するために十分かつタイムリーな記録作成をし、今後クライアントに提供されるサービスに継続性が確保されるようにしなければならない。

(c)　ソーシャルワーカーの記録はクライアントのプライバシーを可能かつ適正な限り保護し、サービスの提供に直接関係ある情報に限られなければならない。

(d)　ソーシャルワーカーはサービスの終了後も記録を保管し、将来的にアクセスできるようにしなければならない。記録は州法または適用される指針および契約に基づいて一定期間保管されなければならない。

※筆者訳

ソーシャルワーカーの倫理綱領

〈倫理基準〉

Ⅰ　クライエントに対する倫理責任

　９．（記録の開示）　ソーシャルワーカーは、クライエントから記録の開示の要求があった場合、非開示とすべき正当な事由がない限り、クライエントに記録を開示する。

精神保健福祉士の倫理綱領

〈倫理基準〉

１．クライエントに対する責務

(3)　プライバシーと秘密保持

a　第三者から情報の開示の要求がある場合、クライエントの同意を得た上で開示する。クライエントに不利益を及ぼす可能性がある時には、クライエントの秘密保持を優先する。

d　クライエントを他機関に紹介する時には、個人情報や記録の提供についてクライエントとの協議を経て決める。

f　クライエントから要求がある時は、クライエントの個人情報を開示する。ただし、記録の中にある第三者の秘密を保護しなければならない。

医療ソーシャルワーカー倫理綱領

〈倫理基準〉

Ⅰ　クライエントに対する倫理責任

　９．（記録の開示）　ソーシャルワーカーは、クライエントから記録の開示の要求があった場合、非開示とすべき正当な事由がない限り、クライエントに記録を開示する。

医療ソーシャルワーカー業務指針

〈業務指針〉

三　業務の方法等

(7)　記録の作成等

　①問題点を明確にし、専門的援助を行うために患者ごとに記録を作成すること。

　②記録をもとに医師等への報告、連絡を行うとともに、必要に応じ、在宅ケア、社会復帰の支援等のため、地域の関係機関、関係職種等への情報提供を行うこと。その場合、(3)で述べたとおり、プライバシーの保護に十分留意する必要がある。

　③記録をもとに、業務分析、業務評価を行うこと。

◇引用文献

1）八木亜紀子『相談援助職の記録の書き方——短時間で適切な内容を表現するテクニック』中央法規出版，p.15，p.197，2012.

2）Kadushin, A. & Harkness, D., *Supervision in Social Work*（5th edition），Columbia University Press, pp.358-359, 2014.

3）Sidell, N., *Social Work Documentation: A Guide to Strengthening Your Case Recording*（2nd edition），NASW Press, p.14, 2015.

◇参考文献

・Barker, R. L., *The Social Work Dictionary*（6th edition），NASW Press, 2014.

・佐原まち子「連携担当者に身につけてほしいソーシャルワークスキル」『地域連携入退院支援』第5巻第1号，2012.

●おすすめ

・八木亜紀子『相談援助職の記録の書き方——短時間で適切な内容を表現するテクニック』中央法規出版，2012.

・八木亜紀子『相談援助職の「伝わる」記録——現場で使える実践事例74』中央法規出版，2019.

・日本医療社会福祉協会編『保健医療ソーシャルワークの基礎——実践力の構築』相川書房，2015.

学習のポイント

● 専門職の記録に求められる内容を理解する
● 専門職として好ましくない記録・書いてはいけない記録を理解する

　第1節でみてきたように、ソーシャルワーカーが書く記録は、支援の一部であり、専門職としての責任を果たす内容を記載することが求められる。

　記録を書くとなると、なかには、文章を書くことが苦手で記録にも自信がもてない、という人がいるかもしれない。しかし実は、うまくはなくても淡々と書かれた記録のほうが、一般的に文章が上手といわれる人の記録よりも、わかりやすくてよい記録であることが多い。書くことが得意な人の記録は、表現も豊かで読み物として面白い反面、読み手によって受ける印象にばらつきがあり、客観的といえないことが多いためである。専門職の記録は、極力解釈や誤解の余地が少ないほうがよいので、うまく書こうとせず、誰が読んでもわかるように書くことを心がけたい。

　ソーシャルワーカーは業務範囲が明確でなく、何を行えばソーシャルワーカーとしての業務を遂行したことになるかが非常にわかりづらいが、次のような内容を盛り込むことを意識する必要がある。

1 支援計画に沿った進捗の記録

　ソーシャルワーカーとして対象者にかかわる際には、その前に必ず支援計画を策定しているはずである。支援計画はソーシャルワーカーが専門職として「あなたにこのような支援を提供します」と対象者と交わしている契約なので、その進捗を記録することが求められる。仮に支援が1回の電話で終わってしまい、支援計画を合意するに至らなかったのであれば、所属組織の方針やミッションに即して、経過を記録するようにする。

　「進捗」と聞くと、対象者の体調の変化や生活の改善など、ありとあ

らゆることを記録しなければいけないという印象をもつかもしれないが、ここでいう進捗は、対象者と交わした約束（支援計画）についての進捗である。どの程度問題解決が進んでいるのか、どこかで停滞しているのであれば軌道修正が必要なのか、日々のかかわりのなかでモニタリングしてそれを記録する。

　実際の相談では、支援計画を策定した時点ではわからなかった課題があとから明らかになることもある。家族の借金や依存、虐待など、新しく支援を必要とする状況が出れば、それを支援計画に加筆して、それに沿って支援記録を書くようにする。あくまで、日頃の支援記録は支援計画に立ち返って作成する。

2 リスクマネジメントの実績

　支援記録を書くベースには支援計画があると述べたが、その支援計画はアセスメントに基づいて策定される。リスクアセスメントがしっかりとできていれば、リスク要因は支援計画に反映されているはずであり、支援計画を粛々と実行すればおのずとリスクは回避できて、リスクマネジメントにつながるということになる。

　たとえば虐待のおそれがあるとアセスメントがなされれば、支援計画には被害者の保護と再発防止が含まれるであろうから、その支援計画に沿って介入することでリスク対応ができる。記録の機能という観点からいうと、そのような支援計画があり、実際それに沿ってサービスが定期的に提供されたということを、その都度記載する。

　多くの場合、ソーシャルワーカーは意識せずにこれに近いことを行っているものである。被害者を自宅から別の場所に移す手配をしたり、面接のときにその後の様子を聞き取ったりということは、ほとんどのソーシャルワーカーであれば行うことである。しかしここで強調したいのは、こういったアクションについて、意識してあえて触れて記録に残す、ということである。思い出したときに行き当たりばったりで行う介入は、専門職の介入とはいえない。できれば頻度や期間も含めて支援計画を策定し、それを実践して記録に残す。

Active Learning

支援記録とリスクマネジメントの関係について、具体的に考えてみましょう。

3 支援の根拠

　ソーシャルワーカーの記録は、自身の支援を第三者に理解してもらうツールであるということは先述したとおりである。その支援には必ず根拠となった情報があるはずである。記録に際しては、ソーシャルワーカーとしての判断はもちろんのこと、その判断を裏づける根拠とともに記載する。

　たとえば、「一人暮らし」「障害」といった情報は単なる状況にすぎず、支援が必ず必要になるというわけではない。一人暮らしでも元気に生活している人もいれば、障害があってもさまざまなサポートを活用して自立している人もいる。それが、けがをして家事ができなくなったり、制度が変わって使えるサービスが減ったりなど、何らかの事情が発生して、それまでどおりの生活が送れなくなって初めて、支援の必要性が発生する。単純に事実を羅列するだけでなく、それがなぜ支援が必要という判断につながったのか、第三者が読むだけでわかるような書き方を工夫する必要がある。

4 標準化された記録

　ソーシャルワーカーの支援は、専門職として実践されるもので、思いつきや出たとこ勝負で行うことでは決してない。ある対象者には行ったが別の人には行っていないとか、同じ組織で担当者によって行うことが違うとなっては、それはソーシャルワーカーの仕事とはいえないのである。記録も同様で、その内容や分量は標準化されているべきで、その基準を大幅にはずれる場合にはその理由の説明が必要である。

　職場や上司によっては、記録の分量の目安を設定しているところもある。あるいは、自分が実践を始めて、おのずと1回の記録の長さが決まってくるということもあるだろう。いずれにしても、それは専門職として、そのくらいの分量で支援のポイントが記録に残せるという判断に基づいている。しかし、同じ1回の支援でも、危機に遭遇した場合、どのような記録を残すことになるか想像してほしい。危機介入というと、さまざまな関係者に連絡をとったり自分でもいろいろと調べたりして、通常よりも業務が増えるもので、それを記録に残してみたら、ふだ

んの3～4倍の分量になってしまったということが実はよく起きる。これは現場の感覚としては、「危機介入の記録は長くなる」という暗黙の了解のようなものがあるが、第三者からすると「3ページ書いているときもあるのに、どうしてふだんは1ページしか書いていないのですか?」という素朴な疑問が湧くのである。もちろん、必要があって長く書いているのであれば問題はないが、実際、危機介入のときはソーシャルワーカーも興奮して感情的な文章を書いてしまいがちである。危機介入の記録はふだん以上に、第三者に共有しなければならないことが何かを意識したい。いきなり書き始めるのではなく、一瞬立ち止まって、頭を整理してから記録を書くようにする。

5 家族や第三者に関する記載

　記録を書く際、対象者本人以外の個人情報の扱いには十分な注意が必要である。読まれて困ることは、開示請求があっても黒塗りで非開示にすればよいという意見もあるが、実際には先述した判例のように、裁判で開示に至るという事件も発生している。

　第三者に関してどこまで個人情報を書くかを判断する基準は、その情報が対象者自身のケアに関係するかどうかである。たとえば、「両親には療育能力がない」というのは両親に対するアセスメントであり、個人攻撃でもある。しかし、「両親は療育を担えないので、本人の自宅生活は困難である」と、家族の状況がどう本人に影響するかまで説明されれば、それは本人の支援に必要な、記録に書くべき情報になるのである。

　他職種との連携に関する記録については、役割分担や責任範囲を明確にする。「○○に連絡した」という記録がよくみられるが、これでは何をどう伝えたのか、その結果何らかのフォローが必要なのか、その場合それはソーシャルワーカーが行うのか、先方が行うのか、またその選択を先方に委ねるのか、といった意図がわからない。言った言わないとか、気がついたら誰もフォローしていなかったということがないよう、役割分担を明確に記録することが望ましい。

　また、ほかの支援者の言動を記録する場合、なぜそれを書くのか、どう書くと誤解されないか注意し、それぞれの専門性や業務範囲に十分に配慮して記録することが重要である。たとえば「薬の副作用について質問があり、○○ケアマネジャーが説明した」と書かれていると、本来医

師の判断を仰がなければならないところをケアマネジャーが独断で対応したような印象を与えてしまい、連携相手であるケアマネジャーとの信頼関係にも影響しかねない。開示請求を意識することはもちろんであるが、チームとして互いの専門性について共通理解をもち、記録する際にもそれを逸脱しないよう、常に注意する必要がある。

6 具体的で明快な用語選択

　他人が書いた文章は、読みづらいものである。そこに、見慣れない略語や専門用語、アルファベットやカタカナの羅列が出てくると、読み手のモチベーションはさらに下がってしまう。記録が第三者に読まれるものだという前提を踏まえると、読まれない記録は存在価値がないので、書き手としては「読んでもらえない」ということはなんとしても避けたいところである。また、読んだだけでは理解されない記録では、あとでこちらが補足説明する手間を増やしてしまう。

　業界全般で使われている用語であれば問題になる可能性は低いが、所属組織内や特定の地域でしか使われていない略語は避けることが賢明である。また、先輩や他職種が使う専門用語をつい使いたくなることもあるだろうが、経験に見合わない言葉遣いは印象がよくないだけでなく、間違った用語選択につながりかねないので、極力避けるようにする。

　日頃、記録作成に忙殺されると、略語を使って早く書きたくなりがちであるが、それが自分の記録を読みづらくしていないか、客観的な目で吟味するようにする。

7 好ましくない内容、 書いてはいけない内容

　記録は、修正・改ざんしていないということが第三者に伝わるような書き方を心がける。空欄や余白があると、改ざんのためにスペースを残している印象を与えてしまうので、特に決まった書式を使って記録する場合は、空欄を残さないように注意する。たとえば、面接中に質問して答えてもらえなかったり、時間切れで聞けなかったり、あるいはその対象者にはその質問は必要ないと自分が判断して飛ばしてしまったりすることが、実際の面接では起きる。しかしなぜ飛ばしたのか、あとになっ

て理由がわからなくなるのを避けるために、「回答せず」「時間切れ」「該当しない」と、一言記入するようにする。

　繰り返しになるが、記録は個人的なメモや備忘録ではない。ソーシャルワーカーの記録はあくまで業務の一環である。自分が不安だから、自信がないから、という理由で記録するということはぜひ避けるようにしたい。また、主観や感想を記録に書くことも避けるべきである。

　さらに、正式な記録とは別に個人的にメモをとって、二重記録にすることも避けたほうが賢明である。実習施設・機関や勤務先で、いろいろとメモをとる必要が出てくるが、その際に対象者や家族のことを安易にメモしてしまわないよう、細心の注意を払う。

　記録作成の時点で開示対象でない文書が、そのまま他人の目に触れないという保証はない。ソーシャルワーカーの記録は、作成されたのち非常に長期にわたって説明が求められる可能性があることを忘れずに、何をどのように記録に残すか判断する必要がある。

◇参考文献
・Sidell, N., *Social Work Documentation: A Guide to Strengthening Your Case Recording* (2 nd edition), NASW Press, 2015.
・八木亜紀子『相談援助職の記録の書き方──短時間で適切な内容を表現するテクニック』中央法規出版，2012.
・八木亜紀子「記録のエースをねらえ！──ポイントの整理とまとめ」『ケアマネジャー』第21巻第 3 号，2019.

● おすすめ
・八木亜紀子『相談援助職の「伝わる」記録──現場で使える実践事例74』中央法規出版，2019.

第3節 記録のフォーマット

学習のポイント

● さまざまな記録のフォーマットを学ぶ
● 根拠ある記録の書き方のポイントを学ぶ

　ソーシャルワーカーが使用する記録のフォーマットは、大きく分けると、主に面接前または面接中に作成するフェイスシート、アセスメントの際に使用するジェノグラムやエコマップ、タイムラインと、面接後に作成する支援記録がある。支援記録については逐語記録、要約記録、進捗記録などがある。

1 主に面接前や面接中に作成する記録

Active Learning

小説や映画、漫画等から題材を探し、フェイスシートやジェノグラム、エコマップ、タイムラインを書いてみましょう。

　ここで紹介するフェイスシート、ジェノグラム、エコマップ、タイムラインは、面接中に対象者に見せながら共同作業で作成したい。そうすることで、ソーシャルワーカーは間違いを訂正でき、また、質問して確認することで面接が展開しやすくなる。そして何より、対象者は、支援関係の主人公は自分であるという自覚をもち、問題解決に主体的に取り組めるようになる。

1 フェイスシート

　一般的に、フェイスシートやインテークシートと呼ばれる書式は、対象者の背景情報を支援の初期段階で聴取してまとめて記入される。書式はその組織によってさまざだが、盛り込まれる内容には次のようなものがある。

```
・氏名とふりがな          ・職業、職場と連絡先
・住所                    ・学校または学歴
・電話番号                ・利用している保険、福祉制度
・メールアドレス          ・紹介元（どこからケースが紹介されたか）
・生年月日と年齢          ・主訴や主病名
・既婚／未婚／死別        ・収入
・家族構成                ・介入しているフォーマルな資源
・緊急連絡先
```

　問い合わせなどに迅速に応えるために、フェイスシートにはパッと見て必要な情報が引き出せるように正確に記入する必要がある。ただし、多くの機関では、専門職としてのトレーニングを受けていない一般の職員もフェイスシートの情報を閲覧する可能性があるので、記入する情報とその扱いについては細心の注意を払うようにする。

2 ジェノグラム

　３世代までさかのぼって家族や同居者の状況を視覚的に捉えることができるツールで、家族療法などで用いられる。表記方法が決まっていて、それに沿って書き表す（図 9-1）。近年では、ジェノグラムを簡単に作成できる無料のソフトも出ている。

　アルコール依存症のほか、さまざまな依存症や嗜癖の問題がある場合や、遺伝性の疾患がある場合、家族間葛藤があるケースの場合は、世代をさかのぼって視覚化することで、問題の背景を捉えやすくなる（図 9-1、図 9-2）。

3 エコマップ

　ハートマン（Hartman, A.）によって開発されたエコマップは、対象者と環境の関係性を図式化するもので、ソーシャルワークや家族療法で広く利用されている。ジェノグラムが家族の関係性に特化しているのに対し、エコマップは対象者を支える社会資源やネットワークを表現しており、対象者の生活状況全体を俯瞰できる。また、環境との関係性の性質そのものや、まだ活用していない資源も記入できるので、問題をより多面的に理解し、今後の支援方針を検討するために活用しやすい（図 9-3）。

図9-1 家族の基本構造を表す記号

家族の基本構造を表す記号（血縁がなくても家族と同居していたり、家族の面倒をみている人も含む。ジェノグラムの右側に名前と関係について記載）

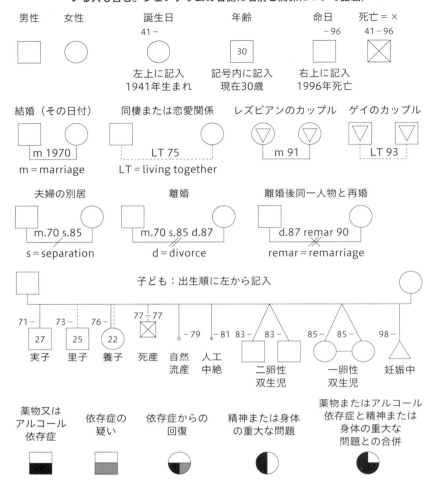

出典：日本社会福祉実践理論学会監『事例研究・教育法——理論と実践力の向上を目指して』川島書店, pp.44-63, 2004.

図9-2 ジェノグラムの例

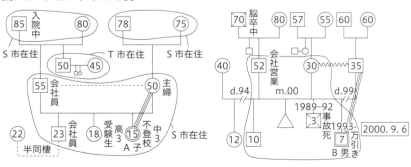

A 家のジェノグラム   B 家のジェノグラム

出典：日本社会福祉実践理論学会監『事例研究・教育法——理論と実践力の向上を目指して』川島書店, pp.44-63, 2004.

図9-3　エコマップとタイムラインの例

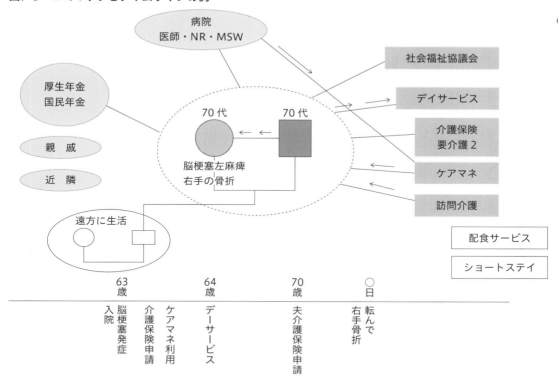

出典：日本医療社会福祉協会編『保健医療ソーシャルワークの基礎──実践力の構築』相川書房, p.155, 2015.

4 タイムライン

　タイムライン、あるいは生活歴（生活史）は、対象者が生まれてから現在までの歴表である。話のなかで語られるさまざまな出来事を左から右に時系列に表示していく。タイムラインを使って対象者自身が自分の歴史を振り返ることで、自身のストレングスや過去のコーピングの実績を再認識し、人生を肯定的に捉える機会にもなり得る。タイムラインをエコマップと組み合わせることで、現在の状況把握だけでなく、ここに至る経緯をより捉えやすくなる（**図9-3**）。

　本来、タイムラインは、生誕から現在までを図式化することが望ましい。それは、対象者が支援を必要とする状況になる前にどのような生活をしていたかを知るのに有効なツールだからである。しかし、たとえば対象者が高齢で、聞き取りに充てられる時間に限りがあり全部は聞けなかったという場合には、聞き取れた範囲で時系列を整理してもよいだろう。

　ほとんどの職場では、実際に提供した支援について、対象者の目の前で記録を書くということはなく、面接を振り返りながら終了後に記載する。しかし、今自分が書いている記録を、対象者や家族が読むことになって本当に問題ないか、と問いかけながら書くことは非常に重要である。

　ソーシャルワーカーに対する訴訟の多いアメリカでは、記録を書いているときに、自分の肩越しに対象者や家族、彼らが雇った弁護士にのぞき込まれているという気持ちで書くように、とよくいわれる。そういった姿勢は、実は単なる開示請求の対策ではなく、記録を書くことで対象者の人権を侵害しない、アドボカシーの実践につながっている。

1 逐語記録

　逐語記録はプロセス記録、プロセスレコードなどとも呼ばれ、面接中の会話や行動を含むすべてのやりとりを、テープ起こしのように一語一語忠実に記録する。逐語記録の作成には膨大な時間と労力がかかるが、ソーシャルワーカーの記憶に頼らざるを得ないため、録音していない場合は不正確な内容になる。また多くの場合、逐語記録は冗長でポイントがわかりづらいため、支援活動の記録としては適さない。

　一方で、新人教育やスーパービジョンなどの教育場面、研究のツールとしては有効である。その際には、部分的であっても、ソーシャルワーカーと対象者の言葉のやりとりに加えて、ソーシャルワーカーが考えたこと、感じたことを逐語で書き出すことで、なぜその発言に至ったのか、どのように改善できるかという分析ができる（**図 9-4**）。

2 要約記録

　要約記録は、面接中のやりとりや介入を、逐語ではなく要約して記録する、広く用いられている記録のフォーマットである。サイデル（Sidell, N.）は、要約記録には「面接の目的」「面接中に起きたこと」「ソーシャルワーカーが気になった点」「アセスメント」「今後の介入プラン」といった要素が含まれることが望ましいが、面接の内容によっては必ずしもすべて網羅しなくてもよいとしている[1]（**図 9-5**）。

図9-4　逐語記録の例

対象者とのやりとり	ソーシャルワーカーの思考	ソーシャルワーカーの感情
SW：前のワーカーさんは、話を聞くばっかりで、とおっしゃってましたが。 A：そうですね。お話を聞いてうんうんとは言ってくれるんですけど、それ以上は聞かれることも少なかったので。	前任者に厳しいな。私にも厳しいのかな。 でも実際Aさんが困ったのかもしれない。まずは具体的なエピソードを聞いてみよう。	不安、緊張 冷静
SW：なるほど。何か具体的なエピソードはありましたか？ A：話すと、使っているサービスのことは聞いてはくれるんですけど、ふだんの生活のどこが大変とか、そういったお話はあまり聞かれないので、どうしてかなと思ってました。	前任者はサービスの確認で必死だったのかな。 自分もそうならないように注意しないと。	ほどよい緊張

3 進捗記録

　進捗記録に求められるのは、日々の支援のなかでの支援計画の進捗と、支援計画をそのまま継続するのか、修正するのかという判断、そして、それに対してどうアクションをとるかである。そのため、まずそのかかわりの契機となった「情報」、支援をしようと考えるに至った専門職としての「判断」、実際行った、あるいはこれから行う「対応」の3点について記載する。

　実際の記録によくみられるのが、それぞれの要素は書かれていても、そのつながりが記録を読んだだけではわからないというものである。「風が吹けば桶屋が儲かる」とならないように、ロジックを飛ばさず、ステッ

図9-5 要約記録の例

✔ 修正例

○月○日　A病院受診同行

　診察室に入ると、医師から本人との関係を尋ねられ、「ケアマネです」と答えると、血糖コントロールができておらず在宅が困難であると繰り返し告げられた。本日の同行目的はショートの情報提供書の依頼だったが、話題にできなかった。介護者である妻に状況を説明しますと返答をし、診察室を出る。
　待合室で妻は、「あんなの今まで言われたことがない。お弁当も見てもらい、これでいいと言われたのに！おやつも食べさせていない」と大きな声で語り、動揺していた。傾聴し、心理的支援を提供した。

出典：八木亜紀子『相談援助職の「伝わる」記録──現場で使える実践事例74』中央法規出版、p.49, 2019. を一部改変

プを一つずつ文章化して、読むだけでわかる記録を作成するようにしたい。そのために、判断の根拠が情報に、対応の根拠が情報にそれぞれ明確に示されていて、一つのストーリーが構成されるように意識する。なお、「情報」「判断」「対応」の三つの要素を表現する書き方としてさまざまなフォーマットが提唱されており、SOAPノートはその一つである。

4 SOAPノート

　SOAPノートは、Subjective（主観的情報）、Objective（客観的情報）、Assessment（アセスメント、見立て）、Plan（計画）の四つのパートで構成されており、それぞれの頭文字をとってSOAPと呼ばれている。先述した「情報」にあたるのがSとO、「判断」にあたるのがA、「対応」にあたるのがPである（図9-6）。
　SOAPノートは、もともとアメリカの医療現場で医師たちが使い始めた記録の様式で、日本でも医師、看護師、薬剤師などを中心に、専門職の間で幅広く使われている。ソーシャルワーカーの間では、SOAPノートに対して、支援者の視点偏重になりがちであるとか、支援のプロセスを反映させにくいといった意見もある。しかし、多職種連携の時代において、カルテが電子化されている医療機関などでは、ソーシャルワーカーの記録が日常的に他職種に読まれている。そのため、SOAP

図9-6　SOAPノートの例

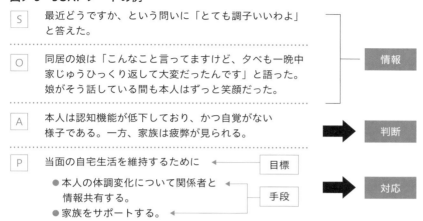

出典：八木亜紀子『相談援助職の「伝わる」記録——現場で使える実践事例74』中央法規出版，p.23，2019.

ノートをソーシャルワーク実践にうまくフィットさせて記録を作成することで、ソーシャルワーカーの記録がより読まれやすくなり、価値が高まると考える。

❶ Subjective（主観的情報）

SOAPノートは対象者を中心に据えた記録の書き方であるため、Sには相談に来ている対象者の主観を書く。いわゆる主訴はもちろん、こちらの問いかけに対する答えなど、本人が語った情報はSに入る。

記録に書くか書かないかは、事実かどうかではなく、自分の支援の根拠として必要かどうかを基準に決めるようにする。「本人の話したことはすべて書くよう言われた」という声もあるが、あとになって本人から「そんなことは言っていない」と言われることもあり得るので、あくまで支援の裏づけとして本人の発言を記録するよう心がける。

なお、本人の発言をSに書く際に、それが対象者の言葉そのままの引用なのか、ソーシャルワーカーによる要約なのかは区別できるようにする。そのため、対象者の言葉はカギカッコでくくり、カギカッコのなかは常に引用をそのまま書くようにする。

話の内容について、作り話や思い込みの可能性が疑われ、その時点ではほかの関係者から確認がとれないような場合は、カギカッコを使って引用する。たとえば、虐待やネグレクト、ドメスティック・バイオレンス（DV）、いじめなどの相談で、第三者から事実確認ができていない場合は、対象者自身の発言を正確に記録して、ソーシャルワーカーの解釈と混同しないよう注意が必要である。

❷ Objective（客観的情報）

　SOAP ノートでいう客観は、対象者にとっての客観なので、O には対象者以外からの情報を書く。面接中にソーシャルワーカー自身が見聞きした対象者の様子や、ほかの専門職や家族、地域などからの情報、関係機関からの事前情報などが入る。

　家族からの相談の場合、本来の SOAP ノートの書き方としては、S は「なし」として O に書いたほうが第三者にはわかりやすい。仮に本人の認知機能が低下していて、家族からしか話が聞けなかったとしても、それはあくまで家族の言い分である。情報源が誰か、ということは明確にするようにする。

　また、面接時の対象者の様子については、MSE を使って記録に残す。

MSE：収集した情報を言語化する

　面接中に見聞きした本人の様子は、MSE（Mental Status Exam：メンタル・ステータス・エグザム、精神的現症検査）を元に可視化することができる。本来、記録には、第三者との情報共有や、過去との比較がしやすいように、客観的な情報が盛り込まれていることが必要であるが、相談援助の場面をデータ化するのは非常に難しい。そこで、医師の記録でいうところの、血液検査の数値やレントゲンの画像に該当するようなデータを、面接中の本人の様子から抽出するのに、MSE を使ってみる。MSE の要素を使って、面接時に撮った映像を言語化するイメージである。

　MSE を実践するにあたっては、ネガティブな情報を言語化することがためらわれる場合がある。しかし、ネガティブなコミュニケーションがみられたときこそ、MSE を使いたい。なぜならば、人間は自分が思っている以上に対人関係のつくり方にパターンがあり、ソーシャルワーカーとうまく協力関係がつくれない人は、ほかの場面でも苦労していることが多いからである。ソーシャルワーカーが対象者や家族との関係について行き詰った場合、自分のせいだとばかり思うのではなく、「同じようなパターンを別の場面でも繰り返しているのではないか」と考えることで、過度に感情的にならずに対策を考えることができるようになる。MSE はプロセスを振り返る際の根拠となるのである。

　MSE は、毎回必ずすべての要素を記録する必要はない。むしろ、対象者が男性であればひげの剃り具合、女性であれば化粧の様子など、「ここを見れば体調のよしあしがすぐわかる」というポイントを端的に挙げられれば、対象者ともほかの専門職とも情報共有の効率は上がる。

　また、MSE を繰り返し行う場合は、特に変化を言語化することを心がける必要がある。何か様子が違う、という印象を受けるときには、必ずその根拠がある。人間は非常に精巧なセンサーなので、漠然と「変だ」と感じたときには、何らかの情報をキャッチしているはずである。その根拠を、MSE を参考にして、できるだけ具体的で第三者に誤解の余地が少ない表現で言語化する。

　それではここで、MSE に含まれる要素の一部を紹介する。[2)]

❶　全般的な見かけや身だしなみ

　パッと見どんな様子か、どんな服装や化粧か、身だしなみは整っているか、それが場面にそぐっているかも合わせて観察し、具体的に記述する。その際、ソーシャルワーカー自身の解釈になっていないか注意して、解釈のもとになった情報（体臭や酒のにおいなど、においで気づいたことも含む）を記録する。

×→汚らしい服装。
○→食べ物が衣服についている。
×→清拭が保たれていない。
○→頭髪が汚れてにおいがする。
×→表情が乏しい。
○→話題が変わっても表情に変化がなかった。
×→元気がない。
○→面接中うつむきがちであった。

---

❷　体の動きや運動機能

　面接中の姿勢や身振り・手振り、歩き方などを記述する。全体的な動きで、精神・身体の健康状態や、薬の副作用の可能性に関する情報などが得られる。

×→だらだらしている。
○→体の動きがゆっくりである。
×→そわそわする。
○→面接中じっと座っていなかった。

---

❸ 発言の量と質

　話すスピードや声の大きさなどを記録する。本人の精神状態や感覚機能を読み取ることができる。

×→歯切れの悪い口ぶり。

○→○○の質問にはっきりと回答しない。

×→消え入りそうな声。ひそひそ話す。

○→聞き取れないほど小さな声で話す。

×→家族の顔色をうかがいながら発言。

○→発言の際に家族の顔を確認しながら話していた。

---

❹ 思考過程と内容

　考えを筋道立てられるか、同じことばかり考えている場合はどのような内容かを記録する。

×→話がちぐはぐ。つじつまが合わない。

○→○○の話を繰り返したが、話すたびに内容が違った。

×→話が飛躍する。

○→○○の話の途中で△△に話題が急に変わった。

×→自殺念慮がある。

○→○○で死にたいと考えている。

×→物盗られ妄想がある。

○→通帳を盗られたと主張して、そういう事実はないが譲らない。

---

❺ 知覚障害

　知覚障害は、自分の体の感覚器が受けた刺激をうまく処理できない障害で、幻覚は五感すべてに発生する。幻視は、せん妄や薬物（処方される薬剤を含む）の離脱症状、中枢神経系の損傷など、器質性に起因する可能性が高いとされている。幻聴は、精神病性障害に多くみられる。幻嗅は、脳障害ほか身体性疾患の可能性が高い。幻味は不快な味覚に関連した幻覚で、脳障害ほか身体性疾患の可能性が高い。幻触は、触覚や表面感覚に関する幻覚で、虫が皮膚の下をのたくっているという幻覚は、薬物使用者に多くみられる。

> ×→幻視がある。
> ○→小人が家の中をうろうろしていると訴えていた。
> ×→幻聴がある。
> ○→（亡くなった）夫が「○○」と話しかけてくる、という訴えがあった。

❻ 感覚 / 意識と見当識

感覚 / 意識では、本人の意識レベルについて記録する。意識が覚醒しているか、清明か、錯乱あるいは混濁していないかを記録する。

見当識では、時間、場所、人物、状況を正しく認識していることをチェックし、記録する。認知障害などで見当識が失われる場合、まず時間の感覚がなくなり、次いで場所、さらに人物（自分自身と、対峙している相手）が認識できなくなる。状況とは、全般的な情勢が把握できているかどうかを指す。

> ×→せん妄状態。
> ○→病院のベッドでどこにいるかわからない様子で、昼夜逆転しているよう。夜中大きい声を出したと看護師より報告あり。

❸ Assessment（アセスメント、見立て）

SOAP ノートの A には、S と O で得た情報をもとに、目の前にいる対象者がどのような人で、なぜ今支援を必要としているのか、ソーシャルワーカーが自分なりの判断を書く。医師が SOAP ノートで記録する場合、A には診断名を書くが、ソーシャルワーカーは診断はしないので、病名を書く必要性はあまりない。ソーシャルワーカーとしては、その疾患が本人の生活や心理社会面にどう影響しているかをバイオ・サイコ・ソーシャルアセスメント*の視点から書くようにする。

最近ではアセスメントフォームが一般化してきていて、そのなかで聞いている質問やそれに対する答えがアセスメントと思われることもあるが、本来はそういった情報をもとに何が課題かを整理し、判断した内容がアセスメントである。

たとえば、病院内の相談室に 40 歳代の女性が現れて、「パンフレットをください」と言ったとする。たまたまソーシャルワーカーが不在で、

★バイオ・サイコ・ソーシャルアセスメント
問題を、バイオ（生物的・身体的側面）、サイコ（心理的・精神的側面）、ソーシャル（社会機能）の視点から検証すること。これらは密接に関連しあっているため、多面的に捉えることで、効果的な介入が可能になる。

事務員が対応した場合、パンフレットを渡してそのまま帰すだろう。し
かし、もしその場にソーシャルワーカーがいたらどうだろうか。ソー
シャルワーカーであれば、「どうされましたか、何か困っておられます
か？」と一声かけるに違いない。それに対して女性が、「今、社会人学
生をやっていて、資料を集めているのです」と答え、しかも困っている
様子がないと思われれば、ソーシャルワーカーもパンフレットを渡して
帰すだろう。この二つの例では、状況（女性が「パンフレットをくださ
い」と言った）と対応（パンフレットを渡して帰した）には違いはない。
しかし、ソーシャルワーカーの例では質問をして、「今の時点では相談
事はない」と判断したうえで対応に至っている点が、事務員の例とは異
なっている。この、対応の一歩手前の専門職としての「判断」こそが、
専門職としての介入の価値である。ぜひあえて言語化して、記録するよ
うにしたい。

　また、家族との関係構築が難しく、なかなか協力が得られない場合は、
家族についてあれこれ書きたくなりがちである。しかし、家族をアセス
メントするのではなく、その状況がどう対象者の支援に影響すると判断
したのか、第三者にわかるような書き方を工夫する。家族が医師の病状
説明に納得していないのであれば、そのことがどう対象者の支援に影響
すると判断したのか、わかりやすく書くようにする。

×→娘は告知が受け入れられていない。
○→娘が医療側の説明に納得していないため、本人の治療方針を決定で
　　きない。

---

❹ Plan（計画）

　SOAP ノートの P には、A で明確にした判断に基づいて、どのよう
な対応をするかを記録する。支援計画に沿った記録にするために、当初
の支援計画を継続するのか、軌道修正するのかを記載するようにした
い。医師の記録では、P には処方箋や術式が入り、その薬や手術で A
の病気を治療すると、S や O で挙げられていた問題が今後改善すると
いう構造になっている。

　ソーシャルワーカーの場合は、かかわりがダイナミックなため、面接
中にアクションをとることもあるが、それも P に書かざるを得ず、
SOAP ノートがソーシャルワークプロセスになじまないとされる理由

の一つにもなっている。SOAP ノートを効果的に活用するためにも、面接中にすでに対応したことと、面接後に行おうとしていることが、はっきりと区別できるように書き分ける。

　支援計画を作成する際に心がけなければならないのは、目標と手段を混同しないということである。たとえば「断酒する」というのは、手段ではあっても究極の目標ではない。断酒は、お酒のせいで断絶してしまった家族とまた仲良くしたいというゴールを目指すための手段の一つにすぎないのである。しかし、断酒中の本人は断酒で頭がいっぱいで、断酒自体が目的のように思ってしまいがちである。そのようなときこそソーシャルワーカーは、少し引いた目線で全体を眺めて、そもそも何のために断酒しようとしたのか、長期的目標を意識して、本人が軌道修正できるよう問題を整理して支援する。そうすることで、介入が場当たり的でなくなる。

　なお、日頃の支援記録で、毎回ゼロから支援計画を策定する必要はない。A に基づいて、現在の支援計画を継続するのか、修正するのであればどのようなステップを経て修正しようと考えているのかを明確にする必要がある。

◇引用文献
　1）Sidell, N., *Social Work Documentation: A Guide to Strengthening Your Case Recording* (2 nd edition), NASW Press, p.121, 2015.
　2）八木亜紀子「記録のエースをねらえ！──『実践編』開始にあたって」『ケアマネジャー』第22巻第 4 号, pp.50-53, 2020.

◇参考文献
・佐原まち子「連携担当者に身につけてほしいソーシャルワークスキル」『地域連携入退院支援』第 5 巻第 1 号, 2012.
・日本社会福祉実践理論学会監『事例研究・教育法──理論と実践力の向上を目指して』川島書店, 2004.
・日本医療社会福祉協会編『保健医療ソーシャルワークの基礎──実践力の構築』相川書房, 2015.

● おすすめ
・八木亜紀子『相談援助職の記録の書き方──短時間で適切な内容を表現するテクニック』中央法規出版, 2012.
・八木亜紀子『相談援助職の「伝わる」記録──現場で使える実践事例74』中央法規出版, 2019.

第10章

ケアマネジメント（ケースマネジメント）

　我が国で介護保険制度に導入されているケアマネジメントは、もともと欧米において、精神障害者の社会復帰や在宅の要介護高齢者の支援に用いられてきた手法である。本章では最初に、ケアマネジメント（ケースマネジメント）の成り立ちから、我が国への導入の経緯について学ぶ。次に、ソーシャルワーカーが習得すべき手法の一つとして、ケアマネジメントの本来の意義と方法（モデルとプロセス）について学ぶ。ソーシャルワークとケアマネジメントは、理念や方法に共通しているところが多く、実際に我が国でも、介護保険制度のケアマネジャーとして数多くのソーシャルワーカーが従事している。ただし、我が国の介護保険制度におけるケアマネジメントの詳細については、別の科目で学ぶ。

ケアマネジメント（ケースマネジメント）の原則

学習のポイント

● ケアマネジメント（ケースマネジメント）の歴史を学ぶ
● ケアマネジメント（ケースマネジメント）の基本的な原則を学ぶ

1 ケアマネジメントの歴史

1 海外のケアマネジメントの歴史

　ケアマネジメント（care management）は、イギリスで用いられている用語で、主に高齢者に対する地域ケアの調整を行うことを示していた。イギリスにおいても、当初は、アメリカと同様に、ケースマネジメント（case management）という用語が用いられていたが、地域ケアを前提としているため、最終的にケアマネジメントになったとされている[1]。ケアマネジメントとケースマネジメントは、厳密にいえば、異なる考え方であるともいわれているが、本章では、共通する部分が多いと判断し、区別しない。そして、これ以降は、表現を統一するため、「ケアマネジメント」とする（一部、ケースマネジメントという表現が出てくる場合もある）。

　ケアマネジメントの必要性の指摘は、1960年代のアメリカにおいて、貧困との闘い政策（War on Poverty）でなされた。そこで指摘されたことは、社会福祉関連のサービスは、断片的な運用（縦割り行政的な運用）であるため、対象者が適切にサービスを利用できないとのことであった。その指摘を受けて、1970年代の初頭、アメリカ保健教育福祉省（United States Department of Health, Education, and Welfare）は、サービスの統合化プログラム（Service Integration）を開始した。その統合化プログラムでは、ワンストップサービスが重視され、そのサービスの一つとしてケアマネジメントが導入された[2]。

　当時のアメリカでは、精神保健および精神障害者領域で、脱施設化運動（Deinstitutionalization）が活発となった。しかし、精神障害者が地域で生活していくには社会資源が不十分な状況にあり、また、地域におけるサービスを調整していく機能も存在しなかった。そのため、地域

におけるサービス調整機能として、ケアマネジメントが注目された。

　その後、アメリカ医療財政運営局（US Health Care Financing Administration）は、介護が必要な高齢者を対象とした長期ケア・プロジェクトを開始し、そのプロジェクトの重要な要素としてケアマネジメントが加えられた。そして、そのプロジェクトを通じてケアマネジメントの重要性が広く認識された。

　1970 年代の後半に入ると、アメリカ国立精神保健研究所（US National Institute of Mental Health）が、19 州の精神障害者を対象とした地域支援プログラム・プロジェクトを開始し、地域支援における中核機能としてケアマネジメントを位置づけた。プロジェクトが開始されたあと、連邦政府においてもケアマネジメントに関する法的整備がなされた。1980 年代半ばには、36 州が精神障害者に対する地域支援プログラムにおいてケアマネジメントを義務づけた。1990 年代以降、アメリカにおいては、高齢者、知的障害者、発達障害者、エイズ患者、低所得者、ホームレス、児童虐待、家族支援、入院患者などにケアマネジメントの対象が拡大し、さまざまなケアマネジメントがなされることになった。

　ケアマネジメントに関する議論は、アメリカでは、一貫してケースマネジメントとして議論がなされてきた。一方、イギリスでは、一時期を除き、一貫してケアマネジメントとして議論がなされた。アメリカでのケアマネジメントの議論が、主に精神障害者に対する地域支援であったのに対して、イギリスでは、高齢者を中心とした地域ケアに対するケアマネジメントが議論の対象となった。

　1988 年、グリフィス卿（Griffiths, R.）は、「地域ケアを実現するための指針」（*Community Care : Agenda for Action*）に関する報告書（グリフィス報告）を発表し、地域ケアにおけるケアマネジメント機能の重要性を述べた。この報告書で初めてイギリスでのケアマネジメントの議論が本格的になされ、地域ケアにおける国と地方の役割についての考え方も示された。また、地域ケアにおけるサービス提供のあり方も述べられ、国は、ケアマネジメント・システムを導入すべきであり、地方公共団体は、それぞれの社会サービス局（Social Services Departments）を中心として、地域ケアを提供するためのシステム構築に着手すべきであると進言している。

　1989 年、イギリス保健省（United Kingdom Department of Health）により『人々へのケアリング』（*Caring for People*）が発

行され、イギリスで導入されるケアマネジメントのあり方が記述された。本書に記述されたケアにおける主な目標は、❶ノーマライゼーションを基調とした支援、❷自立・自律を促進するようなケア提供、❸効率的で効果的なサービスの運用、❹サービス利用者（以下、利用者）の視点の尊重などであった。そして、その目標を達成する重要な方法の一つとしてケアマネジメントが挙げられ、ケアマネジャーには、適切なニーズアセスメントのスキルの習得、適切なケアの調整などが求められた。1989 年の本書でのケアマネジメントの骨子に基づいて、1990 年に成立した国民保健サービス及びコミュニティケア法（National Health Services and Community Care Act）で、ケアマネジメントが高齢者のための地域ケアに導入された。

▌2 日本のケアマネジメントの歴史

Active Learning

我が国の高齢者への支援において、ケアマネジメントの必要性が高まってきた背景の要因には、どのようなものがあったのかを考えてみましょう。

　日本におけるケアマネジメントの歴史についても、ここで簡単に述べておく。日本のケアマネジメントの起源となる記述を残している文献は、白澤政和による「老人に対するケース・マネージメント——その内容と必要性を中心として」であると考えられる。その後、さまざまなケアマネジメントに関する文献が出版され、国においても、ケアマネジメントに関する研究会が開催された。

　1990（平成 2）年、旧厚生省内に設けられた「高齢者在宅ケア・ケースマネージメント研究班」において、日本におけるケアマネジメントのあり方が初めて検討された。そして、その研究班で、ケアマネジメントに関する主な内容とケアマネジメント・システムに関する方向性がまとめられた。その研究班は、研究会での議論の内容をまとめ、『高齢者在宅ケア・ケースマネージメント研究班報告書』を発表した。その当時、介護保険制度が開始される 10 年ほど前であり、この報告書では、高齢者に対する在宅ケアを支えるシステムづくりとケアマネジメントを担う機関に関する議論がなされている。

　そして、ケアマネジメントを行う在宅ケアの中核機関として、「在宅介護支援センター」が報告書のなかで打ち出されている。「在宅介護支援センター」は、1970 年代のアメリカで議論がなされた、地域サービスの調整を行うワンストップサービス機関に近いものであり、地域での在宅ケアの中核的な存在として位置づけられた。その後、「ケア・ケースマネージメント」は、イギリスで用いられていた「ケアマネジメント」という用語に統一された。そして、介護保険制度においては、「ケアマ

ネジメント」という用語は用いられず、同じ内容が「居宅介護支援」となり、ケアマネジャーは「介護支援専門員」となった。

2 ケアマネジメントの適用・対象および基本的な原則

　日本のケアマネジメントは、主に高齢者や障害者が対象とされているが、アメリカでは、ケアマネジメントの歴史でも記述したように、さまざまな領域でケアマネジメントが活用されている。フランケル（Frankel, A. J.）らによると、現在のアメリカにおいては、ケアマネジメントの適用および対象例として、高齢者地域支援、障害者地域支援、児童虐待対応、児童養育支援、入院患者退院計画支援、ホームレス支援、低所得者支援、就労支援、犯罪者社会復帰支援、薬物依存者社会復帰支援などがあるとされている[5]。

　また、ラップ（Rapp, C. A.）とゴスチャ（Goscha, R. J.）によると、ケアマネジメントには、次の六つの基本的な原則があるとしている[6]。

❶ 人生には意味があり、人は肯定的なアイデンティティを有しながら変化していく。

　ケアマネジメントでは、利用者の全体像を捉えることを重視する。利用者の全体像を捉えるということは、利用者の人生の意味を考慮して、利用者の生活全体を捉えていくことを指している。そして、ケアマネジャーは、利用者の肯定的なアイデンティティを見出し、そのアイデンティティを尊重しながら支援を行っていくことが求められる。

❷ ケアマネジメントにおいて焦点を当てるべき点は、利用者の肯定的な面であり、問題点ではない。

　人には、病的な部分と同時に健康的な部分もある。そして、ケアマネジャーは、利用者の病的な部分や問題点に焦点を当てるのではなく、肯定的な面に焦点を当て、利用者を支援していくことが求められる。

❸ 利用者が居住している地域は、資源の宝庫と捉える。

　ケアマネジャーは、利用者が居住している地域を資源の宝庫として捉え、地域を尊重して、利用者に対する支援を進めることが求められる。利用者にとって否定的な地域であったとしても、ケアマネジャーが地域住民と適切にかかわることで、地域にも変化が生まれ、ケアマネジャーは、よい方向への変化の可能性を見出すことができる。

❹ 利用者は、支援における主人公であり、支援の方向性を決める。

　サービスの利用を決める際、利用者が容易に判断できない場合もあるが、ケアマネジャーが利用者とともに考えることで、利用者に判断する機会を提供し、サービス内容を決定していく力をつけていくように支援していくことがケアマネジャーには求められる。最初から判断する機会が奪われると、利用者は、すべてのことをあきらめ、無気力な状態となり、さまざまなことを疑うとともに悪循環となり、よい方向への変化が生じない状況となるといわれている。

❺ 利用者とケアマネジャーとの関係は重要であり、良好な関係を保つことが必要である。

　利用者とケアマネジャーとの関係は重要であり、両者間で良好な関係を保つことが重視される。両者間の関係が良好な場合には、ケアマネジャーが利用者のさまざまな面を幅広く捉えることができ、利用者の肯定的な側面が見出しやすくなると考えられている。

❻ ケアマネジャーの主な実践現場は、地域社会である。

　多くの利用者は地域で生活を送り、地域社会のなかで人生の意味を見出している。そのような意味で、利用者と地域は切り離すことができない関係であると捉え、地域社会のなかで生活を営む利用者の生活の意味を、ケアマネジャーは常に考えながら支援していくことが求められる。

◇引用文献
　1）UK Department of Health, *Caring for People : Community Care in the Next Decade and Beyond*, HMSO, p.79, 1989.
　2）Intagliata, J., 'Improving the quality of community care for the chronically mentally disabled : The role of case management', *Schizophrenia Bulletin*, 8, pp.655-674, 1982.
　3）前出1）, p.145
　4）白澤政和「老人に対するケース・マネージメント──その内容と必要性を中心として」『大阪市社会福祉研究』第8号, pp.24-40, 1985.
　5）Frankel, A. J., Gelman, S. R., et al., *Case Management : An Introduction to Concepts and Skills* (4th ed.), Oxford Press, pp.28-36, 2019.
　6）Rapp, C.A. & Goscha, R.J., *The Strengths Model : A Recovery-Oriented Approach to Mental Health Services* (3rd ed.), Oxford Press, pp.53-63, 2012.

◇参考文献
　・Birrell, D. & Heenan, D., *The Integration of Health and Social Care in UK : Policy and Practice*, Palgrave, 2018.

● おすすめ
　・白澤政和『介護保険制度とケアマネジメント──創設20年に向けた検証と今後の展望』中央法規出版, 2019.

第2節 ケアマネジメント（ケースマネジメント）の意義と方法

学習のポイント

● ケアマネジメント（ケースマネジメント）の意義を理解する
● ケアマネジメント（ケースマネジメント）のモデルとプロセスを理解する

1 ケアマネジメントの意義

　ケアマネジメントの目的は、利用者が生活の「主人公（主体者）」であることを実感できるように支援していくことである。つまり、ケアマネジメントとは、利用者の自立や自律を支援していくことである。生活の「主人公」であることを実感している利用者は、一般的にいわれている「生き生きとした生活」を過ごしていると感じている人々である。そして、「生き生きとした生活」とは、生活ニーズが満たされ、充実した生活状況であり、利用者が望む QOL（生活の質）が維持されている状況である。ケアマネジメントの意義は、利用者が、ケアマネジャーの支援（ケアマネジメント）により、自分自身で社会資源を選び（自己決定を行い）、生活ニーズが満たされ、適切な QOL を保持しながら、生活の主体者として地域生活を営むことができるようになる点にある。

　ケアマネジャーが利用者の QOL を適切に保持することができた事例を示す。

事例

　脳梗塞の後遺症をもつ利用者が、その後遺症のため日常生活におけるセルフケアが十分にできず（生活ニーズを満たすことができず）、自宅で落ち込んだ状態になっていた。そこで、利用者の相談に応じたケアマネジャーは、アセスメントを行い、利用者とともにケアプランの作成を行った。ケアマネジャーが作成したケアプランは、利用者の主訴が尊重されたケアプランとなった。ケアプランの実施において、利用者は、希望するさまざまな社会資源を活用し、生活ニーズを十分に満たすことができるようになった。そして、利用者は、自宅で自分自身が望む日常生活を送ることができるように

なった（適切な QOL の保持ができるようになった）。生活コント
ロール感を実感できるようになると、利用者は、心理的にも余裕が
でき、患者会などに参加し、自分の体験を語り、後遺症をもちなが
らも患者仲間とともに生きていく自信にもつながったという。

利用者は、生活ニーズを満たすことができず、落ち込んだ状態から、
ケアマネジャーの支援で、社会資源を活用しながら生活主体者として適
切な地域生活を送ることができるようになり、生活コントロール感を実
感することができるようになった。

この事例で示された支援は、ケアマネジャーが存在したため可能と
なった支援であり、ケアマネジメントの本質を示している。ケアマネ
ジャーが相談支援を行う専門職として存在する意義をここで整理する。

❶　ケアマネジャーは、直接ケアを行う専門職ではないため、利用者の
　ケアだけでなく、利用者の生活全体をバランスよくみることができる
　立場にある。

❷　ケアマネジャーは、ほかの専門職および家族などを含むさまざまな
　介護者と等間隔の距離を保つことができ、直接ケアを行う者でないた
　め、利用者の代弁者としての立場に立つことが容易である。

❸　日常生活における詳しい状況や日々の細かな変化は、介護者が把握
　しやすいが、長期的な変化については、介護者が見落としやすく、丁
　寧な観察を行うケアマネジャーが気づきやすい。

❹　サービス担当者会議などの設定は、直接ケアを行う専門職が主催す
　ることが難しい場合があり、ケアマネジャーが主催しやすい立場にあ
　る。

2　ケアマネジメントモデル

アメリカでは、ケアマネジメントに関するさまざまなモデルが開発さ
れた。ここでは、四つの代表的なケアマネジメントモデルを紹介する。

❶ブローカーモデル（仲介型モデル）（broker model）

ブローカーモデル（仲介型モデル）は、ケアマネジメントの基本形で
あり、原初的なモデルであるとされている。このモデルでのケアマネジ
メントの主な機能は、利用者のニーズと地域における社会資源を結びつ

けることであり、サービス機関間での調整により、利用者のニーズと社会資源との結びつけが可能であるとしている。非常に単純なモデルであるため、多くのケアマネジャーが実践しやすいモデルであると考えられている。

❷リハビリテーションモデル（rehabilitation model）

リハビリテーションモデルは、ブローカーモデルに加えて、リハビリテーション的な視点を加えたモデルである。そして、そのモデルは、環境調整を行いながら、利用者のさまざまな機能回復を目指していくモデルである。リハビリテーションモデルは、特に精神障害者などを対象としたモデルであり、日常生活に関するスキルトレーニングなどを含む生活支援を行っていくことを目的としている。

❸ストレングスモデル（strengths model）

ストレングスモデルは、利用者の病理や欠点に焦点を当てるのではなく、利用者のもち味や強み（strengths）に焦点を当て、そのもち味や強みを活用しながら生活支援を進めていこうとするモデルである。ストレングスモデルでは、アセスメント、ケアプランの作成、ケアプランの実施・モニタリングなどのあらゆる場面で利用者と専門職の協調関係を重視している。

❹集中型モデル（intensive model）

集中型モデルは、重度精神障害者を支援するための包括型地域生活支援プログラム（Assertive Community Treatment：ACT）の考え方から出てきたモデルであり、重度精神障害者が地域で生活していけるように支援していくためのモデルである。重度精神障害者の地域生活を支援していくために、サービス提供やケアマネジメントをチームで取り組んでいくことが重視され、また、緊急対応や24時間対応などを行うこともケアマネジメント業務のなかに含まれている。集中型モデルのケアマネジメントを行うためには、ケアマネジャー1人当たりのケース数をかなり限定すること（United States Substance Abuse and Mental Health Services Administration の基準によるとケアマネジャー1人当たり10ケース程度）が必要とされている。

3 ケアマネジメントのプロセス

1 ケアマネジメントのプロセスの全体像

ケアマネジメントにおけるプロセスは、**図10-1**のようになっている。ケアマネジメントは、受理面接である「**インテーク（intake）**」から始まる。そして、ケアマネジャーが利用者の状況を理解し、支援を行うための判断を行う「**アセスメント（assessment）**」と、ケアマネジャーが利用者の支援を行っていくことについての合意を行う「**契約（contract）**」がなされる。

次に、アセスメントに基づき、支援目標を設定し、その支援目標を達成していくために、どのような社会資源を活用していくのかを示す「**ケアプランの作成（care planning）**」がなされる。ケアプラン作成の際に、ケアマネジャーと利用者との間で合意がなされたケアプランに基づいて、サービスやサポートを提供していくことになる「**ケアプランの実施**

図10-1 ケアマネジメントにおけるプロセス

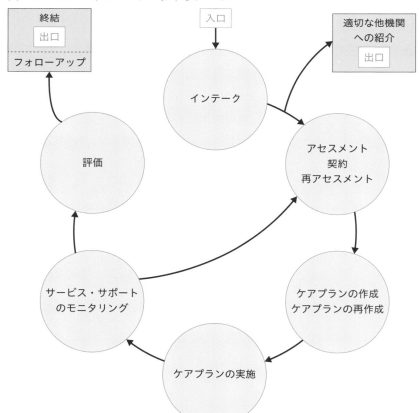

(implementation of care plan)」が行われる。そして、サービスや
サポートの実施状況を見守り、利用者に適切なサービスやサポートが提
供されているかどうかをケアマネジャーが確認する「モニタリング
(monitoring)」がなされる。そのモニタリングを受けて、ケアマネ
ジャーが提供したサービスについての分析や効果などの判断などを行う
「評価（evaluation）」がなされる。そして、最後にケアマネジャーの
支援が必要でなくなった場合には、「終結（termination）」となる。

　この順序は、ケアマネジメント・プロセスをわかりやすく説明するた
めに単純化したものである。実際にケアマネジャーがケアマネジメント
を行う場合には、インテークと契約やインテークとアセスメントが同時
になされたり、アセスメント、契約、ケアプランの作成が同時になされ
たりすることがある。

2 インテーク・アセスメント・契約

　インテークとは、ケアマネジャーが行う受理面接を指す。受理面接で
は、利用者の主訴や相談内容がケアマネジャーの所属する機関で引き受
けることができる内容であるかの判断を行う。ケアマネジャーが所属す
る機関で引き受けることができない場合には、ケアマネジャーは、適切
な機関を探し、利用者にその機関を紹介する。受理面接でケアマネ
ジャーに求められる知識や技能は、ケアマネジャーが所属する機関の機
能や業務内容を熟知していることであり、専門職として利用者の相談内
容と相談機関とを適切にマッチングすることができることである。

　アセスメントとは、利用者の現在の生活状況を理解するための情報収
集を行い、生活全体を支えるために、利用者にどのような生活ニーズや
生活課題があるのかについてのケアマネジャーの総合的な判断を指す。
アセスメントでは、利用者や家族などから情報収集を行い、利用者の主
訴を重視しながら利用者の生活ニーズや生活課題を捉えるための分析を
行う。

　アセスメントで分析を行う場合、利用者や家族の情報を把握・整理す
るため、課題分析票（アセスメントシート*）を用いることがある。また、
利用者と社会資源（フォーマルサービスやインフォーマルサポート）と
の関係を理解するのに役立つエコマップや、利用者の家族関係を理解す
るのに役立つジェノグラムなどを用いて分析することもある。そして、
さまざまな分析を行ったあと、ケアマネジャーは、利用者の生活を支え
るために、利用者とともにどのような生活ニーズや生活課題があるのか

Active Learning

ケアマネジメントの
プロセスの各段階に
おいてみられる原則
などのなかに、ソー
シャルワークの原理
や概念と共通するも
のを見出してみま
しょう。

★課題分析票（アセス
メントシート）
たとえば、MDS−HC、
包括的自立支援プログ
ラム、ケアマネジメン
ト実践記録様式、自立
支援アセスメント・ケ
アプラン、日本訪問看
護振興財団方式、居宅
サービス計画ガイドラ
インなどがある。

を考え、生活ニーズや生活課題に関するケアマネジャーとしての総合的な判断を行う。

　アセスメントで収集すべき情報は、利用者の基本情報（氏名、性別、緊急連絡先、医療保険の種別、介護保険の申請の有無・介護保険の申請を行っている場合は要介護度、年金の状況、これまでのサービス利用状況、主治医の有無・主治医氏名、現在の疾患の有無・疾患名など）、現在の身体状況、心理状況、社会環境状況（家族との関係、近隣との関係、地域住民との関係、住居の状況など）などである。

　課題分析票などを用いて情報を収集し、情報の整理を行うことは適切である。しかし、課題分析票にある項目を順番に聞き、機械的に情報収集を行っていくことは避けるべきである。特に、初回面接でのケアマネジャーは、利用者や家族の主訴から課題分析票にある項目を選択し、そのことを中心に情報収集を行ったり、また、ケアマネジャーが重要であると判断した情報を重点的に収集したりしていくことが必要である。新人のケアマネジャーには、そのようなことを配慮した情報収集が難しいとされている。したがって、新人のケアマネジャーがアセスメント面接を行う場合には、担当ケースで必ず必要とされる情報に関して、経験豊富なケアマネジャーなどから事前にアドバイスを受けることが必要である。

　アセスメントで収集される情報は、利用者や家族からの聞き取りからだけでなく、利用者や家族の様子、利用者と家族との会話の状況、地域の雰囲気などをケアマネジャーがよく観察して言語化することで得られる情報も含まれる。そして、利用者の了解を得て、利用者の主治医や、利用者を知る関係機関の専門職から得なければならない情報もある。また、アセスメントで必要となる情報は、一度の面接で得ることが難しい場合もあり、ケアプラン作成や実施の段階であっても、利用者との面接ごとに情報収集（on-going assessment：継続的アセスメント）を行うことがケアマネジャーには求められる。

　契約とは、インテークあるいはアセスメント後に、利用者がケアマネジャーの支援を必要とし、ケアマネジャーからの支援を受けることに合意することを指す。契約は、基本的には、文書でなされることとなる。ここで重要なことは、利用者とケアマネジャーとの関係が契約によって成り立つ関係であるという点である。利用者とケアマネジャーとの関係が契約関係であるということは、パートナーシップを理解するうえで非常に重要である。

ケアマネジャーが利用者と対等な関係でパートナーとして支援していくというパートナーシップは、ケアマネジャーが利用者の視点を尊重しながら支援していくという関係を示すものである。そして、パートナーシップは、一般的な友人関係とは区別して考えなければならない。

一般的な友人関係であれば、喧嘩などでどちらかが一方的に友人関係を解消することができる。パートナーシップにおいては、利用者が感情的になり、一方的にケアマネジャーとの支援関係を解消することはできる。しかし、ケアマネジャーは、利用者に対するさまざまな感情（否定的な感情など）で、一方的に利用者との支援関係を解消することはできない。このことは、利用者とケアマネジャーとの関係が契約関係であるため、ケアマネジャー側に正当な理由（利用者からセクシャル・ハラスメントを受けているということや、利用者から暴力を受けているということなど）がない限り、ケアマネジャーは、利用者との支援関係を一方的に打ち切ることはできないことを示している。

■3 ケアプランの作成

ケアプランの作成とは、アセスメントで明らかとなった生活ニーズや生活課題を解決していくため、ケアマネジャーが利用者とともに支援目標を設定し、また、支援目標を達成するための手段として、どのような社会資源を活用していくのかを考えていくことを指す。ケアプランの作成において、多くの支援目標がある場合には、支援の緊急性や利用者の希望などから判断して、支援目標の実施に優先順位をつけたりすることがある。また、ケアマネジャーが初期の段階で利用者とともに作成したケアプランは、暫定的なケアプランとなることもあり、ケアプランの実施後すぐにケアプランの再作成を行わなければならない場合もある。その意味で、ケアマネジャーは、柔軟にケアプランの変更に応じ、利用者が求めるよりよい生活状況を考えていくことが必要である。

さらに、ケアプランの作成では、場合により、利用者の生活ニーズや生活課題を的確に把握し、よりよい支援目標を設定するためにサービス担当者会議を開催し、ほかの専門職からの意見を聞く場合もある。サービス担当者会議を開催する場合、ほかの専門職から利用者個人に関する情報を得ることになる。なお、利用者個人に関する情報交換がサービス担当者会議などでなされることについては、会議の前に利用者から了承を得ておくことが必要である。

4 ケアプランの実施・モニタリング

ケアプランの作成後には、ケアプランで設定された支援目標を達成するために選ばれた社会資源の活用がなされる。ケアプランに基づいて社会資源の活用がなされることを**ケアプランの実施**という。ケアプランの実施においては、ケアマネジャーは、ケアプランの適切さをチェックすることが求められる。チェックすべきポイントは、以下の点である。

❶　選ばれた社会資源の活用で、支援目標の達成ができているかどうか

❷　選ばれた社会資源の活用で、利用者の生活全体が支えられているかどうか

ケアマネジャーが上記のようなチェックを行うことを**モニタリング**という。そして、ケアマネジャーがモニタリングを行う際、社会資源で利用者の生活全体が支えられていないと感じたり、利用者や家族に新たな状況や生活ニーズが生じていると感じたりした場合には、再アセスメントを行い、新たなケアプランを利用者とともに考えることになる。これを**ケアプランの再作成**という。ケアプランの実施の際には、ケアマネジャーが利用者や家族の代弁者として活動することが必要な場合もある。

5 評価・終結

ケアマネジャーは、自ら行った支援の質を意識し、支援の内容や方法を常に改善していくことが専門職として求められる。そして、ケアマネジャーが行った支援に関して**評価**を行うことは、非常に重要なことである。少なくともケアマネジャーが専門職としての技能を高めるためには、それぞれのケースの自己評価を行うことが求められる。自己評価は、ケースが終結していなくても、ケースに関する中間評価として行うことが必要である。ケースを自己評価する際に、ケアマネジャーが考えなければならない点は、以下のような点である。

❶　ケアマネジャーが行った支援で支援目標の達成がどのくらいなされたのか

❷　ケアマネジャーが行った支援に関して、利用者は、どのように感じているのか（たとえば、利用者は、ケアマネジャーの支援に満足しているのかなど）

❸　ケアマネジャーは、利用者のQOLの保持や向上に、どれくらい寄与できたと感じているのか

❹　ケアマネジャーは、支援を行った際の反省点や改善点に、どのようなことがあると考えているのか

　ケアマネジャーがケースを終結する場合には、以下のような場合が考えられる。

①　利用者が死亡した場合

②　利用者がケアマネジャーからの支援が必要ではないと感じている場合

③　利用者と話しあったすべての支援目標の達成がなされ、さらなる支援目標が見出せない場合

④　ケアマネジャーが所属する機関が、利用者を支援することができなくなった場合

　担当ケースが終結した場合には、ケアマネジャーは、利用者に対する支援の総合評価を必ず行い、評価に関する記録を残しておくことが必要である。また、評価とともに、担当ケースが終結となった経緯や理由をケース記録に記述しておくことも必要である。

　ケースの終結がなされたあとも、ケアマネジャーは、場合により、利用者の状況が変化してケアマネジャーの支援が必要となっていないか、あるいは、生活状況などに急激な変化が生じていないかなどを確認するため、利用者に電話連絡などをとったりする。また、利用者が死亡した場合には、利用者の葬儀に参列したり、残された家族に対する心理的なケアを行ったりするため、終結したケースであっても、利用者の家族に電話連絡などをとる場合もある。そのような一連のケアマネジャーの行為は、フォローアップと呼ばれている。ケアマネジャーの時間と所属機関が許す範囲内で、フォローアップを行うことが望ましい。

◇引用文献
1）Solomon, P., 'The efficacy of case management services for severely mentally disabled clients', *Community Mental Health Journal*, 28, pp.163-180, 1992.
2）Anthony, W.A., Forbess, R., et al., 'Rehabilitation-oriented case management', Harris, M. & Bergman, H.C. eds., *Case Management for Mentally Ill Patients : Theory and Practice*, Harwood Academic Publishers, pp.99-118, 1993.
3）Rapp, C.A. & Goscha, R.J., *The Strengths Model : Case Management with People with Psychiatric Disabilities* (2nd ed.), Oxford University Press, pp.38-45, 2006.
4）Corrigan, P.W., Mueser, K.T., et al., *Principles and Practice of Psychiatric Rehabilitation : An Empirical Approach*, Guilford Press, p.179, 2008.
5）US Substance Abuse and Mental Health Services Administration, *Assertive Community Treatment : Training Frontline Staff*, p.42, 2008.

◇参考文献
・Moxley, D.P., *The Practice of Case Management*, Sage, 1989.
・Powell, S.K. & Tahan, H.M., *Case Management : A Practical Guide for Education and Practice* (4th ed.), Walters Kluwer, 2019.
・Sands, R.G., *Clinical Social Work Practice in Community Mental Health*, Merrill, 1991.

●おすすめ
・白澤政和編著『ケアマネジメント論――わかりやすい基礎理論と幅広い事例から学ぶ』ミネルヴァ書房，2019.

第11章

グループを活用した支援

　数人以上のメンバーから構成される集団へのソーシャルワーカーによる支援は、グループワークと呼ばれ、長い歴史をもつ支援の一つである。ソーシャルワーカーは、実践場面において、多様なグループを支援していく機会に出会うので、グループを活用した支援の基礎を学ぶことが必要になる。本章では最初に、グループワークについての意義や目的を学ぶとともに、ジェネラリスト実践の視点から、グループワークのいくつかのタイプを紹介する。次に、グループワークの展開プロセスについて、ソーシャルワークの一般的なプロセスとは少し異なった、グループ独特の展開プロセスを学ぶ。最後に、グループを活用した支援例の一つであるセルフヘルプグループについて、ソーシャルワーカーがどのようにかかわるのかを中心に学ぶ。

グループワークの意義と目的

- グループワークが何を目的に実践されるのかを学ぶ
- ジェネラリスト実践を意識したグループワークを理解する

1 グループワーク実践の意義

　グループ（小集団）を介入対象としてソーシャルワークを実践することは、ソーシャルグループワーク（以下、グループワーク）と呼ばれる。グループワークは、クライエント・システムに存在するグループの重要性を認め、ソーシャルワークの理念・目的を達成するために、グループを対象に意図的な介入を行う方法である。グループがクライエント・システムで重要な意味をもつと考えられる背景には、次のような仮定がある。

　「人間は社会的な存在である。そのため、根源的に他者とのかかわりを欲する性質がある（人間存在としてのニーズ）」

　この人間的なかかわりにおいて、他者から自分の存在が気にかけられ、承認されることは基本的な欲求となる。そのため、社会的な存在である人間のニーズを充足するため、ソーシャルワーカーの責務において、グループという場を提供し、意図的にそのグループへ介入して人間のニーズを充足する実践がグループワークとなる。

　人間は、グループに所属してほかのメンバーとかかわることで、生活で必要とされる他者との対人関係を理解したり、社会性（生活技能を含む）を獲得する。その機会をソーシャルワーク支援として計画し、グループで生じるメンバーの相互作用の力を意図的に活用して、グループの個々人とグループの成長を支える技能がグループワークの実践には求められる。

　"その人らしい生活"の実現を支援する営みがソーシャルワークであるならば、その人らしさは、その人自らによって見出されるだけでなく、他者からも承認される機会が必要である。グループワークには、グループに所属するメンバーが自分について語り、互いのその人らしさを承認

★相互作用
複数の人間がメンバーとなってグループを形成するが、その内部で相互にやりとりするコミュニケーションや行動のパターンはグループの状態に大きな影響を与える。グループ内部のメンバー間のやりとりが相互作用に当たる。

しあうための基盤を相互作用を用いて構築する支援が含まれる。似たようなニーズをもっている人が自分以外にもいる、自分は一人ぼっちではないのかもしれないと認識することから始まり、最終的には他者と自分の相違を受け入れて生活する強さを与え得る媒体がグループワークである。

グループワークでは、何らかの共通するニーズを抱えるメンバーが集まることが重要である。なぜなら、共通するニーズのもとに、グループのメンバー同士が、互いにピア[★]という性質（似た性質）を見出し、つながることが可能だからである。グループにおける個別化ⁱが尊重されたうえで、ピアとして、互いにわかりあえる内容でつながることが、グループの現実味となり、助けあう行為（相互扶助）が発動する。相互扶助を基盤としたグループからは、互いが生活を継続することへの智慧が生まれ、交換される。グループワークを実践するソーシャルワーカーは、メンバーが相互扶助を中核とする相互作用を行う場が安全な空間になるようグループを見守り、相互作用を促進するための技能を用いることが求められる。

他方、グループワークは、日本において非常に誤解されやすい方法でもある。なぜなら、私たちが日頃慣れ親しんでいる日本型のグループは、ソーシャルワークの理念や目的に基づくグループワーク実践とは異なる規範[★]が多いからである。

たとえば、集団を形成・維持するための日本型のグループ規範の場合は、メンバーがグループに足並みをそろえることが暗黙に強く要求される[1][2]。また、グループからはみださないようにメンバーをまとめていこうとするリーダーシップ規範が強い。このような規範が、グループ活動の原体験になっていると、グループを構成する均一な要素としてメンバーはまとまる必要があるという同調圧力が働く。このとき、グループの

★ピア
能力、地位、年齢、民族性などが（着目する要因に照らして）同等・同程度・対等であること。

★規範
行動や判断の基準とされる原則のこと。グループ規範という場合、グループのなかではこうあるべきという一定の法則として採用されるもの。明示されている内容だけではなく、非明示のものも含まれる。

---

i　グループであってもメンバーの個性（潜在能力を含む）を認め、グループワークを通じて個別性を最大限に発揮してもらうことを促す。メンバー個々の成長はグループ全体の成長と連動するという意識のもとで、互いの類似点と個別性を同時に理解し、個性をグループへ埋もれさせることを避ける必要がある。グループワークで理解される個別化には二つの意味が含まれる。それはメンバーの個別化とグループの個別化である。同じ目的のグループワークでも、メンバーが変わればグループ内部のダイナミクスや相互作用は変わるので、そのグループの個別性を意識したかかわりが必要になる。1963 年のコノプカ（Konopka, G.）の書物（Konopka, G., *Social Group Work: A Helping Process*, Prentice-Hall International, pp.164-165, 1963.）にさかのぼると、個別化はグループワークの原則の一つと説明されるが、彼女は自分が言及する原則（principles）はグループワークのスキーマから導かれた方法の要素（the essence）であり、グループワーカーのガイドライン（guidelines）であると追記しているため、本書では原則とは記さない。

リーダーと位置づけられる人は、メンバーの個性を発揮させるのではなく、グループとしての一体感を築くことを優先事項と考えてしまう。日本では、グループのなかで対立を招くような言動は、全体にとって非常にマイナスであり、グループの和を乱さないように、個々のメンバーは、ある程度、己を滅して協力することがグループのあり方なのだと捉えられてしまう。[3]

　もちろん、グループワークでも、状況によって規律や一体感の形成は重要である。具体的には、メンバーが初めて会ってグループワークにかかわるような状況やグループが混乱している状況では、所属するメンバーの不安や緊張が高まるために、何らかの枠組みや規範を醸成・提示することは不可欠となる。これは、グループであれば必ずつきまとう特性である。しかし、従来慣れ親しんだ日本型のグループ規範は、グループワークを実践する際の規範と異なると理解しておかなければ、日本におけるグループワークは、ソーシャルワークの理念や目的を具現化するための実践にはなり得ないだろう。

2　グループワークの源流

　アメリカにおける実践の起源にさかのぼると、グループワークは、自律的で創造的な人間をつくる教育哲学に基づいて実践されていた。[4] グループに所属するメンバーが、互いの自律性を認めて成長することを目的にしたグループワークは、メンバーが市民として創造的に社会参加を実現するための社会共生の作法を身につける方法だったと考えられる。

　グループワークのプロセスで重視されたのは、メンバーが互いに学びを経験できること、話し合いの手法を身につけることであった。さらに、自らのニーズに応じてグループに所属することは、自分の"心理的なご近所さん"（それは時に自分の貴重な応援団になる）をつくる新しい方法と考えられた。グループワークでは、グループに所属することがメンバーの個人的変容を促すだけでなく、成長したグループがソーシャルアクションへ関与することで、社会変革を起こすきっかけをつくると考えられた。[5] つまり、グループワークでは、メンバーの個別ニーズとグループの目的が調整されることになる。その際、グループとして何ができるかという意識化が進むと、ニーズを抱えるメンバー個人とそれを包摂する社会への働きかけを意図した連続性のある実践へと展開し得る。

グループワークが発祥した当初は、エンパワメントという言葉は実践理論として登場していない。しかし 1970 年代には、グループワークで実施するプログラムを通してメンバーの力が引き出され、グループにおけるメンバーの成長と関係性の発展がエンパワメントへつながると確認される[6)7)]。グループワークを実践するソーシャルワーカーは、サービス提供システムにいる人として、最も明確にメンバーとの共生的関係を把握し、利用者の前に立ち現れる必要があるだろう[8)]。

グループワークの特徴については、次のポイントを挙げることができる。

・グループワークの参加者は、自分は何をする必要があるかを話しあうと同時に、グループで実際に体験★を試みる。

・グループワークの介入対象となる人々はメンバーと呼ばれ（グループ・クライエントとは呼ばない）、ソーシャルワーカーは、グループのリーダーというよりも、メンバーの一人、もしくは、ファシリテーター★である。

・グループワークでは、ソーシャルワーカーだけではなく、実施される活動やグループメンバーが、援助の仲介・媒体として機能する（個別の相談・面談であれば、ソーシャルワーカーが仲介・媒体となる）。

・グループでは、メンバーが同じ目的に向かって、共時的にグループ活動を共有していくため、あなたとともに（doing with）という意識が働く。

このように、グループワークでは、グループメンバーやプログラム活動★の存在により、個人を対象とした相談援助の方法とは異なる知識・技能が求められる。それらの内容については第 2 節で学んでいく。

3 グループワークの目的と目標

1 グループワークとグループの目標

グループワークとは、ソーシャルワークの介入方法として、ニーズや関心を共有した小人数のメンバーが集まってグループを形成し、それを運営していく活動である[9)10)]。グループでは、メンバーが共有する課題を解決するために、一般的には、定期的に集まって活動が行われる。そこでは、目的から導かれた具体的な目標を達成するために意図的なプログラム活動が計画され、個々のメンバーがプログラムに取り組むことを通じ

★体験
enabling & supporting ともいわれる。グループで認識された課題に対して、その場にいるメンバーには実際に対処行動を起こし体験してもらい、それをメンバーやソーシャルワーカーがサポートする。このグループ体験がメンバー個々の成長とグループの成長へつながるようソーシャルワーカーが支援することが求められる。

★ファシリテーター
直訳すれば促進する人の意味である。グループワークの目標を達成するために、グループのプロセスを促進する役割を果たす人に当たる。促進する機能をファシリテーションやファシリテートと呼ぶ。

★プログラム活動
グループワークでは、目的を達成するためにメンバーがどのような活動に取り組めばよいかを計画する必要がある。具体的に取り組む活動内容をプログラムと呼ぶ。メンバーの年齢や目的、グループの発達段階に応じて、適切なプログラムを選択して実施できることがソーシャルワーカーに求められる。

厳密には、目的と目標は区別して用いられる。目的は、最終的に成し遂げようとする到達内容を表すのに対し、目標は、目的に至るまでの具体的指標のことであり、目的へ到達するために設定した明確な内容のことである。たとえば、社会化の向上を目的にしたグループワークであれば、それを向上させるために必要とされる具体的な技能（生活技能やコミュニケーション技能等）を想定し、それらの技能を獲得することが目標に設定される。

て、グループの目的・目標と各自の目的・目標とが適合的に達成されるような支援を提供する必要がある。プログラムの成功は、立案・実施・評価にわたるすべての過程でいかにメンバーの参加が図られるかに左右される。メンバーの主体的参加を尊重、促進することがグループワークのスキーマである。

グループワークは、グループに所属するメンバーが合意した目標（個人の目標とグループの目標）の達成を支援するためにソーシャルワーカーが介入するという指向性をもつ。メンバーをどのように集めるかは、第2節の「準備期」に該当する内容である。ここでその内容を少し先取りすると、ソーシャルワーカー・支援機関が利用者のニーズを汲み取り、どのようなグループ（グループ・タイプ）が必要であるかを前もって検討する必要がある（「4　ジェネラリスト実践とグループワーク」（p.262）参照）。グループワークに参加することで、ニーズを充足できるメンバーが集まり、何を具体的な目標とするかを話しあい、目標を共有することが立脚点として重要である。個々の目標達成へ向けた介入を行う点では、個人を対象とした支援とグループを活用した支援では変わりはない。しかし、グループワークの場合は、メンバー個々の目標と同時にグループ全体の目的・目標が存在する。そのため、メンバー個々の目標とグループ全体の目的・目標が共存関係をもち、内容が同調する必要がある。そうでなければ、メンバーがそのグループに所属する意味は弱まり、グループ・メンバーの相互扶助の必要性も認識されないだろう。

他方、グループワークでは、目的や目標達成のみが優先されるのではない。それらを達成するグループ・プロセスにおいて、個々のメンバーが表出する社会・情緒的なニーズを丁寧に取り扱う必要がある。それらのニーズからみえてくる課題、ならびに、目的・目標達成のために「"我々"のグループ（the sense of "we-ness"）」に何が必要かという意識が育ち、メンバーの関係性が築かれるように支援する必要がある。[11]ここでソーシャルワーカーは、グループのプロセス（目的・目標達成へ

ii　相互作用には、言葉だけではなく感情の動きも含まれる。誰かの主導的な働きかけに対してほかのメンバーの反応があり、その反応をキャッチしたメンバーはまた別の働きかけを試みるというように、刺激と反応が重なり反復して関係性はつくられる。関係性はメンバーにとって肯定的な意味があると実感されたときに参加を促す力となる。参加の動機づけを大切にしあうメンバー同士の主体的なかかわりがなければ、グループワークは目的を果たせない。そのためソーシャルワーカーは、参加意欲を低下させたり、参加を妨げる要因の除去に配慮する必要がある。

向けた過程）とアウトカム（グループとしての成果）の関連を意識し、プロセスとアウトカムのどちらか一方が置き去りにならないよう介入を進めることが求められる。たとえば、発達障害を有するメンバーが自分らしさについて考え、生きづらさを克服することを目的にしたグループワークがあったとする。そのグループでは、「自分らしく生活したり機能するというのはどういうことか？」については各メンバーが考え、その目的を果たすために、自分が何をするかという目標を見つけることになるだろう。そのプロセスでは、メンバーの参加を最大化させてグループで共有できる意見を網羅し、互いの学びをつなげていくことになる（そのプロセスをソーシャルワーカーが促進する）。結果として、グループワークの終結段階では、自分らしい生活のあり方について自己決定を行い、メンタリティへの知識や生きづらさを軽減するための技能を獲得している（グループ成果）状態となる。グループの全プロセスを通して、ソーシャルワーカーはメンバーの相互作用を見守り、ともにそれを促進する取り組みに関与しているというイメージである。

2 グループの目的と相互作用

　人間は自分を中心に生きる生き物であり、社会生活においても、どうしても自己中心性が居座り続ける。そのためグループワークの作業でも、おのずとメンバーは自らを軸足とした自己中心性によって他者とかかわることになる。しかし、この自己中心性は、自分と同じような生活課題や生活目標をもつほかのメンバーとかかわることで、脱自己中心化の方向性を与えられ得る。グループワークでは、ソーシャルワーカーがメンバー間の相互作用を促進して、メンバーの自己中心性が脱自己中心化へ向かう契機をつくる。その結果、メンバーは自己中心化と脱自己中心化を行ったり来たりすることになるだろう。この自己中心化と脱自己中心化の往来によって、メンバーはグループにおいて自分が何者であるかを見つめて受容[iii]したり、自分らしさを育てたり、ほかのメンバーの行為や考えの背景を理解し受け入れることが期待されるため、社会性を高

---

iii　ソーシャルワーカーを含めてメンバー個々人が、自分を理解しようとすることへ不断の努力を続けることが、グループで他者を受け入れることを可能にする態度、雰囲気をつくり出す。人はそれぞれが長所・短所を併せもっている。それをグループで認めてそのまま受容することは、メンバーを全体的な人間として理解することへつながる。とかく、グループのやりとりでは、目前に表現された言動や感情に焦点が当てられがちだが、あくまでもメンバーを全体的な人間として理解しようとすることが、互いへの信頼、共感を生み出すことになる。

めると想定される。もちろん、個別の相談援助でも、クライエントはソーシャルワーカーとの対話によって脱自己中心化を体験する。しかし、グループワークでは、ピアという性質を有するメンバーとの相互作用を基盤に脱自己中心化の作業を行うため、メンバーは、異なる認識に対して専門支援者であるソーシャルワーカーを介するよりも、水平な次元で現実世界への解釈や意味づけを取り入れられる。

他方、グループワークでは、一見するとメンバーが同じ場で同じような体験をしているようである。しかし、ソーシャルワーカーは、その同じような体験について、決して"同じ体験"と捉えるべきではない。なぜなら、一人ひとりのメンバーが、かけがえのない独自の存在であるという認識をもち、その関係性を築くのであれば、複数人の同じような体験は、根源のところでは、その個人のそれぞれが生きる体験として別格のものと理解されるからである。この意識に基づいてグループワークが実践されるのでなければ、グループを活用した支援においては、ソーシャルワーク実践の基本である個別性は担保されなくなってしまう。

4 ジェネラリスト実践とグループワーク

1 介入対象となるグループの類型

ここでは、グループワークが介入対象とするグループにはどのようなタイプがあるのかを概説する。タイプの類型は、❶トリートメント・グループ(treatment groups/personal and interpersonal concentration)と❷タスク・グループ(task groups/task concentration)の二つに大別される。[12]

トリートメント・グループは、関係性の問題が人間の生のありよう(存在の仕方)に影響し、そこにニーズが発生しているために、グループワークの適用が必要だと想定されるグループである。主な目的となるのは、①サポート、②教育、③成長、④セラピー、⑤社会化である。現実には、上記の複数の目的がグループ・メンバーのニーズに基づいて融合され、

iv International Association for Social Work with Groups(IASWG)は、各メンバーの個別性を尊重するだけではなく、自主・自律を尊重することを挙げている。ほかにも、グループにおいて社会正義・社会的公正を示すことが非常に重要な意味をもつと確認されている(IASWG, *Standards for Social Work Practice with Groups (2nd ed.)*, p.3, 2015. https://www.iaswg.org/assets/docs/Resources/2015_IASWG_STANDARDS_FOR_SOCIAL_WORK_PRACTICE_WITH_GROUPS.pdf)。

Active Learning
グループにおいてメンバーの個別性が守られるとはどういうことでしょうか？個別性を尊重するために、ソーシャルワーカーはどのような機能を担う必要があるでしょうか？自分がグループで個別性に配慮してもらえなかった経験があるならば考えてみましょう。グループにどのような仕組みがあればよいでしょうか？　所属メンバーには何が求められるでしょうか？

★トリートメント・グループ
治療グループと訳される場合もある。現実の取り組みとしては、人間の関係性や内面性に着目するグループワークと解釈するほうがよい。このタイプのグループでは、人間関係や内面性を見つめるプログラムが用いられる傾向がある。

★タスク・グループ
直訳すれば、課題グループである。与えられた課題の遂行を第一義とするグループのことである。このタイプのグループを対象としたグループワーク実践では、目的や目標の達成のみが優先されるのではなく、意思決定の質や人間関係を重視した介入が行われる。

表 11-1　トリートメント・グループの類型

観点	グループの主目的				
	サポート	教育	成長	セラピー	社会化
目的	生活のストレス事項に対処できるように支える、対処能力を活性化するよう支援する	話し合い、プレゼンテーション、体験学習等を通じて学びあう	潜在的能力を向上させる、気づきや洞察を高める	行動を変容する、リハビリテーション、矯正などを通じて課題を解決する	生活技能やコミュニケーション能力を向上する、対人関係のスキルを改善する
リーダーシップ	共感的理解を示し、相互扶助を示すファシリテーション	グループへの教育的指導や学ぶ構造をつくる指導	ロールモデルとなり、ファシリテーションを行う	問題に関するエキスパートとしてのふるまい、専門知識の提供	グループでのプログラムや活動を運営、促進する
焦点	ストレスの高い経験に対処する能力を個々人が身につけ、コミュニケーションと相互扶助を高めること	個々人が自分の学びを深めると同時に、グループとして学びあえる機会をつくること	グループ経験を通じて個人的成長が促進されること	個々のメンバーが共通する問題をもち、明確な関心や目標があること	活動、参加について、グループ全体が媒介したり、橋渡しをする機会が多いこと
結びつき	ストレスのある経験、スティグマを付与されるような経験を互いに共有する	学びや技能の発達に関心があり、共有される	具体的に目標が共有され、成長のためにグループを使う意識がある	共通の目的に支えられてメンバー間の関係性が発展すること	一緒に企画をしたり、状況や活動をともにすること
構成	人生経験が共有できると同時にさまざまな属性をもつメンバー	教育と技能のレベルがほぼ同等と思われるメンバー	成長へ向かうための能力基盤を備え、属性が多様であるメンバー	類似した問題や関心があり、属性が多様であるメンバー	目的や条件によって、メンバーの多様性と同一性の比重は変わる
コミュニケーションスタイル	経験を共有する、対処方法や情報を共有する、感情を満たす自己開示が行われる	指導者とメンバーで頻繁に対話がある、メンバー間での対話、自己開示は低くてよい	活発な相互作用があり、メンバーが直接責任をとる場面もある。自己開示は中～高程度	アプローチによりソーシャルワーカーとメンバー、メンバー間のやりとりの比重は変わる。自己開示は中～高程度	ノンバーバルを意識したり、コミュニケーションの役割を果たす活動を意識する。自己開示は低～中程度

出典：Toseland, R. W. & Rivas, R. F., *An Introduction to Group Work Practice (5 th ed.),* Pearson Education, p.22, 2005.

多くのバリエーションにより実践として提供されるだろう。表 11-1 は、トリートメント・グループの類型を六つの観点（目的、リーダーシップ、焦点、結びつき、構成、コミュニケーションスタイル）で整理したものである。[13)]

　他方、タスク・グループは、一般的に、ある目的や具体的な目標を達成するために編成されたプロジェクト的なグループのことを指す。たとえば、より有効な支援をサービス利用者へ適切に提供するために複数の専門職が集まり、定期的に開催するケア会議、支援会議、スタッフ会議などがタスク・グループに該当し、介入対象となる。タスク・グループ

が介入対象となる理由には、ソーシャルワーカーは、❶利用者のニーズをサービス提供システムの観点から捉えて対応する必要がある、❷自らが所属する組織のニーズに対応する必要がある、❸コミュニティのニーズに対応する必要がある、が挙げられる[14]。多職種の専門職が同席して支援連携について話しあう（支援連携のためのタスクを話しあう）場面では、支援の目標、計画、実施内容、評価についてグループで決定を下す状況が発生する。最善と思われる意思決定をグループで行うために、そこに所属するメンバーは多角的に議論・検討することが求められる。グループの意思決定の質は、グループ・プロセスに影響されることはよく知られていることである。ならば、利用者に対する支援に大きな影響を及ぼすグループの意思決定が利用者にとって真に有益となるため、ソーシャルワーカーがグループで行う意思決定のプロセスへ積極的に働きかけることは、支援者の責務になるという考えが成立する[15]。

　必ずしも、タスク・グループにおいてソーシャルワーカーがファシリテーターの役割を依頼されるわけではない。しかし実際には、ケア会議やミーティングにおいて、ソーシャルワーカーがファシリテーターを任される場面は多い。そのような役割・機能がソーシャルワーカーに付与される理由は次のとおりである。ソーシャルワーカーは、タスク・グループの目的を明確にし、その目的を遂行するために必要なサポートを適切に提供できる技能をもつ（ように訓練されている）ためである[16]。ソーシャルワーカーは、心理・社会的な背景や文化的な差異に対する洞察・理解を活かして、支援のコーディネートやマネジメントを行う技能を養っている。そのため、これらの技能とグループワーク技能を融合させてタスク・グループへ介入することは、グループにおける意思決定の質を向上させる実践につながると考えられる。ソーシャルワークの未来を考えると、ソーシャルワーカーが日常の実践現場で遭遇するタスク・グループを意識して介入対象とみなすか否かで、ジェネラリスト実践の質が問われるという指摘も存在する[17]。

　タスク・グループの場合、そのグループを形成する理由は、所属するメンバー自身の直接的ニーズから生じるというよりも、外部の要請から生じることが多い。ケア会議や支援会議、スタッフ会議は、組織ニーズに基づいて開催され、利用者の生活に影響するサービスの質を担保し、向上させる目的を有するため、タスク・グループを対象としたグループワーク介入は、利用者を取り巻くサービス・システムを組織レベルで調整するためのソーシャルワーク実践と位置づけられる。

◾2 クライエント・システムと介入システム

　支援を提供する際は、どこに・どのようなサービスが必要かを理解・判断するために、物事をシステマティックに捉える視点が要求される。システムに依拠した考えとして、クライエント・システムと介入システムという言葉をおさえる必要がある。クライエント・システムは、**表11-2** に示すように、個人、家族、小規模グループ、組織・機関、地域といった対象に分類される[18]。他方、介入システムは、人間の生活環境を生態学的システムになぞらえて、クライエントの課題の解決のためにソーシャルワークが介入するべき生活環境システムのレベルを提示する[19]。環境システムのなかで人間が生活している以上、生活課題は環境システムとの文脈や関係性から生じてくるのであり、その課題を解決するために、システム内のどのレベルに介入する実践が必要であるかを見分ける概念である。**表11-2** では、前述したグループワーク実践の対象となるトリートメント・グループとタスク・グループについて、「クライエント・システム」と「介入システム」という観点から整理する。

　クライエント・システムと介入システムのどちらにも、グループとい

★システム
複数の要素や動きを内包しており、それらが一連の秩序化した全体的なまとまりをもっているもの。

第11章 グループを活用した支援

★レベル
段階や階層、次元を指す。システムを組織立てている段階（ステップ）や次元のこと。ミクロ、メゾ、マクロというのは、生態学的システムのレベルであり、要素ではない。

表11-2　クライエント・システムと介入システムにおけるグループ

介入システム	クライエント・システム	グループワークの目的	具体的なグループ	グループ・タイプの類型
個人 家族	個人 夫婦 家族			
グループ	小規模グループ（グループのなかの個人）	○利用者自身の機能強化 ○利用者のエンパワメント	サポートグループ、教育グループ、成長グループ、セラピーグループ、リハビリテーショングループなど	トリートメント・グループ
組織	組織内のグループ 組織内の委員会	○サービス向上、発展、開発 ○協力・創造的な職場モラルのマネジメント	ケア会議、支援会議、スタッフ会議、プロジェクトチームなど	タスク・グループ
地域	専門職の作業グループ 組織間のグループ 近隣グループ 地域の連合体	○資源の発展・開発 ○住民のエンパワメント ○コミュニティの生活の向上	連携チーム、ソーシャルワーカーが参加する地域のプロジェクト会議・チームなど	

出典：Allen-Meares, P. & Garvin, C. (ed.), *The Handbook of Social Work Direct Practice*, Sage Publication, pp.65-66, 2000. ならびに Toseland, R. W. & Rivas, R. F., *An Introduction to Group Work Practice (5th ed.)*, Pearson Education, pp.29-31, 2005. をもとに筆者作成

うレベルは登場するが、グループの位置づけや考え方にはバリエーションがあることを理解する必要がある。我が国では長らく、グループワーク実践といえば、クライエント・システムからみた小規模グループが介入対象であり、組織内や地域のグループは、グループワークの介入対象としては等閑視されてきた。つまり、伝統的にはトリートメント・グループ（**表11-2**の網掛け領域＝小規模グループ）はグループワーク実践の対象とされてきたが、タスク・グループ（**表11-2**のグレー領域＝組織内のグループ～地域の連合体）がグループワーク実践の対象であるという認識は育ってこなかった。しかし、サービスの質の向上、発展、開発には、組織や地域に存在するグループが大きな意味を備えており、今後、ジェネラリスト実践に立脚したグループワークを追求するならば、これらのグループを対象にした意識的な実践が求められる。そのため、トリートメント・グループと同時にタスク・グループを対象とした介入へと実践の幅を拡げることが必須である。

---

v 国外の書物を参照すると、組織内のグループよりは個人的であるが家族ほど親密ではないトリートメント・グループをメゾ・レベル実践と解釈する文献（❶）がある一方、クライエント個人の社会機能や社会関係の変容を目指すトリートメント・グループはミクロ・レベル実践であると解釈する文献（❷）もある。

❶ Hepworth, D. H., Rooney, R. H., et al., *Direct Social Work Practice: Theory and Skills (5 th ed.)*, Brooks/Cole Publishing Company, p.14, 1997., Kirst-Ashman, K.K.& Hull, G.H., *Understanding Generalist Practice (2 nd ed.)*, Nelson-Hall Publishers, p.2, 1999.

❷ Miley, K.K., O'Melia, M., et al., *Generalist Social Work Practice: An Empowering Approach*, Pearson Education, p.12, 2005., Poulin, J. & Contributors., *Collaborative Social Work: Strengths-Based Generalist Practice*, F. E. Peacock Publishers, p.185, 2000.

◇引用文献
1）岡知史「日本のセルフヘルプグループの基本的要素『まじわり』『ひとりだち』『ときはなち』」『社会福祉学』第33巻第 2 号，pp.118-136, 1992.
2）尾崎新『対人援助の技法──「曖昧さ」から「柔軟さ・自在さ」へ』誠信書房，p.134, 2004.
3）黒田文「タスク・グループへの介入を意識したグループワークの専門教育──意識変容を目指して」『社会福祉学』第60巻第 2 号，pp.1-16, 2019.
4）Glasser, P. H. & Mayadas, N. S., *Group Workers at Work : Theory and Practice in the '80s*, Rowman & Littlefield, p.36, 1986.
5）Coyle, G. L., *Social Process in Organized Groups*, Richard R. Smith, p.12, 1930.
6）Pernell, R. B., 'Empowerment and social group work', Parnes, M., ed., *Innovations in Social Group Work : Feedback from Practice to Theory*, Haworth, pp.107-117, 1986.
7）Hirayama, H. & Hirayama, K., 'Empowerment through group participation : process and goal', Parnes, M., ed., *Innovations in Social Group Work : Feedback from Practice to Theory*, Haworth, pp.119-131, 1986.
8）W. シュワルツ・S. R. ザルバ編，前田ケイ監訳『グループワークの実際』相川書房，p.10, 1987.
9）Baker, R. L., *The Social Work Dictionary*(5 th ed.), the NASW Press, p.404, 2003.
10）Harris, J. & White, V. (ed.), *A Dictionary of Social Work and Social Care*(2 nd ed.), Oxford University Press, pp.234-235, 2018.
11）Seabury, B. A., Seabury, B. H., et al., *Foundations of Interpersonal Practice in Social Work : Promoting Competence in Generalist Practice*(3 rd ed.), Sage, p.408, 2011.
12）Toseland, R. W. & Rivas, R. F., *An Introduction to Group Work Practice*(5 th ed.), Pearson Education, pp.28-31, 2005.
13）同上，pp.33-35
14）同上，p.14
15）Sheafor, B. W. & Horejsi, C. R., *Techniques and Guidelines for Social Work Practice*(7 th ed.), Allyn & Bacon, pp.429-434, 2005.
16）Abramson, J. S., 'Interdisciplinary team practice', Greene, G. & Roberts, A. (Eds.), *Social Workers' Desk Reference*, Oxford University Press, pp.44-45, 2002.
17）Yanca, S. J. &Johnson, L. S., *Generalist Social Work Practice with Groups*, Pearson Education, p.8, 2009.
18）Allen-Meares, P. & Garvin, C. (ed.), *The Handbook of Social Work Direct Practice*, Sage Publication, pp.65-66, 2000.
19）前出12), pp.29-31

◇参考文献
・金井壽広『リーダーシップ入門』日本経済新聞社，2005.
・P. クロポトキン，大杉栄訳『相互扶助論 増補修訂版』同時代社，2012.
・F. リース，黒田由貴子・P. Y. インターナショナル訳『ファシリテーター型リーダーの時代』プレジデント社，2002.

● おすすめ
・堀公俊『ファシリテーション入門』日本経済新聞社，2004.
・青木省三・宮岡等・福田正人監『こころの科学』第192号，2017.
・山脇直司『岩波ジュニア新書 社会とどうかかわるか──公共哲学からのヒント』岩波書店，2008.
・山岸俊男『信頼の構造──こころと社会の進化ゲーム』東京大学出版会，1998.

第2節 グループワークの展開過程

学習のポイント

● グループ・プロセスを理解して、実践のポイントを把握する
● グループの発達段階に応じた介入を理解する

1 グループへ向きあう

　複数人を対象とするグループを支援対象とすることに苦手意識をもつソーシャルワーカーは少なくない。おそらく、メンバーの相互作用から生じる力動やグループから発せられる情報量に圧倒されるからだろう。グループワークを実践する場合、個人に関する知識や支援の技能とともに、グループに対する知識や支援の技能が要求される。本節では、グループワークに必要とされる知識と技能の基本について概説する。

　グループワークを実践するソーシャルワーカーは、グループならびに個々のメンバーをモニタリングして、グループが目的や目標の達成へ向けた歩みを進めているかを評価する責務を負う。グループワークでは、どのメンバーであれ、グループにおいてほかのメンバーを傷つけるような（可能性のある）言動は許されるべきではなく、ソーシャルワーカーの責任のもとにそのような言動を予防・阻止する必要がある。

　グループの目的を達成するだけではなく、その到達プロセスで生じる関係性に価値をおいて介入するのがグループワーク実践である。そのため、目的や目標へ到達するためのプロセスでは、メンバー間の相互扶助の関係をどう醸成するか、自分たちのグループだと感じるオーナーシップをどう醸成するか、個人とグループの成長をどう支えるか、および、グループの発達がグループに与える影響を理解して、ソーシャルワーカーが段階に応じてどのように機能・介入するかが大きな課題となる。

---

i　グループでは敵意ある言動が他者へ向けられることもある。ソーシャルワーカーは、グループワークが安心・安全な場となるために環境を整える必要がある。同時に、そのような言動をとった人を安易に排除してはならない。言動そのものは正当に評価されなければならないが、そうせざるを得なかった背景の理解、感情の受けとめを行う必要がある。

2 グループ・プロセス

　グループ・プロセス（以下、プロセス）とは、簡単にいえば、グループ内におけるメンバーとソーシャルワーカーの相互作用、メンバー間の相互作用の進行や展開の状態を表現する言葉である[1]。ソーシャルワーカーが、グループ内の相互作用のプロセスへ適切に介入するためには、その特性について理解する必要がある。プロセスは**グループダイナミクス（集団力動）**と深く関連しており、グループで起こる影響力（それを引き起こす言動）や繰り返し起こる変化を指す[2]。

　厳密には、グループダイナミクスとプロセスは区別されるが、トリートメント・グループでは、コミュニケーションや相互作用のパターンとして両者をほぼ同義として扱う場合もある[3]。プロセスを理解するには、グループの発達に関する知識が求められるほか、グループへ強い影響を及ぼす要因として、規範、凝集性（メンバーの結合度）、抵抗や感情の表われ方、メンバーの役割、メンバー間の対立とそれへの対応、コミュニケーションのパターンなどを知ることも必要である。以下では、特にグループの発達段階に着目し、グループワーク実践への理解につなげる。

★**グループダイナミクス（集団力動）**
グループの原動力や力学のこと。観察領域としては、①コミュニケーションのプロセスや相互作用のパターン、②メンバー関係の引力や凝集性、③融合・統合状態、④権力や統制のありよう、⑤文化が挙げられる。

3 グループの発達段階

　グループの発達段階については複数の見解はあるが、総じて、❶**準備期**（pre-group phase）、❷**開始期**（beginning phase）、❸**作業期**（middle phase）、❹**終結期**（ending phase）に分けられる[4]。本節では、主にトリートメント・グループの発達段階について説明する。タスク・グループの場合も、グループの発達の特性はおおかた一致するが、他方、タスク・グループの場合は、目的を遂行するための活動として議論・討論が中心となるため、ソーシャルワーカーには会議をファシリテートする技能が求められる[5]。

❶準備期

　すべてのグループは目的があって形成される。グループワーク実践の開始にあたっては、何を目的にしたグループなのかを明確に定義しておく必要がある。そのうえで、グループを成り立たせるメンバーの構成をどうするか（どのようにスクリーニング、リクルートするか）、その人

数規模（グループ・サイズ）、グループが集う期間を一定にするのか、期間を決めないで継続させるか、メンバーの入れ替えを行うオープン・グループ★なのか、それとも、メンバーを入れ替えることなく固定メンバーで進行するクローズド・グループ★なのか、などについて計画する必要がある。

　上記の準備はグループの目的と密接に関連しており、たとえば、虐待経験の克服を大きな目的として実施するグループワークであれば、深刻なプライバシーについて語る状況が想定されるため、人数は少ないほうが望ましいと考えられる。メンバーの属性については、個性が多様であれば語りの内容は豊かになると想定されるが、性的な虐待の内容に及ぶようであれば、メンバーの性別は同一であるほうが安心感は高く、自己開示はしやすい。一般的に、準備期は軽視されがちな段階だが、グループワークの成功は準備期に綿密に計画された内容に大きく依存している[6]。どのようなメンバーが何を求めてくるのかに対する知的理解と、メンバーの感情を想像する波長合わせが重視される。

❷開始期

　グループワークが始まった時期に特徴的なのは、メンバーが互いに注意深くふるまい、参加にためらいがちなことである。おそらく、集まったメンバーは、新しい出会いへの緊張、グループのメンバーはどのような人か、自分はどのように扱われるか、何をどこまで話したらよいか、などの不安を感じているはずである。自分のプライバシーはどのように守られるか、メンバーは信頼に足る人なのか、自分にどのような影響が及ぶのかについても複雑な感情や思いをもつだろう（何かのクラス、ワークショップ、サークルに入ったときを想起してほしい）。自分の意思で参加を申し出たか否か（自分で何らかの希望をもって入ったか否か）、それ以前にどのようなグループ経験をしているかによっても、各メンバーの参加態度は異なるだろう。

　開始期は、グループを促進する役割を担うソーシャルワーカーに注目が集まり、メンバーは注意深くソーシャルワーカーを観察する。開始期では、ソーシャルワーカーがメンバーを積極的にグループへ招き入れ、なぜここにいるのかというアイデンティティを明らかにして、ソーシャルワーカーとメンバー、メンバー同士が互いに知りあうことへ開かれていくことが大事である。メンバーは、グループで何をすることが期待されているのかをいまだよく理解していない状態であるため、ソーシャルワーカーは、グループの目的・成り立ちなどをメンバーに十分に理解し

★オープン・グループ
メンバーであること（メンバーシップ）に対して開かれている（オープンである）グループを指す。オープンとはいえ、グループ・プロセスへの配慮は必要であり、新しいメンバーを受け入れる時期はいつでもよいというわけではない。メンバーとプロセスの状態に合わせてタイミングをはかる必要がある。

★クローズド・グループ
メンバーであること（メンバーシップ）が締め切られる（クローズド）グループを指す。グループワークの実施期間やセッション回数をあらかじめ設定し、開始から終結まで同じメンバーでグループワークの作業が進行する。

てもらうための働きかけをする。

　ソーシャルワーカーは、グループにおける自己開示の仕方、メンバーへの声のかけ方、質問の仕方・内容、話のつなげ方、雰囲気づくりなどについて適切なロールモデルを示す必要がある。まず、ソーシャルワーカーは、メンバーの不安を低減するよう働きかけ、グループが安心できる場であることを実感・理解してもらうための言葉をかけ、メンバーの相互作用を促すような行動をとり、グループに信頼の種をまくことが課題となる。ほかのメンバーに興味を抱いてもらうためには、メンバーが互いに共通する要素を見つけるよう促し、グループ内の相互作用の基盤（関係性）が少しずつ築かれるように働きかけを行うことが求められる。

❸作業期

　作業期では、互いの理解を深める機会も増えて、メンバーの自己開示が高くなる。ゆえに、よそゆきの顔しかみせていなかったメンバーが素顔のやりとりをみせるようになる。その結果、作業期は、メンバーの個人的な課題がグループ内で湧き出る機会が多くなったり、開始期の作業のやり方やリーダーシップスタイルに関する疑問や挑戦が出現する、メンバーの役割交代が起こるなど、葛藤を含めたさまざまな変化が起こる[ii]。この時期は、メンバーが自分やグループの具体的な課題を見つけてそれに取り組もうとするため、プロセスにおいて大きな動きが現れる。この動きは、湧き出てきた課題へグループとしてどう対処するのかというグループ内の経験に呼応して、メンバーの凝集性に影響する。雨が降り注いで、地が固まるのか、地崩れを起こすのかはプロセス次第といえる。しかし、たとえ地崩れとみえても、プロセスに時間を費やして修復することは可能であり、グループにおけるその作業をソーシャルワーカーがあきらめることなく、メンバーとともに取り組むことはグループワークの真髄といえる。

---

ii　グループワークで扱う葛藤には、個々のメンバーに生じる内的な葛藤と、グループ自体の葛藤とがある。グループ自体の葛藤の代表的なものはメンバー間の対立である。個人の内的な葛藤の場合、ほかからみれば何でもないような事柄でも、あるメンバーにとっては重要で悶々とした状態を生むことや、人それぞれに葛藤が生まれる過程は異なるという理解が必要である。ソーシャルワーカーは、メンバーの意識化の過程を十分に観察し、グループを媒体にして葛藤の解決の支援を提供する必要がある。葛藤の解決に向けては、メンバーに声かけをして本人に気づいてもらうだけでなく、情緒的な側面への支持的援助を積極的に行ったり、特に、相互扶助の力を活用し、グループを通じて葛藤の解決の機会をメンバーに提供することが大切である。気をつけたいのは、葛藤を抱えるメンバー自身がその解決へ向けて具体的に取り組む状況をつくることであり、ソーシャルワーカーへの依存度を高めるようなことがあってはならない。

また、開始期に比べるとメンバーの心理的防衛が下がるため、ソーシャルワーカーやほかのメンバーに対して、自分が抱えている否定的な感情や意見、敵意を表しやすくなる。ソーシャルワーカーはその言動に対して、防衛的になることなくオープンに受けとめ、課題についてメンバーとともに誠実に向きあうことが求められる。この態度がないと、グループメンバーは、ソーシャルワーカーを自分たちとともに作業をしてくれるメンバーの一員だとはみなさないだろう。課題への真摯な向きあい方、対処についてともに考えるプロセスにおいて、まず、ソーシャルワーカーが開始期よりも深い自己開示や受容を行い（ただし、それはあくまでもグループの目的に照らして忠実に行われる必要がある）、"今―ここ"で起こっている現実にどう向きあうことができるかに対して具体的に取り組んでいけば、グループワークの場は、実際にメンバーが課題解決へ対処する環境になる。グループから出てきた課題であれば、それはグループが設定していた具体的な目標とも関連してくるだろう。そのため、今所属しているグループから湧き出た課題に対して、メンバーとソーシャルワーカーが現実のものとして取り組む作業は、グループワークの目的と共時的な関係をもっている。この共時性を意識してグループの課題に取り組むことは、作業期のメンバーとグループの成長に強い影響を及ぼす。

　この時期、ソーシャルワーカーには、メンバー・グループ全体で動いている相互作用を肯定的に活用することが求められる。メンバーはグループで起こる相互作用へどのように対処していくことが可能なのかを理解するにつれ、自らがリーダーシップ[★]を発揮するようになるだろう。そのため、開始期には観察されなかったリーダーシップの委譲も起こる。本来、グループはメンバーのものであり、決してソーシャルワーカーのものではないことを理解していれば、リーダーシップがメンバーに委譲されるのは当然のプロセスである。ソーシャルワーカーがグループをコントロールするために力んでしまうことは、メンバーやグループの成長を阻害することにつながる。ソーシャルワーカーは、あくまでもグループのプロセスを見守り、目的・目標の達成を促進する人であり、そのための役割を担い、適切に機能することが求められる。ソーシャルワーカーは、開始期から蓄えてきたメンバーとグループに対する洞察を基盤に、メンバーの力をもとに形成されるグループを信頼しつつ、必要に応じて適切な軌道修正を提供する媒体であることが求められる。

　作業期に取り組む作業は、メンバーのエンパワメントを促進する機会

にもなる。特に、グループ内の対立へ取り組むことは重要なテーマとなる。グループ内の対立は必ずしも悪い現象ではなく、建設的に対処していけばメンバーの自信や成長へとつながる[7]。開始期は、メンバーの共通要素に着目することで凝集性が高まりやすいのに対し、作業期では、共通性を基盤にしたうえで、互いの異なりを自覚して相互理解を深め、一人のうちにある多様性、メンバー同士の多様性の承認に基づいて凝集性を高められるかどうかがテーマになるだろう。凝集性は、目的や目標の達成という意識基盤があって成立し得る。そのため、メンバー個々、ならびに、グループの目的・目標の内実には多層的な内容が含まれると理解し、個々のメンバーとグループの両面性を捉えて、複眼的に目的や目標の達成を目指した作業ができるか否かが作業期のテーマとなる。

❹終結期

開始期から終結期まで同じメンバーシップで進行するクローズド・グループの場合は、メンバー全員が同時に終結期を迎えると想定される。他方で、メンバーシップの入れ替えがあるオープン・グループの場合は、グループから離れるメンバーが出現するたびに、いったん、グループ(メンバーにとって)の終結期が訪れる。

終結期で重要なのは、メンバーに前もってグループワークの終結が近いことを知らせたうえで、終結の準備をともに進めることである(これは個人を対象にした相談援助にも共通する)。終結期は、本来は準備期と密接なかかわりをもつ段階である。なぜなら、ソーシャルワーカーがグループワーク実践を計画する際は、参加予定のメンバーが何を目的・目標に活動を行う必要があるかを考え、グループワーク実践後のメンバーの変化をどのようなパラメータ(指標・変数)に基づいて評価するかを計画内容に盛り込むためである。終結期において、ソーシャルワーカーは、メンバーがグループワークに参加したことで、手段的な内容として獲得できたことと、情緒的な内容として獲得したことを区別して評価を行う必要がある[8]。問題(行動)の低減、目標達成の程度、グループワーク経験をどのように維持できるかなどが、評価の内容として挙げられる。エビデンスを重視すれば、シングル・システム・デザインなどを

Active Learning

グループ内で対立を経験したことのない人はいるでしょうか? 過去の経験を振り返ると、対立はごく普通に遭遇する出来事です。他方、対立後にメンバーがどのようなアクションをとったか、グループの対応がどうだったかにより、その後のグループの状況やありようはまったく変わってきます。対立を一般的なことだと捉え直すと、どのような行動が求められるでしょうか? 対立はどう扱われるのがよいでしょうか? 考えてみましょう。

第11章 グループを活用した支援

---

iii グループワークの目的の一つは、グループのプログラム活動に参加して体験を重ねるなかで、新たな行為を選択・実行できるようになることである。そこでの個人の成長とグループの成長は、単発的なプログラムではなく、継続したプログラムによって得られるものである。継続的・連続的なプロセスを分析して評価を行うことで、メンバーへの支援がシステマティックに検討される必要がある。評価は将来の実践に向かう参考資料として提供される性質をもつ。

★ SYMLOG
グループ内の関係性を、①課題志向的―情動表出的な次元、②友好的―非友好的な次元、③支配的―服従的な次元から成る三次元で捉えようとする評価ツールのこと。グループ内の行動や関係性がどのように評価されているかを顕在化することを助ける。

用いて、メンバーの変化をシステマティックに捉える評価を適用することが求められる。グループ全体の評価であれば、SYMLOG（A System for the Multiple Level Observation of Groups）を用いることが可能であろう。

メンバーには、グループワークを通じて獲得した知識や技能を終結後の現実生活へどのように適用するかを確認するだけでなく、達成されずに棚上げにされた内容には何があるかを確認する時間が必要である。また、今後の生活でストレスが生じる状況を想定し、グループワークで獲得した技能をどのように応用することができるかを試行することなどがテーマになる。

ソーシャルワーカーは、メンバーがグループから離れたあと、グループワークから獲得した内容を、どのように維持したり、最大化していくことが可能かを一緒に検討することが求められる。必要に応じて、グループ・メンバーをほかのサービスへとつなげることも検討する必要がある。凝集性が高いグループであれば、グループに対するメンバーの愛着は高くなるだろう。その結果、メンバーは、愛着対象であるグループを失うことで喪失の感情を抱く可能性があるため、情緒的な課題に対応するために、グループに別れを告げる儀式の設定を提案することも必要となる。

◇引用文献
1）Corey, M. S., Corey, G., et al., *Groups : Process and Practice (10th ed.)*, Cengage Learning, p.196, 2018.
2）Forsyth, D., *Group Dynamics (5th ed.)*, Wadsworth, p.2, 2009.
3）Yalom, I., *Inpatient Group Psychotherapy*, Basic Books, p.49, 1983.
4）International Association for Social Work with Groups(IASWG), *Standards for Social Work Practice with Groups (2 nd ed.)*, pp.10-18, 2015.
5）Yanca, S. J. & Johnson, L. S., *Generalist Social Work Practice with Groups*, Pearson Education, p.285, 2009.
6）Kurland, R., 'Planning : The neglected component of group development', *Social Work with Groups*, 28(3-4), pp.9-16, 2006.
7）黒田文「タスク・グループへの介入を意識したグループワークの専門教育――意識変容を目指して」『社会福祉学』第60巻第 2 号，pp.1-16, 2019.
8）Northen, H. & Kurland, R., *Social Work with Groups (3rd. ed.)*, Columbia University Press, pp.248-249, 2001.

◇参考文献
・Garvin, C. D., Gutierrez, L. M., et al., *Handbook of Social Work with Groups*, Guiford Press, 2004.
・中村陽吉『集団の心理――グループ・ダイナミックス入門』大日本図書，1983.

● おすすめ
・黒木保博・横山穰・水野良也・岩間伸之『グループワークの専門技術――対人援助のための77の方法』中央法規出版，2001.

第3節 グループワークと セルフヘルプグループ

学習のポイント
● グループワークとセルフヘルプグループの区別を理解する
● セルフヘルプグループへの向き合い方を学ぶ

なぜセルフヘルプグループなのか？

　セルフヘルプ（self-help）グループは、既存の社会制度では対応できていない特別なニーズに応えるための相互扶助を基盤としたボランタリー活動である。[1] セルフヘルプグループを運営することは、ソーシャルワークのグループワーク実践ではない。なぜなら、グループワークはソーシャルワーカーがその実践に責務を負うが、セルフヘルプグループは特別な共通ニーズをもつ当事者によって展開されるからである。他方、刑罰に処せられた当事者が法の監督下にある状況では、セルフヘルプグループを企図しながらも、ソーシャルワーカー等の援助専門職が同席することもあるため、セルフヘルプグループとサポートグループの境界があいまいになっている場合もある。[2] 相互扶助＊（mutual-aid）や自己開示を支柱にする点で、セルフヘルプグループとサポートグループは非常に類似した形態である。しかし、何らかの形でソーシャルワーカー等の援助専門職がグループ運営に関与していれば、サポートグループとみなすのが妥当であろう。サポートグループでは、メンバーの相互扶助を基本にしながらも、医師や臨床心理士等の専門職が専門的な知識にかかわる情報提供を行ったり、グループの話し合いを促進するなどのサポートを担う。そのため、同じ目標を掲げる相互扶助グループが形成されたとしても、グループ運営に援助専門職が関与しているか否かが、セルフヘルプグループとサポートグループの大きな分かれ目になる。サポートグループの具体例として、認知症の家族の会や患者会などが挙げられるだろう。援助専門職がグループのメンバーとして参加・出席していない場合でも、そのグループが、社会福祉施設・機関や病院等から開催場所の提供を受けていたり、資金的な提供を受けているのであれば、関係性としてそのグループは特定の専門機関と結びついている。よっ

★相互扶助
グループでは、メンバーが相互に（mutual）助けあう（aid）ことで、メンバー個々人ならびにグループの成長の機会が生まれる。他者を助ける役割を担うことで、自らが利得を享受する（たとえば、自己有用感や自己の存在価値観を高める）現象がグループにはみられる。これは「助ける人が最も助けを享受する人である」と表現され、ヘルパー・セラピー原則と呼ばれる。特に、専門職が存在しないセルフヘルプグループは、このヘルパー・セラピー原則を最大限活用する場の一つと位置づけられる。

て、厳密にいえば、セルフヘルプグループとはみなされない。あくまでも、当事者のボランタリズムを基盤に形成・運営されるものがセルフヘルプグループである。

　とはいえ、セルフヘルプグループとソーシャルワーク実践がまったく関係ないというわけではない。セルフヘルプグループの立ち上げ、運営や維持についてソーシャルワーカーが相談にのったり、側面から活動を支えることは、ソーシャルワークの目的にかなう実践である。セルフヘルプグループを必要としている人々を対象にして、情報を提供・紹介し、ニーズをもつ人がセルフヘルプグループへつながるよう支援することはソーシャルワーク実践である。グループワークはソーシャルワーカーの責務に基づいて実践されるのに対して、セルフヘルプグループはメンバーに援助専門職が含まれていないことによってその本質が尊重される。そのため、専門職や機関がセルフヘルプグループに関与する際は、その本質をゆがめることのないよう、慎重なかかわりが求められる[3]。

　セルフヘルプグループでは、所属メンバーがグループのスポンサーを務め、グループを運営していくことが期待される（グループにもよるが、そのスポンサーは、グループの目的に照らして、ほかのメンバーよりも段階が進んでいる状態にあるとみなされる人が担当する。たとえば、精神障害という側面からは、症状が寛解している状態など[4]）。セルフヘルプグループの活動を支える際に限ったことではないが、当事者が自分の生きてきた経験（lived experiences）から生まれる実践知に導かれ、当事者性を見失うことなく、当事者として社会にかかわっていくこと（その先には当事者を包摂する社会の実現——時に社会変革を含む——の企図がある）を支えるのは非常に重要なことである。援助専門職が関与すると、ややもすれば、援助専門職の都合に合わせて、当事者の「生」が手段化されてしまう危険性があることをしっかりと自覚しておく必要がある。

　セルフヘルプグループを側面から支えることは、社会において、当事者との相互承認の関係性を拡大するためのソーシャルワーク実践となり得るが、セルフヘルプグループを専門機関が抱え込んでしまう、もしくは、抱え込もうとすることは、セルフヘルプグループの潜勢力である当事者性を失わせかねないことをソーシャルワーカーをはじめとする援助専門職は強く意識したい。

◇引用文献
1）Katz, A. H., *The Strength in Us : Self-help Groups in the Modern World*, Franklin Watts,
p.9, 1976.
2）Yanka, S.J. & Johnson, L. C.,*Generalist Social Work Practice with Groups*, Pearson
Education, pp.174–175, 2009.
3）岡知史「セルフヘルプ・クリアリングハウス──セルフヘルプを支援する」平岡公一・平野隆之・
副田あけみ編『社会福祉キーワード』有斐閣, pp.150–153, 2002.
4）前出 2), p.174

◇参考文献
・A. H. カッツ, 久保紘章監訳『セルフヘルプ・グループ』岩崎学術出版社, 1997.

● おすすめ
・岩田泰夫『セルフヘルプ運動と新しいソーシャルワーク実践』中央法規出版, 2010.
・岡知史『セルフヘルプグループ──わかちあい・ひとりだち・ときはなち』星和書店, 1999.
・久保紘章『自立のための援助論──セルフ・ヘルプ・グループに学ぶ』川島書店, 1988.
・半澤節子『当事者に学ぶ精神障害者のセルフヘルプ─グループと専門職の支援』やどかり出版,
2001.

第12章

コミュニティワーク

　ソーシャルワークでは、一定の地理的な範囲における問題の解決に向けて、コミュニティの変化のための働きかけが求められる。そこで本章では、はじめに、住民が主体となって地域の問題を解決する力を高める意義と、その方法としてのコミュニティワークを学ぶ。次に、コミュニティワークの展開として、地域アセスメントと計画策定、地域組織化、地域開発、そしてその評価と実施計画の見直しについて学ぶ。最後に、これらのソーシャルワーカーとしての実践を支えるコミュニティワークの理論を、歴史的な流れに沿って学ぶ。

第1節 コミュニティワークの意義と目的

学習のポイント

- 地域の課題に対するコミュニティワークの目的について理解する
- 住民が主体となる地域福祉活動の意義を学ぶ
- 地域の問題解決力を涵養（かんよう）するコミュニティワークの技法を把握する

1 住民主体の活動を育てる

1 コミュニティワークとは

　コミュニティワークは、地域福祉を推進するソーシャルワークである。地域住民が身近な問題に気づき、自分たちにできる活動で解決・予防できるように、また支える側・支えられる側という垣根のない互助の仕組みが機能するように、コミュニティワーカーと呼ばれる援助者が、住民や住民組織などの社会資源を開発・動員・調整する側面的援助である。住民参加・住民主体による地域の課題解決、福祉の価値に根差した地域づくりを涵養（かんよう）する援助方法として発展してきた。

　地域福祉の推進を図る団体である社会福祉協議会（以下、社協）は、創設時より、コミュニティワークを中心的な活動としてきた。専門職として「福祉活動専門員」「ボランティアコーディネーター」などがおり、財源・事業によって名称こそ異なるが、大きな括りとしては、皆、コミュニティワーカーといえる。近年でも、介護保険法を根拠とする「生活支援コーディネーター」が社協などに配置され、住民主体の協議や活動を促進するコミュニティワーカーと捉えられている。なお、最近では「コミュニティソーシャルワーカー」「地域福祉コーディネーター」と呼ばれる援助者も、社協などに配置が進んでいる。これもコミュニティワークと不可分の援助者、あるいはコミュニティワーカーの一形態といえるが、詳細は他巻に譲ることにする。

2 インフォーマルな活動の強み

　住民は誰しも、自らの暮らす地域で災害や犯罪の脅威から身を守りたいと思い、何らかの困難に直面したときに助け出してくれる存在が欲し

Active Learning

身の回りの住民参加・住民主体の活動を挙げ、それはどのような問題解決のための活動か考えてみましょう。

いと願い、また仲間とのふれあいや支え合いに心の豊かさを見出すものである。他方、「困った人を放っておけない、誰かの役に立ちたい」と考える住民も、いつの時代も少なくない。コミュニティワークは、このような住民のニーズ（支援を受けたいニーズ、活動をしたいニーズ）が起点になる。困りごとや不安を抱えた人を孤立させず、また多くの人が無理なく、楽しくボランティア活動に参加できるよう手立てを講じていくのである。

コミュニティワーカーが働きかける相手は住民に限らない。地元の商店街や企業、農協・生協、学校などがもつ資源（「社会貢献活動」をしたいというニーズや力）を活かし、さまざまな立場の人が協働して地域の課題解決に取り組めるようにする。また、そうした活動を通して、安心して暮らせる地域づくりを進めるため、行政（自治体）や各種公的機関などへも働きかけ、福祉のまちづくりへと広げていく。

ところで、福祉サービスの供給主体について考えるとき、「フォーマル」「インフォーマル」と分類することが一般的である。前者は、行政やさまざまな専門機関（医療、教育、就労など）などの公的主体であり、制度や専門性を根拠にするもので、「フォーマルな主体／資源」などと称される。対する後者は、住民によるボランティア、商店街、企業、学校などによるボランタリーな取り組みを指し、民間の自発性に基づくこと（制度や専門性を根拠としない）、言い換えれば、制度が届かないニーズにも創造的かつ柔軟に活動できることを特徴とするもので、「インフォーマルな主体／資源」として区別される。

3 地域共生社会づくりとコミュニティワーク

近年、格差社会化や少子高齢化、グローバル化などにより、地域で発生する問題は質的・量的に増幅しているうえ、周りから発見されにくく、かつ複合的な問題を抱え込みやすい。具体的には、ひきこもり、ごみ屋敷、虐待、ドメスティック・バイオレンス（DV、家庭内暴力）などの問題が増加しているが、近隣関係が希薄になるなか、このような問題に周りの住民が気づかない、あるいは見て見ぬふりをしやすい。いわゆる社会的孤立や社会的排除である。

このような問題の克服を図る政策・実践の考え方や理念をソーシャルインクルージョン（社会的包摂）という。これを進めるためには、行政の縦割りをできるだけ横断的にし、またさまざまな公的機関・専門機関が連携し、包括的に問題に対応できるようにする必要がある。つまり、

★ソーシャルインクルージョン（社会的包摂）
近年深刻化する社会からの孤立や排除の問題を克服しようとする概念。あらゆる人が社会の構成員として存在を認められ、つながりや支え合いのなかで社会参加や就労、教育等の権利を行使できるよう道筋を確保することを目指す。

福祉、医療、住まい、就労、教育など、従来は個々の制度に基づいて供給されていたサービスを横断的・一元的に提供し、個人・世帯を丸ごと支えることのできる仕組みが求められるようになっているのである。もちろん、その体制構築においては、フォーマルな主体による連携だけでなく、地域住民・住民組織、ボランティア団体・NPOなどの非営利の主体、商店街・地元企業などの営利分野の主体、大学などの教育機関といったインフォーマルな主体の参画を促し、地域の実情に応じて柔軟に対応することが重要である。

こうした背景から、国は地域共生社会の実現を掲げ、包括的支援体制の構築を進めている。この政策は、地域を単位に展開することを想定しており、地域の課題を地域の力で予防・解決できるようにすることに主眼を置いている。言い換えれば、地域が潜在的にもつケイパビリティ（問題を解決する力）を喚起・育成するコミュニティワークの技術がまさに求められているといえる。地縁をベースにした従来型の住民活動を強化するとともに、企業の社会貢献活動、社会福祉法人による公益的な取り組みなども加え、地域の総合力を涵養する援助技術が今、求められている。

2　ソーシャルワークとしての コミュニティワーク

1 間接援助技術としての特性

ソーシャルワークの体系において、コミュニティワークは「間接援助技術」と位置づけられてきた。ソーシャルワーカーとクライエントの対面による援助に対し、コミュニティワークは、援助者であるコミュニティワーカー自身が支援を要する個々の人々（要援護者）を直接援助するというより、その人々を日頃から気にかけてくれる人々を育て、見守り・支援の仕組みをつくっていくことに主眼を置くことに特徴がある。このため、古くからコミュニティワーカーは「黒子」とも呼ばれてきた

---

i　「地域共生社会に向けた包括的支援と多様な参加・協働の推進に関する検討会」（地域共生社会推進検討会）は、その「最終とりまとめ」（2019（令和元）年12月26日）において、市町村における包括的な支援体制の整備に関して、①断らない相談支援、②参加支援、③地域づくりに向けた支援、という事業の枠組みを提起している。孤立者や生活困窮者のもつニーズを幅広く、機敏に受けとめる相談体制、その人らしい社会参加（役割獲得や生きがい・就労を得ることなど）をしやすくする参加支援の仕組みをつくること、住民や地域の関係者同士が、立場の違い、世代のギャップを越えてつながり、それぞれのもち味を発揮しながら地域づくりを進めることが、地域共生社会づくりの指針として示されている。

図12-1　コミュニティワークの実践イメージ

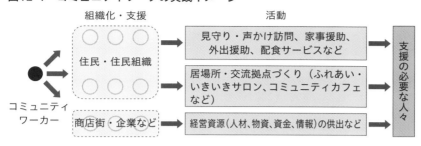

（「住民が主役で、それを支える援助者がコミュニティワーカーである」という援助の特性ゆえの呼称である）。**図12-1**は、このようなコミュニティワークの援助の間接性を実践イメージとして表したものである。

2 コミュニティワークと小地域ネットワーク活動

　コミュニティワーカーは、地域のさまざまな人の思いや行動力を育て、またつなぎ合わせて、いろいろな問題に敏感に気づき、柔軟に解決できる地域をつくること、言い換えれば「地域の福祉力」を涵養することを目指している。コミュニティワーカーは、そのために人材の発掘・育成（ボランティア入門講座の開催など）、活動のきっかけづくり（活動の機会・情報・場所の提供、補助金など）を通して、住民や地域の主体が活動できるようにする。このようなバックアップにより、個々の「善意ある個人・団体」が、いわば「ボランティア・チーム」になっていくのである。こうして生まれる住民主体の活動の代表的なものには、見守り・声かけ訪問（安否確認や相談など）、家事援助、外出援助（買い物、通院など）、配食サービスのように、要援護者の自宅などに住民が出向くタイプのほか、サロン（高齢者向けのふれあい・いきいきサロン、子育てサロンなど）やコミュニティカフェのように、活動拠点・居場所をもつタイプがある。このような活動は、無理なく、楽しく取り組めることが大切であり、住民同士の親しいつながりを築けるような小地域を単位として展開するボランティア活動として、「小地域ネットワーク活動」と呼ばれる。フォーマルなサービスだけでは充足できない要援護者のニーズを、インフォーマルなサポートで満たす自立生活支援である。

3 コミュニティワークを構成する諸機能

　今日のコミュニティワークの全体像を俯瞰しておく。岡本栄一は八つの機能にまとめている（**表12-1**）。中心的な機能は「連絡・調整」や「組

表12-1　コミュニティワークの機能（岡本栄一）

① 地域の調査・診断の機能
② 福祉ニーズと社会資源間の連絡・調整の機能
③ 地域住民や福祉関係者の学習・訓練の機能
④ 福祉問題を直接担う当事者や住民の組織化と支援の機能
⑤ 広報などによる情報提供機能
⑥ 福祉サービスなどの企画と開発の機能
⑦ ソーシャル・アクション（社会活動）の機能
⑧ 地域福祉計画を立案する機能

出典：松永俊文・野上文夫・渡辺武男編『新版 現代コミュニティワーク論——21世紀、地域福祉をともに創る』中央法規出版，p.82，2002.

織化・支援」であるとしても、その前にどれだけの情報を把握しているか、どれだけ多くの人に参加を促しているか、あるいは実践のなかで気づいた問題点などをいかに次に改善につなげるかなどもコミュニティワークに含まれる。

　市区町村社協のコミュニティワーカーである福祉活動専門員などが、このような機能を実際の業務として行う場合、一般的には次のような行動になるだろう。

❶福祉問題の掘り起こし

　住民がもつ問題やニーズを発見・把握すること（地域アセスメント）である。そのための手法として、住民座談会（地域の困りごとや魅力などを住民が自由に語れる場）、アンケート、福祉施設や支援団体への聞き取りなどがある。

❷福祉問題の共有化

　把握した問題・ニーズを住民に知ってもらい、「私たちの問題」という認識や「何か協力したい」という思いをもってもらうことである。機関紙発行、諸行事での PR、ホームページやメールマガジンなどでの情報配信などの手法がある。

❸住民の福祉教育

　住民は生活主体として自らの権利を行使するだけでなく、日々の生活のなかでほかの住民のちょっとした変化（問題の前兆など）に気づきやすい。研修会や福祉講座、ボランティア体験学習などの手法で、問題意識の喚起を図る。

❹ボランティアの開拓

　個々の住民がもつ資源（職業での経験・技術・知識・人脈や、趣味・特技、提供可能な財産・土地・時間など）を集合させれば、ボランティア活動や寄付などの大きな力になる。個々がもつ「善意」を喚起・結集

して「ボランティア（集団）」にするのを手助けする。

❺要援護者の仲間づくり

何らかの生活課題に直面しつつも不安や不満を表出できず、パワーレスな（力のない）状態でいる当事者やその家族は多い。「依存症患者の会」「中途障害者の会」「ひきこもりの子をもつ親の会」「家族介護者の会」などの当事者組織、セルフヘルプグループ、家族会などは、ピア（同じ境遇）ゆえの安心感や心強さがあるうえ、情報共有、権利擁護、政策提言も可能になる。

❻在宅サービスの提供

介護保険などの制度的サービスを提供し、収入を得る社協を「事業型社協」と呼ぶ。社協が運営することで、制度でカバーできないニーズにまで対応でき、ほかの事業・サービス（資金の貸付けや金銭管理など）やインフォーマルな支援と組み合わせた総合的な対応もしやすい。また、民間事業者が参入しない過疎地などで、社協が事業者となって住民のニーズを充足する場合もある。

❼地域福祉活動計画への意見集約

社協活動の総合的推進を図るため、中長期的な見通しを立てるのが地域福祉活動計画である。❶に挙げた手法で住民のニーズを明らかにし、地域福祉を推進する住民や住民組織、関係機関・団体などとともに、これからの活動の目標や方法などを議論し、計画書を作る。その後は、計画に基づいて実践がうまく行われるよう、推進・評価の方法についても計画書に盛り込んでおくことが多い。

❽行政機関などへの提言

住民、福祉当事者の声や思いを行政などに伝え、施策につなげることである。行政の予算や施策に反映することの効力は大きいため、要望書や嘆願書の提出、調査報告書の提出、署名活動、専門委員会や審議会などへの参画、議会への提案などの手法で行われる。

● **おすすめ**
・上野谷加代子・松端克文・永田祐編『やわらかアカデミズム・〈わかる〉シリーズ 新版 よくわかる地域福祉』ミネルヴァ書房，2019.

第12章 コミュニティワーク

第 2 節 コミュニティワークの展開

学習のポイント

● コミュニティワークの展開過程を学ぶ
● コミュニティワークの各技法の特徴やねらいを理解する
● コミュニティワークにおける計画や評価の視点、手法を理解する

1 地域の課題・ニーズや資源を把握する（地域アセスメント）

　地域にはさまざまなニーズ（地域生活課題）が潜在・顕在している。ここでいうニーズには、課題に直面し、「困っている、誰かの支えが欲しい」という要援護者側のニーズと、仕事や趣味、特技などを活かして「誰かの役に立ちたい」という活動者側のニーズがあることは第1節で述べたとおりである。そのようなニーズ、言い換えれば地域生活課題や社会資源をくまなく把握・分析し、計画的・効果的な実践を生むための技術を「地域アセスメント」と呼ぶ。地域アセスメントには、社会福祉協議会（以下、社協）や地域包括支援センターなどのソーシャルワーカーが専門的援助のために行うものと、住民がワークショップなどを通して地域の課題や資源に気づいていく（援助者はそれを側面的に支援する）ものがある。いずれにしても、多くの人の共感・参加を得て協働的実践を促すことが要となる。

　地域アセスメントにおける情報収集の方法として、既存の資料を調べることや調査（住民や福祉関係者へのアンケート、聞き取りなど）がある。住民座談会のような住民の話し合いの場や、まち歩き、福祉マップづくりのようなワークショップの手法を用いることも有効である。情報には、「高齢化率」「サービス利用者数」「ボランティア登録人数」のように数値化できるものと、生活感覚や満足感、不安感のように性質でつかむものがある。いずれにしても重要なのは、より多くの住民や関係者で地域について調べ、語り、協力しあう機運を高めることといえる。

　そのようにして把握した情報を、「地域アセスメントシート」などに集約することが一般的である。シートにまとめると、今後どのような取り組みが必要かを話しあったり、地域福祉計画に反映して予算化・事業

化の根拠にしたりすることが容易になるからである。集約すべき情報には、以下のようなものがある。[1]

❶ 基礎データ（人口動態・ニーズの種類と規模など）

人口・世帯数

人口動態とタイプ…人口増加型・人口安定型・人口減少型など

福祉ニーズをもつ人々の数…高齢者数と高齢化率（一人暮らし、老老世帯など）／障害者数（手帳所持者など）／支援の必要な子ども・家庭の数（待機児童数、ひとり親家庭数など）／生活保護受給世帯数・受給率／外国籍住民人口など

地区ごとの特性…行政地区・農業地区・工業地区・商業地区・旧市街地・新興住宅地など、およびそれぞれの人口推移

地域の歴史・文化…地形、伝統的な産業、祭り・行事、宗教、住民の暮らしぶりや気質、誇りやよりどころなど

❷ 社会資源、地域集団・組織

住民集団…町内会・自治会、高齢者関係（老人クラブ、買い物・家事援助の会、家族介護者の会、教養・趣味サークルなど）、児童関係（子ども会、PTA、スポーツクラブ、子ども図書館、子育て支援の会など）、障害児者関係（当事者の会、家族の会など）、その他NPO・ボランティア団体など

福祉関係の公的機関…行政、社協、社会福祉施設・機関など

福祉隣接領域の機関…医療機関、教育・住宅・雇用に関する機関など

福祉以外の集団・組織…商店街・地元企業、農協・生協など

その他の資源の状況…住民参加・活動を支援するプログラム、関係機関・団体のネットワークなど

❸ 地域集団・組織の運営状況

（上記の各団体の）活動内容、会員数・組織率、運営・経営の状況など

なお、近年では地域の課題や資源を掘り起こし、分析する手法が開発されているので、地域アセスメントにも取り入れるとよいだろう。たとえば、**SWOT分析**、**アセット・マッピング**といわれるものがある。SWOT分析は、Strength（強み）・Weakness（弱み）・Opportunities（機会）・Threats（脅威）の頭文字をとったものだが、それぞれに分類される事項を内部環境（S・W）と外部環境（O・T）、プラス要因（S・O）とマイナス要因（W・T）に分けて現状分析するツー

Active Learning

あなたが暮らしている地域のアセスメントを行い、その地域の特徴を説明してみましょう。

ルである。たとえば、高齢者の移動困難が問題になっている地域で、買い物・通院の支援のための福祉輸送サービスを創設したいとき、次の要領で整理すると課題を導きやすい。Ｓは運転や同伴をするボランティアがすでに数名確保できている、Ｗは多世代のボランティアで支援体制を拡大したいが、現役世代の関心・参加が得られない、Ｏは社会貢献の機会を探している企業が社用車の貸出を申し出てくれている、Ｔは交通事故に備えた補償が必要である／地元のタクシー会社から反対されている、などである。

アセット・マッピングは、地域に存在するハード・ソフトのさまざまな資源を掘り起こして地図に落とす手法だが、一見すると福祉とは関係のない学校、宗教施設、図書館、商店、公園などでも、発想と交渉次第で福祉的な資源として応用できることも多い。また、個人がもつ経験・知識・能力・人脈なども資源になる（福祉当事者（課題を抱える本人・家族）であっても、何かに秀でている人はもちろん多い）。アセットとは「資産、強み」といった意味である。フォーマルなサービス主体だけを解決資源と決めつけるのではなく、思いがけないところに解決の手がかりが眠っていることに留意したい。

繰り返しとなるが、このような情報収集・分析を通して、多くの人に気づきや共感を広げ、立場を越えた参加・協働を促していくことが地域アセスメントのねらいである。専門職が住民と、健常者が障害者と、大人が子どもと、日本人が外国人と、一緒にまち歩きや討議をしてみると、斬新な活動のヒントに出会うことも多い。

2 計画策定とモニタリング

コミュニティワークにおける計画やそのモニタリング（進行のチェック・評価、推進のための助言など）について、今日の地域福祉の政策・実践に即して、おおむね二つに分けて考えたい。第一は、住民レベルのインフォーマルな計画である。「ここで暮らし続けたい」「安心できる地域であり続けたい」という住民の素朴な思いに基づき、地域の将来像やそのために自分たちができることなどを語りあい、描き出すことである。「○年後の△△町」のような簡単なビジョン、あるいは行動目標を書き出しておけば、折に触れてチェックすることもできる。

第二は、自治体が策定する「地域福祉計画」や社協による「地域福祉

活動計画」というフォーマルなレベルの計画とその推進・評価である。前者は社会福祉法に基づく行政計画、後者は任意の民間活動計画という違いはあるが、以下のように性格や方法が共通するため、両者を連動させることが大切である。

どちらの計画においても、住民や福祉当事者の切実な声を丁寧に汲み上げ、地域福祉のビジョンや行政施策、社協事業などを決めていくことが原則である。下から上へ、つまり「ボトムアップ」であることが重要であり、決して行政や専門機関だけで施策や予算を決めてしまう「トップダウン」ではいけない。地域アセスメントで把握した課題や資源を計画に反映させることも重要になる。このためには、コミュニティワーカーは計画策定への参加支援に心を配る必要がある。広く住民一般の関心を喚起し、住民座談会やワークショップのような場を設けて話し合いに参加しやすいようにすること、とりわけ福祉当事者や支援者が参加しやすいようにすることが大切である。そのために、開催場所、開催曜日・時間帯や頻度、移動やコミュニケーションに困難をもつ人への配慮などが必要になる。

そのようにして抽出した課題には、すぐに取り組むべきもの、何年もかけて取り組むべきもの、短期間のもの、恒常的なものなどがあるので、取り組みの順序や時期を決めていく必要がある。また、活動のための人員・場所・予算・時間にも限りがあるため、「何に、どのように使うか」を決める必要もある。つまり、計画策定には、「優先順位」や「資源配分」の決定という要素が含まれる。計画の策定過程においてはそれらが意識され、住民が地域のことを地域で決めていくこと、つまり自治意識が芽生えることが望ましい。

3 地域組織化

前述したように、「他者の役に立ちたい、それによって自己有用感を高めたい」という動機をもつ住民は少なくないが、自分で活動先を見つけられるという人はそれほど多くないだろう。コミュニティワーカーは、ボランティア入門講座の開催、活動先の情報提供などにより、そのようなボランティアの潜在層にきっかけを提供し、また活動場所の確保、ロッカーや備品の供与、補助金、表彰などさまざまな方法で後押しをする。

たとえば、Ａ市では社協の支援により、高齢者が気軽に交流できる常設型のサロンを商店街の空き店舗を使って開いている。サロンのある月〜金曜日の日中にはボランティアの住民が集まり、飲み物やお菓子・軽食の用意をするが、参加する高齢者からも、運営を担うボランティアからも、「ここがあってよかった」と喜ばれている。参加者にとってサロンは外出のきっかけ（閉じこもり防止）であり、健康を見守ってもらえる場でもある。他方、運営ボランティアには「家の近くにこんな場所ができたのなら、ぜひ協力したい」という人が多く、活動したいというニーズが満たされている。この場では、住民同士が支える側・支えられる側という違いを越えて温かくつながり、ともに楽しく過ごしている。

　住民が主体となって運営するこのサロンをつくるために、Ａ市社協のコミュニティワーカーは段階に応じた支援をしている。立ち上げの時期には、会場となる空き店舗を見つけ、商店街側と利用条件を交渉し、サロンの開設や運営について住民とも協議した。また、対象となる高齢者とその家族に参加を呼びかけた。加えて、サロンのオープンを社協の広報紙などで地域にＰＲして参加者やボランティアをさらに募集したり、活動費用を予算化したりするなどして開設がうまくいくようにした。

　サロンの運営が軌道に乗ってくるに従い、コミュニティワーカーは主導権が住民に移るよう後方支援に重きを置いた。活動者や参加者から新しい企画が提案されれば実現に向けて手伝い、周囲の企業や学校などから人員、資金、食材の提供などの申し出があればサロンに橋渡しをする。また、サロンでは地域で見かける心配な人の話題が出たり、常連の参加者が姿を見せないと体調をくずしたのではないかと心配したりと、情報交換も自然に行われるため、コミュニティワーカーは、そのような情報があれば専門機関と連携して対応したり、ボランティアによる見守りにつなげたりもする。このように、立ち上げ期・運営期それぞれの支援をしながら、サロンを地域にとってかかせない高付加価値な拠点に育てていくのである。

　このような組織化の取り組みは、地域がもつ潜在的な問題解決力を結集していくことでもあり、この観点からは、コミュニティをエンパワメントすること、あるいは「（住民の）主体形成」そのものだということもできる。

4 社会資源の開発

　地域で発生する問題には、既存の制度やサービスだけでは解決が困難なものも多い。仮に該当する制度がなくても、要援護者のニーズがあれば手立てを講じるのがソーシャルワーカー、コミュニティワーカーの役割ではあるが、実際に何かを企画しようとしても、地域の活動者から「担い手が足りない、活動場所がない、資金がない、時間もない」と不平が上がり、なかなか行動できないことも多い。そういう状況で考えるべきなのが資源開発のアプローチである。開発といっても、ゼロから新しいものを生み出すというより、既存資源の活用方法を見直し、事業や活動を拡張したり新設したりするのが現実的である。

　ここでいう資源には、福祉目的のもの（行政、社会福祉施設、福祉系のNPOや団体など）と福祉以外のもの（医療・教育・住まい・雇用などの隣接分野、地元の商店街・企業や農協・生協のような産業分野の機関・団体など）がある。前者だけで対応を考えてもアイデアが浮かばないようなときでも、後者と連携することで人材・場所・資金・時間などの不足が一気に解決できることもある。前述のA市の例で見た空き店舗の活用はその典型であり、ほかにも空き教室・廃校舎、福祉施設・企業・店舗のスペースや物資の活用など工夫の余地はたくさんある。たとえば、B市のデイサービスセンターでは、夜間、交流室とキッチンをNPO法人に開放し、子ども食堂の開催に協力している。また、大型薬局チェーンCでは、店舗の一角を高齢者向けのサロンに提供している。このように、「福祉分野と福祉以外の分野」「フォーマルな資源とインフォーマルな資源」が立場を越えて連携することで、多彩なアイデアや実践が生まれる可能性がある。社会福祉を目的とする施設や団体などを「社会（福祉）資源」、それ以外の地域の財産を「地域資源」と呼ぶとすると、地域資源のなかに「社会（福祉）資源化」できる豊かな要素がある。

　また、近年、「農福連携」という概念が広がってきている。担い手不足に悩む農業分野と、就労支援を進める福祉分野の主体同士が連携するなどのことであるが、単なる農家の人員補充を越え、障害者や高齢者などの雇用創出や生きがいづくりと、まちづくりを一体的に展開させる可能性を含んでいる。同様に、製造業や地場産業の衰退と福祉的就労を掛け合わせた「農・商・工福連携」の例もみられる。このような地域づくりとコミュニティワークを一体のものとする取り組みが広がっている。

1 三つのゴール

　伝統的に、コミュニティワークの三つのゴールといわれるものがある。ゴール、つまり目標設定の視点ではあるが、それが達成できたかどうか、またはどの程度前進しているかを評価する視点でもある。何事もそうだが、コミュニティワークにおいてもP（Plan：計画）、D（Do：実行）、C（Check：確認）、A（Action：行動）のサイクルは重要であり、この全段階において三つのゴールの視点をもつことは有効である。

❶タスク・ゴール（課題達成目標）

　具体的な問題やニーズをターゲットとして掲げ、解決・充足をどの程度進めるかという視点である。

❷プロセス・ゴール（過程目標）

　活動の過程で何を獲得したかということであり、副産物ともいえる。タスク（課題）達成に向けて取り組んだ住民の間で、連帯意識、地元への愛着、責任感や改革への意欲、自信が育つ。そのような意識や態度を醸成する視点である。

❸リレーションシップ・ゴール（関係性変容・構築の目標）

　タスクに取り組むための手続きを民主的に行い、不均衡な権力構造を変革すること、さらには行政や関係機関、住民などの関係者の間で対等な協力関係を構築することを目指す視点である。

　例を挙げて考える。ある社協のコミュニティワーカーは、住民から「かつてのような世代間の交流機会が欲しい」という要望が上がったことから、高齢者向けサークルと子育てサークルを橋渡しし、親子で遊べる昔遊びを高齢者が教えるイベントを企画した。賛同者を募ったところ、地元の企業が会場の提供と社員による運営の手伝いを約束してくれたほか、近くの商店主たちも昔遊びの講師になってくれたり、また商店街のチラシでイベントをPRしてくれたりすることになった。さらに、地元の中高生、大学のサークルからもボランティアの参加が得られた。当日、参加した親子がとても楽しめたうえ、かかわったすべての人たちの笑顔も絶えることがなく、皆満足感を覚えた。

　この例では、世代交流という具体的な課題達成目標（タスク・ゴール）を契機に、それまでは接点のなかった各主体（高齢者向けサークル、子育てサークル、企業、商店街、学生たち）の協力関係が構築できた（リ

レーションシップ・ゴール）。また、ここでできたつながりは連帯感や地元への帰属意識を育む（プロセス・ゴール）。その効力はこのイベントの成否にとどまるものでなく、災害時に近隣で助けあえるようになったり、子どもや高齢者を事故や犯罪から守ったりするなど、あらゆるリスクへの抵抗力になる。

2 結果と効果の分析

　コミュニティワーカーは、実践がもたらした結果や意味を関係者とともに評価し、さらなる実践の向上に向けて計画の改良を繰り返す。自分たちの実践を向上させるために評価するのはもちろんだが、そのほかにも、さらなる協力者を募ったり、行政への施策化・予算化を訴えるときの根拠にすることも評価の目的である。

　最近では、企業活動や政策の評価などで用いるロジック・モデルや根本原因解析（Root Cause Analysis：RCA）といった手法も着目されている。ロジック・モデルは、事業の設計図ともいわれ、「インプット（投入）→アクティビティ（活動）→アウトプット（結果）→アウトカム（成果）」という一連のプロセスごとに指標を決めて進めていく思考法である。社協が事業評価を行う場合などには、そのプログラムのために何を投入し（人、時間、資金など）、何を行ったか（活動）、その結果がどうであったか（参加人数、福祉当事者の満足感など）を評価することは一般的だが、これではインプットからアウトプットまでしか（三つのゴールでいえば、タスク・ゴールしか）評価していないことになる。アウトプット（プログラムの客観的な結果や成否）に加え、アウトカム、つまりそのことが地域にどう波及したか（プロセス・ゴールとリレーションシップ・ゴール）までを評価する視点・指標もまた重要になる。

　一方RCAは、何か問題が生じたときに、事象そのものに着目するより、問題の根本にある原因を掘り下げることで再発防止を図る分析手法である。たとえば、孤立死や虐待などの痛ましい出来事が起きたことについて地域で検討する場合、その個人・世帯の問題のみをみていては本質的な解決が難しい。周囲の人間関係の状態や雇用環境などを構造的に理解したうえで対策を練らなければ、同じ事象は繰り返されるのかもしれない。

　コミュニティワークにおいてもこうした分析・評価ツールを適宜使いながら、PDCAの循環を向上させることが望ましい。

第**12**章 コミュニティワーク

◇引用文献
1）松永俊文・野上文夫・渡辺武男編『新版 現代コミュニティワーク論──21世紀、地域福祉をともに創る』中央法規出版，pp.110-123, 2002.

● **おすすめ**
・『社会福祉学習双書』編集委員会編『社会福祉学習双書2020第 8 巻 地域福祉論──地域福祉の理論と方法』全国社会福祉協議会，2020.

第 **3** 節 **コミュニティワークの
理論的系譜とモデル**

学習のポイント

● コミュニティワークの歴史を学ぶ
● 古典的なコミュニティオーガニゼーションの理論モデルを学ぶ
● 各モデルが必要とされた社会的背景を理解する

1 社会変容と CO の登場

　最後に、コミュニティワークがどのような歴史的経過をたどってきた
かをみておく。古くは、北米を起源とする「コミュニティオーガニゼー
ション」（地域組織化、以下、CO）という理念が日本に紹介され、戦後、
全国に社会福祉協議会（以下、社協）が結成された際、基礎的な活動理論
として導入された。現在ではほぼ同義でコミュニティワークという呼称
が主として用いられるが、海外では今も CO をそのまま使うことが多い。

　日本では、伝統的に町内会・自治会のような「地縁型組織」と呼ばれ
る住民の共同組織が張りめぐらされ、地域単位で住民間の親睦や互助を
成り立たせてきた。また、民生委員・児童委員も担当地区をもち、要援
護者を見守り、支える役割を担ってきた。CO の概念が導入されたとき、
すでにこのような地縁型の仕組みが網羅されていたため、こうした地域
の活動を支援することを前提としてきたことは、日本独自の発展経過と
いえる。

　CO が生まれた 20 世紀初頭から中盤にかけてのアメリカでは、経済
繁栄・工業社会化、世界恐慌、戦争などの大きなうねりのなかで、人々
の精神的退廃や貧困、不衛生、コミュニティ解体などの社会変容がもた
らされた。他方、そうした諸問題を地域住民が自発的に解決しようとす
る試みがみられるようになり、コミュニティ・オーガナイザーと呼ばれ
る専門家がそれを組織的な動きにまとめていた。その後も実践や理論化
の発展が進み、CO はマクロレベルのソーシャルワークに位置づけられ
るようになった。高田眞治は、その発展経過を、❶揺籃期、❷成長期、
❸展開期に大別している。[1] この整理を参考に、CO の古典理論の代表的
なものの特徴をみてみる。

Active Learning

自分が暮らしている
地域のコミュニ
ティ・オーガナイ
ザーは何をすべき
か、考えてみましょ
う。

19世紀末にイギリスやアメリカで確立したCOS（慈善組織協会）やセツルメント運動に代わり、新たな問題解決手法であるCOがアメリカ各地に広がった。*Social Work Year Book 1929* は、COを「新しい社会的ニーズに対して、改善・調整を図ること」と紹介した。[2]

1921年、リンデマン（Lindeman, E. C.）は、地域を「個人の集まり」でなく、むしろ「グループの集まり」と捉えている。そして、現実的にはそれらの連帯は容易でないため、それを調整する専門技術としてのCOが必要だと述べている。リンデマンはCOを「地域社会における諸問題を民主的に調整する意識的努力を組織すること」「既存の専門家、団体、施設の相互協力関係を通じて、最善のサービスを獲得すること」だとしている。この定義は「機関・施設連絡調整説[3][4][5]」と呼ばれるものだが、今日でもその本質は変わっていないといってよい。

その後COの実践・研究はさらに活発化し、多くの学説が発表された。それらを体系化し、COをソーシャルワークの一方法として位置づけるうえで大きな功績を果たしたのが1939年のレイン（Lane, R. P.）を委員長とする全米社会事業会議での委員会報告、いわゆる「レイン報告」である。同報告は、アメリカの萌芽的な実践と理論をもとにCOの12の機能を整理した（**表12-2**）。詳述は避けるが、今日、日本でコミュニティワークと呼ぶ技術の体系は、この分類を継承していることがわかる。レイン報告でのCOの定義は、欲求（ニーズ）の発見と規定、地域住民の参加などを重視していることから「ニーズ・資源調整説」と呼

表12-2　レイン報告によるCOの12の機能

① 　継続的な1か所に集める記録
② 　計画
③ 　特別な研究および調査
④ 　合同予算
⑤ 　教育・説明・広報
⑥ 　共同募金事業
⑦ 　組織化
⑧ 　施設相互間の相談
⑨ 　集団討議・会議・委員会
⑩ 　交渉
⑪ 　合同サービス（社会サービス交換）
⑫ 　社会行動（ソーシャルアクション）

ばれている。

3 成長期（1939〜1950年代）のCO

　この時期の代表的定義には、ニューステッター（Newstetter, W. I.）が1947年に発表した「インターグループワーク説（集団間調整説）」がある。地域の諸集団の代表を集めて組織化する手法で、その特徴は、❶選択された社会的目標の達成のために集められた集団のメンバー同士の間で、相互に満足できる関係があること、❷所属団体から選出された各代表者に、適切な責任や代表性があることとされる。この頃の社会背景として、企業・商店やボランティア・グループのような、関心に基づく機能的コミュニティが成長したことが特徴に挙げられる。地域の共通課題のもとにそれらが連帯しようとしても、個々の利害や発言力が異なるために意見の不一致が起きやすいが、それゆえCOを用いて「地域の利益」と「各集団の利益」をうまくまとめていくには、団体間の民主性（上記❶）、構成メンバーが所属団体を真に代表していること（上記❷）が肝心だとされた。今日の「協議会」や「協議体」に連なる考え方である。

　1950年代になると、コミュニティの崩壊が社会問題化し、COにもその対応が期待された。カナダの研究者ロス（Ross, M. G.）による1955年のCOの理論は、地域内外の資源を動員しながら、住民の参加・意思決定と団結をもって地域社会の問題を解決する過程を重視したもので、「地域組織化説」や「統合説」と呼ばれた。その定義は、次のようなものである。

　「COとは、コミュニティがニーズや目的を明確にし、それらに優先順位やランクをつけ、解決への自信をつけ、そのための取り組みをしようと思い、コミュニティの内部・外部から解決資源を見出し、それらを重視して行動し、コミュニティ内に、協調・協力的な態度や行動を育てるという過程を意味する用語である[6]」

　この定義は、問題解決と併せて解決過程への住民の参加と態度の変容を強調していることから、過程重視のCOとして知られ、発足間もない日本の社協の活動理論としても参考にされた。ロスはCOの特徴として、①自己決定、②地域社会固有の歩幅、③地域から生まれた計画、④地域社会の能力増強、⑤改革への意欲を示している。地域住民の内に

意欲やリーダーシップを育て、自分たちのやり方や歩幅（ペース）で地域をよくしていけるようにすることが強調されたのである。これを実践するため、ロスは13原則を示したことでも知られている。[7]

4 展開期（1960年代以降）のCO

　1960年代のアメリカでは、ベトナム戦争や人種差別問題などの社会不安が拡大するなか、公民権運動に象徴されるように、社会運動による権力構造の変革の手法が効力をもった。COにおいても、ロスに代表される穏健で協調的な手法だけでは不十分だとされ、ロスマン（Rothman, J.）は1968年、既存のCOの理論をベースに、社会計画による資源獲得（予算配分など）や社会運動を強調した「コミュニティ・オーガニゼーション実践の三つのモデル」を提起した。第一の「小地域開発モデル」では、これまでのCOの理論を継承し、住民の幅広い参加と帰属意識を養う過程に焦点を当て、民主的手続き、自発的協同、土着のリーダーシップの開発、自己決定などが強調された。第二の「社会計画モデル」は、社会問題の解決・改善という成果に焦点化し、有限の社会資源の効率的な配分を図ることに特徴がある。第三は「ソーシャル・アクションモデル」であり、地域のなかで搾取される人々、不利な立場にある人々の問題を解決するため、地域社会の権力関係を再編すること、不平等な配分を改善し、制度や資源の改廃・創設を図る社会運動の手法である。

---

i　ロスは、「COの諸原則」として次の13項目を挙げている（岡村重夫訳、原文ママ）。①共同社会に現存する諸条件に対する不満は必ず団体を開発および（または）育成する、②不満の中心点を求め、特定の問題に関して組織化、計画立案、ならびに行動に向って道を開くこと、③コミュニティ・オーガニゼーションを開始し、あるいは支える力となる不満は、共同社会内で広く共有されるべきこと、④団体には指導者（公式、非公式両方とも）として、共同社会内の主要下位集団に密着し、またそれから承認された指導的人物を関与させるべきこと、⑤団体はその目標と手続方法を非常に受け入れ易いものとすべきこと、⑥団体のプログラムには情緒の満足を伴う活動を含めるべきこと、⑦団体は共同社会の内部に存在する善意を、顕在的なものも潜在的なものも、ともに利用するように心がけるべきこと、⑧団体としては、団体内部の意思伝達、ならびに団体と共同社会との意思伝達の両方の路線を積極的、効果的に開発すべきこと、⑨団体は協力活動を求めようとするグループに対する支持と強化に努力すべきこと、⑩団体はその正規の決定手続きを乱すことなく、団体運営上の手続きにおいては柔軟性をもつべきこと、⑪団体はその活動において共同社会の現状に即した歩幅を開発すべきこと、⑫団体は効果的な指導者を育成すべきこと、⑬団体は、共同社会内に、力と安定および威信を育成すべきこと。
（筆者注：「共同社会」は地域コミュニティ、「団体」はそれを支援する組織と読み替えられる。）

5 その後の展開

　アメリカなどでは、その後も CO は方法論として成熟を続けている。なかでもウェイル（Weil, M. O.）とギャンブル（Gamble, D. N.）が1995 年に発表したコミュニティ実践の八つのモデルはよく知られている（**表 12-3**）。

　日本では、全国社会福祉協議会が主に牽引役となり、全国の社協の地域福祉推進のための方法論として、高度経済成長とコミュニティ衰退、高齢化社会などの社会情勢の変遷に合わせてコミュニティワークを発展させてきた。しかし、21 世紀に入ってからは、海外の理論モデルの基盤のうえに地域福祉の政策・計画化に合わせ、さらにはジェネラリスト・ソーシャルワークやコミュニティソーシャルワークを吸収・統合しながら、日本の実情に合わせた地域を基盤とするソーシャルワークとして独自の発展をさせてきたといえる。

表12-3　ソーシャルワークのためのコミュニティ実践のモデル（ウェイルとギャンブル）

① 近隣とコミュニティの組織化
② 機能的コミュニティの組織化
③ コミュニティの社会経済的開発
④ 社会計画
⑤ プログラム開発とコミュニティとの連絡
⑥ 政治活動・社会活動
⑦ 提携
⑧ 社会運動

出典：松永俊文・野上文夫・渡辺武男編『新版 現代コミュニティワーク論──21世紀、地域福祉をともに創る』中央法規出版, pp.96-97, 2002.

◇引用文献

1）高森敬久・高田眞治・加納恵子・定藤丈弘『社会福祉入門講座⑤ コミュニティ・ワーク——地域福祉の理論と方法』海声社, p.13, 1989.

2）Hall, F.S. & Ellis, M.B. (eds.), *Social Work Year Book 1929*, Russell Sage Foundation, p.7, 1930.

3）Harper, E.B. & Dunham, A. (eds.), *Community Organization in Action: Basic Literature and Critical Comments*, Association Press, pp.54-59, 1959.

4）Reid, K.E., *From Character Building to Social Treatment: The History of the Use of Groups in Social Work*, Greenwood Press, 1981.（K. E. リード, 大利一雄訳『グループワークの歴史——人格形成から社会的処遇へ』勁草書房, p.187, 1992.）

5）牧里毎治「地域援助技術」岡本民夫・小田兼三編『MINERVA 社会福祉基本図書⑧ 社会福祉援助技術総論』ミネルヴァ書房, p.147, 1990.

6）前出 3）, pp.54-59

7）Ross, M. G., *Community Organization: Theory and Principles*, Harper & Brothers, 1955.（M. G. ロス, 岡村重夫訳『コミュニティ・オーガニゼーション——理論・原則と実際 改訂版』全国社会福祉協議会, 1968.）

● おすすめ

・東洋大学福祉社会開発研究センター編『新・MINERVA 福祉ライブラリー㉟ 社会を変えるソーシャルワーク——制度の枠組みを越え社会正義を実現するために』ミネルヴァ書房, 2020.

第 13 章

ソーシャルアドミニ
ストレーション

　ソーシャルワーク実践には、利用者に直接的に支援を提
供するだけでなく、サービスや支援を提供する組織・機関
などに介入することによって、間接的に支援の提供に携わ
る実践もある。本章で学ぶソーシャルアドミニストレー
ションも、そのような間接的支援の実践方法の一つであ
る。はじめに、ソーシャルアドミニストレーションの概念
と意義について学び、続いて組織介入・組織改善の実践モ
デルについて学ぶ。さらに、組織を運営するための財源の
種類や、財源確保のための資金調達（ファンドレイジング）
について学ぶ。

第 1 節

ソーシャルアドミニストレーションの概念とその意義

学習のポイント

● ソーシャルアドミニストレーションの概念と定義を理解する
● ソーシャルアドミニストレーションとマネジメントの関係を理解する

1 本章におけるソーシャルアドミニストレーションの位置づけ

　はじめに、本章におけるソーシャルアドミニストレーションの概念定義を明確にしておきたい。『現代社会福祉事典』によると、ソーシャルアドミニストレーションは、「かつてわが国では、社会行政とか社会福祉行政と訳されてきたが、最近では社会福祉管理とか社会福祉経営と訳したりする例もみられる。R. M. ティトマスは、ソーシャルアドミニストレーションを定義づけることは困難であると断りながらも、その研究課題は基本的には一連の社会ニーズの研究と、欠乏状態のなかでこれらのニーズを充足するための組織がもつ機能の研究とされている。それは単に団体・機関あるいは施設のアドミニストレーションというのとは異なって、社会的諸サービスの政策形成とその管理・運営（行政）を意味することが多く、その意味では社会福祉政策、社会福祉行政と解することができる[1]」としている。また、『現代福祉学レキシコン』では、「ソーシャルアドミニストレーションとはイギリスにおいて第 2 次大戦後の福祉国家体制の確立とともに、大学の学部名称として広く用いられてきている。このこともあり、イギリスでは、社会福祉の実践過程を指すだけではなく、学問分野や研究主題を表す用語として使われている[2]」とされている。これらの定義にみられるように、社会福祉領域においては、ソーシャルアドミニストレーションは、一般的にイギリスにおけるソーシャルサービスの運営管理を表すこととして用いられていることが多い。

　その一方で、我が国では、アメリカにおける社会福祉施設の運営管理という意味で、ソーシャルアドミニストレーションあるいはソーシャルワーク・アドミニストレーションが使用されている。これについて、今岡は、「ソーシャルアドミニストレーションという言葉がわが国の社会福祉の分野においてはじめて使われたのは、1947 年である。それは、

同年 6 月に新制大学における社会事業学部設置基準を設定するにあた
り、当時の厚生省の肝いりで集められた社会事業教育関係者と GHQ（連
合軍総司令部）の社会福祉および教育専門家たちとの協議の場において、
1944 年に設定されたアメリカの大学における社会事業専門教育の必修
8 科目（基礎 8 科目）の一つとして紹介されたのである。そのときのソー
シャルアドミニストレーションというこの言葉は、「社会事業組織」と
翻訳された」としており、我が国の社会福祉教育のなかに最初にソー
シャルアドミニストレーションが導入されたのはアメリカ流のソーシャ
ルアドミニストレーションであると指摘している[3]。さらに、重田は、「昭
和 45 年ごろのこと、金銭給付などに重点をおいた行政が、対人サービ
スに関心を向けはじめ、老人や障がい者を対象に多様なサービスを個人
のニーズと調整して提供することが課題になりはじめると、イギリスの
ソーシャルアドミニストレーションの運営がわが国の研究者間でとりあ
げられて、その研究を内容とするソーシャルアドミニストレーションが
誤ってソーシャルサービスの方法かのように吹聴され、ソーシャルアド
ミニストレーションの名に、社会福祉施設運営も吸収されてしまったか
のように誤解をうみ、そのことは社会福祉施設の運営をその組織内の運
営機構や運営過程を研究し改善をする働きを指すという当然のことさえ
忘れ去ったかの状態がつづいた[4]」とも指摘している。

　三浦は、このようなアドミニストレーションの用語に関する混乱を
『現代社会福祉事典』において、次のように整理している。

　「アドミニストレーションは、通常は、社会福祉およびそれに関する
団体・機関等の有する目的を達成するための方法や手段の選択と、その
目的を達成するための過程の効果的・効率的推進を図るためのアプロー
チと理解することができる。社会福祉機関・組織のうち、とくに社会福
祉施設は、社会福祉実践の現場という意味があり、とくに社会福祉団体
や行政組織における管理・運営と区別することができる。（中略）施設
入所者の処遇をいかに行うかという社会福祉における処遇実践の管理・
運営がその主要な課題となってくるからである。その意味では社会福祉
施設におけるアドミニストレーションは、社会福祉の専門的技術（方法）
の一分野とされて、社会福祉における専門的教育課程において重要な科
目として取り扱われるようになり、アドミニストレーション一般と区別
されることがある[5]」

　したがって、本章のタイトルであるソーシャルアドミニストレーショ
ンは、イギリスにおける行政の運営管理上のアドミニストレーションと

してではなく、ソーシャルワーカーが保持すべき知識・技術（方法）の一つとして、社会福祉施設、組織や団体のアドミニストレーションが位置づけられている。

2 ソーシャルアドミニストレーションの概念定義

重田は、アドミニストレーションの概念定義を静態的定義と動態的定義の二つに大別している。静態的定義では、アドミニストレーションについて、その働きが社会機構のなかでどこに位置づけられ、どんな役割をしているかを明らかにする形態で定義されており、動態的定義は、アドミニストレーションの機能を操作的に定義するとしている[6]。

静態的定義の代表的なものとして、ダンハム（Dunham, A.）の定義がある。ダンハムは「社会福祉施設のアドミニストレーションとは、その施設が直接のサービスを行うのに必要であり、いやでも付帯してくるものであって、直接のサービスを維持し、これを容易にする活動をいう[7]」と定義し、施設が提供する直接サービスと、直接サービスを提供するための支援活動の二つに分け、アドミニストレーションは後者の支援機能に焦点をおいたものとしている。

次に、動態的定義の代表的なものとして、キッドナイ（Kidneigh, J. C.）の定義がある。キッドナイによると、「ソーシャルワーク・アドミニストレーションとは、施設の方針を具体的なサービスに移行させる過程だと定義できる。また、施設の方針を修正するために、方針をサービスに移行させるときに得た経験を活用するプロセスと経験を活用することもこの定義の中には含まれている」と定義している。キッドナイの定義の特徴は、施設活動との関連でアドミニストレーションを位置づけるのではなく、「施設ぐるみで考え行動する姿勢[8]」を強調しているところにある。このキッドナイの定義は、アメリカにおいては広く受け入れられており、我が国でもこの時代の社会福祉に関する文献のなかにキッドナイが引用されている。

アドミニストレーションに関する定義は、非常に多様であり、また、さまざまな受け取り方や研究がなされているので、先述したように、その定義を確定することは困難であろう。

定義はさまざまであっても、アドミニストレーションの実践領域には共通した部分がみられる。それらは、次の八つである。

❶　政策形成とその実施目標の策定

❷　プログラムの計画と実施

❸　資金集めと資源の割り当て

❹　組織内と組織間におけるマネジメント

❺　人事とスーパービジョン

❻　組織表明と広報活動

❼　コミュニティに対する教育

❽　組織の生産性改善のためのモニタリングや評価

3　ソーシャルアドミニストレーションとマネジメント

　最後にアドミニストレーションとマネジメントの関係について述べておく。アドミニストレーション研究の第一人者であった重田は、英語のオペレーション、アドミニストレーション、マネジメントにそれぞれ日本語訳をあて説明している。まず、施設の運営（operation）とは、「いわゆる施設ぐるみの福祉活動」を指し、経営（administration）は、「その設置主体が施設を設置あるいは廃止することも、その施設の維持のため、関係者とともに、その活動目的を設定・改訂し、それから現状に即した運営の基本方針・事業計画を立て、それに必要な資金の達成を図り、さらに地域住民の支持を高めるためのPRをする、あるいはボランティアの参加を促し、施設の土地、建物、設備等の保全等にも責任をとることを含めている。いわゆる理事者の任務内容が中心であり、施設の運営方針を決めること[9]」としている。管理（management）とは、基本的には施設長または主任者の業務の中心的な働きを示す。そして、経営（administration）は主として行政機関や公共性の高い事業体での経営、管理を指し、管理（management）は主として、民間の企業体で使われていると指摘している。

　しかし、その一方、アメリカにおいて30年以上も前に全米ソーシャルワーカー協会（National Association of Social Workers：NASW）から出版された1987年版の『ソーシャルワーク事典』においては、ソーシャルアドミニストレーションは、「政策をサービスへと移行させるために必要な社会福祉組織の活動の総体。組織の目標を達成するために必要な業務、機能、人事および活動などを計画し、調整し、評価するための一つの実践方法である。アドミニストレーションとマネジメントとい

Active Learning

ソーシャルワーカー
が、ソーシャルアド
ミニストレーション
の実践に携わる可能
性のある組織や機関
には、どのようなも
のがあるか考えてみ
ましょう。

う言葉は、本質的には同義語ではあるが、アドミニストレーションとい
う用語を非営利組織における協力的、比較的民主的相互プロセスを指す
のに用い、一方のマネジメントを営利組織において支配、方向づけ、権
威主義などを指すのに用いる傾向がある」としており、アドミニスト
レーションとマネジメントはほぼ同義であるとしている。[10] なお、1990
年代には、ソーシャルワーク領域において、ケースマネジメントやケア
マネジメントの概念が浸透するようになり、マネジメントのほうが頻繁
に使われるようになってきた。その現れの一つに、全米ソーシャルワー
カー協会の『ソーシャルワーク事典』の最新のインターネット版を見る
と、かつてはみられたアドミニストレーションという項目・見出しはな
くなり、その代わりにマネジメントに関する項目・見出しが取り上げら
れている。

◇引用文献
 1）三浦文夫「ソーシャル・アドミニストレーション」仲村優一ほか編『現代社会福祉事典 改訂新
　　版』全国社会福祉協議会，p.328, 1988.
 2）吉村公夫「ソーシャル・アドミニストレーション」京極髙宣監，小田兼三ほか編『現代福祉学
　　レキシコン 第 2 版』雄山閣出版，p.200, 1998.
 3）今岡健一郎「監訳者序」H. B. トレッカー，今岡健一郎監訳，星野政明・加藤展博訳『新しい
　　アドミニストレーション――社会福祉―コミュニティ・サービス―のための』YMCA 同盟出版部，
　　p.vi, 1977.
 4）重田信一『社会福祉施設運営論』中央福祉学院，p.14, 1987.
 5）前出 1)，p.62
 6）前出 4)，p.6
 7）Dunham, A., 'Administration of Social Agency', *Social Work Year Book*, NASW, 1949.
 8）Kidneigh, J.C., 'Social Work Administration : An Area of Social Work Practice ?,' *Social
　　Work Journal*, 31（2）, pp.57–61, p.79, 1950.
 9）前出 4)，pp.5–7
10）*Encyclopedia of Social Work 17th edition*, NASW, 1987.

第2節 組織介入・組織改善の実践モデル

学習のポイント

● 組織介入・組織改善の実践モデルを理解する
● ピラミッド組織、フラット組織、ティール組織を理解する

1 ピラミッド組織とフラット組織

　組織介入・組織改善に関するモデルについては、これまで数多く紹介されている。ここでは、それらのなかでも福祉関係組織に所属するソーシャルワーカーが知っておいたほうがよいと思われる基礎的な組織介入・組織改善の二つのモデルを紹介する。その一つは、ピラミッド組織とフラット組織であり、もう一つは、ティール組織である。

　組織が大きくなると、管理職の目が届く部下の人数の限界、すなわち管理限界によって、本部、部、課などの管理単位を重層的に設定する必要が出てくる。このような、ピラミッドのように三角形の形態をした組織階層によって管理する組織をピラミッド組織という。我が国では、社会福祉施設を中心とした福祉組織の多くが、ピラミッドの組織形態を有している。このピラミッド組織の特徴は、組織内のコミュニケーションが自分の上司または部下を通して段階的に行われるところにある。しかし、このピラミッド組織は、階層がはっきりと分かれており、上司・部下の間、あるいは部下同士の間に距離を感じることがあり、そのためにスピード感のある行動や柔軟な対応ができない可能性がある。このピラミッド組織の形態をとっている福祉サービス組織では、個別的な支援や柔軟な支援を提供する際に、この組織形態のあり方が弊害になることも少なくない。

　縦型のピラミッド組織に対するアンチテーゼ的な組織形態として、1980年代以降、フラット組織が注目されるようになった。横田によると、フラット組織とは、文字どおり、組織階層が少なく、組織構造がフラット（平坦）な組織である。フラット組織の特徴としては、中規模の管理レベルが大幅に削減されているため、メンバー同士のチームワークとコラボレーションに重点を置いている点がある。それにより、❶メン

バー同士の情報伝達が相対的に速くなり、意思決定がしやすくなる、❷メンバーの仕事の柔軟性や自由度が高くなる、❸階層が少なく、上下関係にあまり配慮する必要がない、といったメリットが生じる[1]。社会福祉や介護福祉領域においても、ユニットケアとフラット組織に着目した研究がみられる[2][3]。福祉現場においては、専門職であるソーシャルワーカー自身が保持している知識や技術を用いた支援がなされるが、ソーシャルワーカーのもつさまざまな決定における裁量権は重要なファクターとなる。フラット組織は、ピラミッド組織とは異なり、ソーシャルワーカーに裁量権の幅を与えてくれる組織であることは間違いないであろう。

　フラット化のメリットがある一方で、デメリットもある。まず、情報が共有されやすく、透明であるために、組織の機密情報の管理に問題が起こることがある。また、メンバー自身が高い自律性をもっていなければ、仕事をうまく進められない。さらに、自由度があるがゆえに、メンバーの行動を管理しにくくなり、経営管理的には難しい面がある。

2 ティール組織

　1900年代からさまざまな組織論が生まれてきたが、我が国でも2018(平成30)年頃に大きな注目を集める組織論が登場するようになった。それが「ティール（進化型）組織」である。ティール組織は、世界中でコーチやアドバイザーとして活動しているラルー（Laloux, F.）が2014年に出版した *Reinventing Organizations : A Guide to Creating Organizations Inspired by the Next Stage of Human Consciousness*（F. ラルー，鈴木立哉訳『ティール組織——マネジメントの常識を覆す次世代型組織の出現』英治出版，2018.）によって紹介され、新しいマネジメント手法として注目されるようになった。ティール組織が誕生した背景には、これまでのさまざまな組織マネジメント手法はある程度成果が上がっている一方、実は組織に悪影響を与える可能性があるという点である。さらに、ラルーによると、多くの場合、組織は従来の価値観を大きく変えるような革命的変化に出会ってパラダイムシフトを起こし、意識の発達段階を次のステージへと進める、そして、組織のステージは、経営者やトップマネジメント層の意識の発達段階に比例して進化していくものとされているという理論に基づいている。これがティール組織そのものの特徴となっており、ティール

Active Learning

障害者や高齢者の入所型施設においては、ピラミッド組織とフラット組織のどちらが適しているか考えてみましょう。

組織とは、階層構造や管理マネジメントの仕組みが存在しない、メンバー一人ひとりが裁量権をもって行動する組織形態のことである。したがって、ティール組織では、組織内における上下関係や細かな規則、定例会や予算の設定といった旧来の組織構造や組織文化の多くを撤廃し、意思決定に関する権限や責任のほぼすべてをメンバー個人に委ねるところが大きなポイントとして挙げられる[4]。

このような新しいパラダイムに基づいたティール組織の理論は、組織や人材に革新的変化を起こすことのできる「次世代型組織モデル」として世界中から注目されている。

ラルーの提唱しているティール組織論の特徴は、それぞれの時代によって人々の意識の移行・発達が起こるたびに、新しい段階へと導かれていくというところにある。そして、ラルーは、人の意識がどのように発達をしてきたのか、それに伴って組織モデルがどのように進化してきたのかを説明し、それぞれの発達段階と組織モデルを名前と色をつけて呼んでいる。それらは、全部で七つの発達段階となる[5]。

❶ 受動的パラダイム（無色）：人類初期の発達段階。家族や集団での暮らしがあり、組織モデルのようなものは存在しない。

❷ 神秘的パラダイム（マゼンタ）：小さな家族集団から部族へと移行。部族は儀式を行ったために「神秘的」という名前となった。

❸ 衝動型パラダイムと衝動的組織（レッド）：個の力による支配があり、組織生活の最初の形態である。

❹ 順応型パラダイムと順応型組織（アンバー）：部族社会から農業、国家、文明、制度、宗教団体の時代へと発達する。役割が明確な階層構造が生まれる。

❺ 達成型パラダイムと達成型組織（オレンジ）：世界は不変のルールによって支配される固定的な存在ではなく、複雑なゼンマイ仕掛けのようにたとえられる。出世が可能な機械的組織である。

❻ 多元型パラダイムと多元型組織（グリーン）：公平、平等、調和、コミュニティ、協力、コンセンサスを求める社会や組織である。

❼ 進化型パラダイムと進化型組織（ティール）：人生とは自分たちの本当の姿を明らかにしていく個人的、集団的行程であり、自主経営、全体性、存在目的の三つの突破口によって進化型組織は前進する。

◇引用文献
1）横田絵里『フラット化組織の管理と心理——変化の時代のマネジメント・コントロール』慶應義塾大学出版会，1998.
2）山口麻衣・山口生史「介護施設におけるケアワーカー間の協働——組織内ケアチームに着目した分析」『ルーテル学院研究紀要——テオロギア・ディアコニア』第43号，pp.35-48, 2009.
3）坂本宗久『ユニットケア個性化大作戦——個別化ケアから個性化ケアへ』筒井書房，2005.
4）Laloux, F., *Reinventing Organizations : A Guide to Creating Organizations Inspired by the Next Stage of Human Consciousness*, Nelson Parker, 2014.（F. ラルー，鈴木立哉訳『ティール組織——マネジメントの常識を覆す次世代型組織の出現』英治出版，2018.）
5）前出4）

第3節 組織運営における財源の確保

学習のポイント

● 組織運営における財源の種類を理解する
● ファンドレイジングの手法を理解する

1 財源確保の必要性

　我が国では、第二次世界大戦後に社会福祉六法を中心に福祉制度が充実し、施設サービスやその他のサービスは、措置委託という形で提供されていた。その時代の社会福祉団体・機関・施設は、その財源のほとんどが措置費によるものであり、そういう意味では、独自の財源確保をすることはほとんどなかった。ところが、2000（平成12）年の社会福祉基礎構造改革以来、サービスの利用制度が措置から契約に移るなかで、社会福祉法人だけではなく、NPO法人、企業、ボランティア団体など、さまざまな供給主体が登場するようになった。また、行政による委託費等も減額されるようになり、ソーシャルワーカーも福祉組織運営における財源確保の問題に携わる必要性が生じてきた。ここでは、まず、社会福祉の組織運営における財源の主な種類について説明する。

2 組織運営における財源の種類

1 補助金・助成金による収入

　補助金・助成金とは、一定の条件や申請等が必要ではあるが、政府・行政が私企業や個人などの民間部門に対して行う一方的な貨幣の給付のことである。現実的には、補助金と助成金の違いはほとんどなく、補助金も助成金も国や地方公共団体、民間団体から支出され、原則的には返済不要となる。補助金と助成金の違いは、補助金の場合、予算が決まっており、その範囲のなかで給付されるために、公募方法によっては申請してももらえない可能性があり、その一方、助成金は受け取るための要件が決まっているので、それを満たしていれば給付されるところにあ

る。助成金のなかには、民間団体による助成金もあり、具体例を挙げると、独立行政法人福祉医療機構の「WAM助成」、公益財団法人日本社会福祉弘済会の「社会福祉助成事業」などがある。

2 受託事業による収入

受託事業収入とは、仕事の完成を約し、依頼者が仕事の完成に対し、その対価として支払い、依頼された者が受け入れた収入である。社会福祉領域では、一般的には、行政から何らかの福祉サービスを受託して、事業規模に応じた委託を受け、それによる収入が受託事業収入となる。この場合の委託に関係する職員の人件費は、受託金のなかで賄われることが多い。具体的には、介護保険法に基づく訪問介護・通所介護・居宅介護支援等の各種事業や、障害者の日常生活及び社会生活を総合的に支援するための法律（障害者総合支援法）に基づく相談支援、介護給付、訓練等給付等の各種事業などがある。

3 会費による収入

社会福祉組織・団体のなかでも入所施設や通所・利用施設のように、無料もしくは負担金を受け取り、利用者にサービスを提供するものとは異なり、正会員、利用会員、賛助会員などの会員制を有する社会福祉組織・団体がある。それらの代表的なものとして、社会福祉協議会、NPO法人などがある。会員の種別によっては会費を支払わないものがあるが、基本的には、社会福祉協議会やNPO法人は、会員からの会費を貴重な財源とし、事業を運営していることが多い。

4 寄付金による収入

社会福祉組織・団体において、寄付金による収入は、公的なサービスがほとんどなく、民間の社会福祉事業が中心であった戦前においては、財源確保の主要なものであった。寄付金には、ある特定の宗教を背景にした海外からの寄付金、特定の団体や組織とつながりの深い団体、篤志家個人からの寄付などさまざまである。戦後の社会福祉サービスは、法制度に基づくものが多くなり、寄付金は戦前ほど多くはなくなったが、最近では、後述するファンドレイジングの動きが盛んになってきており、寄付金による収入のあり方が見直されている。

5 共同募金配分金による収入

社会福祉固有の募金活動として、社会福祉法第113条に定義される第一種社会福祉事業としての共同募金がある。共同募金活動は、毎年10月1日から始まる「赤い羽根共同募金運動」に代表される。集められた募金のうち、その多くが社会福祉協議会に配分され、国内の高齢者や障害者に対する福祉の充実、地域福祉活動の啓発や推進のために使われている。

3 ファンドレイジング

措置から契約へとサービス供給のあり方が大きく変わることになった2000（平成12）年の社会福祉基礎構造改革以来、社会福祉領域にも市場原理の概念や手法が入るようになってきた。それに伴い、それまで競争がほぼなく、措置費等の公的な資金によって安定的に運営されてきた社会福祉組織は、独自で財源を確保するなどして、生き残りをかけた戦いをせざるを得なくなってきた。その財源確保の一つの手段として、ここ10年の間に注目されるようになってきたのがファンドレイジングである。ファンドレイジングとは、「狭義の意味では、寄付集め、一般的にはこれに会費、助成金などを加えた支援性資金の獲得、広義では、事業収入や融資などを含んだ全体財源の獲得を指す[1]」と定義されている。我が国においては、2009（平成21）年に日本ファンドレイジング協会が設立され、2012（平成24）年に認定ファンドレイザー資格制度がスタートしたが、まだファンドレイジングを体系的に学べる環境が整っていないのが現状である。

ファンドレイジングの手法はさまざまであり、その具体例を挙げると、表13-1のようになる。ファンドレイジングの各手法にはそれぞれの特徴があるので、ファンドレイジングを実施する側の組織・団体の特性やファンドレイジングの目的、また、寄付を依頼する相手の個人、団体、組織などの特性を踏まえ、手法を選択することが必要となる。

次に、単発寄付者、定期的な寄付者、高額寄付者、遺贈寄付者など、寄付者の分類分けをし、金額と人数との枠組みで図示したものがドナーピラミッドである（図13-1）。安定的な財源を確保するためには、定期的な寄付者を増やすことが必要であり、大きな財源が必要な場合は、高額寄付者や遺贈寄付（レガシーギフト）を確保することも必要となっ

Active Learning

テレビやラジオ、YouTube などのインターネットメディア、SNS などを活用した、実際のファンドレイジングの企画を考えてみましょう。

表13-1　ファンドレイジングの手法の例

・現金寄付（路上での募金活動、戸別訪問、募金箱など）
・銀行振込
・口座振替・クレジットカードによる定期的な自動引き落とし（マンスリーサポーター等）
・コンビニ決済代行
・毎月の携帯代と一緒に自動引き落としで支払う寄付
・クリック募金
・マイル・ポイント寄付
・チャリティパーティ
・冠ファンド
・古本やブランド品、書き損じハガキ、入れ歯等による寄付
・寄付つき商品
・寄付つき自販機
・毎月の給料天引きによる寄付
・クラウドファンディング
・土地・建物の現物寄付
・香典返し、ご祝儀による寄付
・相続寄付、遺贈、信託による寄付

出典：宮城孝・長谷川真司・久津摩和弘編『地域福祉とファンドレイジング──財源確保の方法と先進事例』中央法規出版, p.39, 2018.

図13-1　ドナーピラミッド（イメージ図）

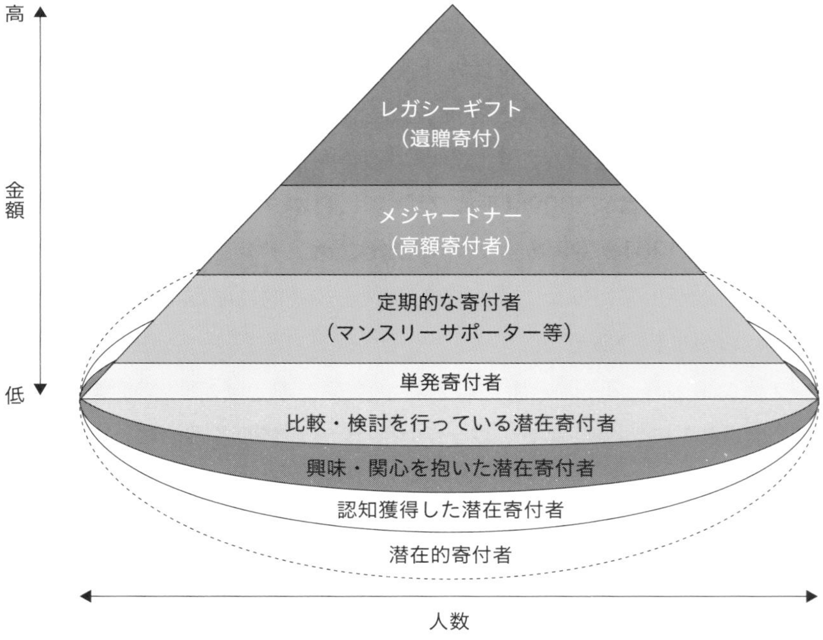

出典：宮城孝・長谷川真司・久津摩和弘編『地域福祉とファンドレイジング──財源確保の方法と先進事例』中央法規出版, p.46, 2018.

てくる。

　最後に、**遺贈寄付（レガシーギフト）**についても少し説明しておく。ドナーピラミッドの最上位の部分にあたる遺贈寄付は、遺言による寄付、相続財産からの寄付、信託による寄付などである。遺贈寄付の特徴は、時には数億円にも及ぶ大きな寄付につながることもあり、これは、組織・団体においては最大の財源確保の手段となり得る。また、遺贈寄付の有無によっては組織・団体の活動のあり方が大きく変わる可能性がある。我が国では、遺贈寄付についての関心は高くなりつつあるものの、現実的にはまだそれほどなじみのあるものではない。いかにしてさまざまな寄付文化を醸成していくかが今後の課題となるであろう。

第
13
章

ソーシャルアドミニストレーション

◇引用文献
1）宮城孝・長谷川真司・久津摩和弘編『地域福祉とファンドレイジング――財源確保の方法と先進事例』中央法規出版，p.33, 2018.

第14章

ソーシャルアクション

　本章では、ソーシャルアクションについて学ぶ。第1節では、はじめに、ソーシャルアクションの定義とソーシャルワークにおけるソーシャルアクションの特徴や展開過程を学ぶ。続けて、ソーシャルワークにおけるソーシャルアクションの意義を理解する。

　第2節では、何らかの課題に直面している当事者の力を高め、その課題を解決していくための変化を促すコミュニティ・オーガナイジングについて学ぶ。コミュニティ・オーガナイジングの考え方や技術は、すべてのソーシャルワーカーにとって必要なものである。ここでは、事例も参考にしながら、コミュニティ・オーガナイジングの展開過程などを学ぶ。

ソーシャルアクションの概念とその意義

学習のポイント

● 事例を通じて、ソーシャルアクションの基本を理解する
● ソーシャルアクションの意義を理解する

1 ソーシャルアクションとは何か

事例 1

障害児の医療費助成制度を改善した
ソーシャルアクション

　障害児の医療費助成が償還払いに変更になったことを受け、ソーシャルワーカーは障害児の保護者の苦痛を受容しつつ、窓口無料化扱いである健常児との差別や、本来ならば障害児の制度か健常児の制度かを選択できる機会が与えられないという機会の不平等があることを明確にした。そして、障害児をもつ5人の保護者による、障害児の医療費助成制度から健常児の制度への変更申請を支援した。それが却下されたため、障害児の家族会、弁護士、医療関係者、市議等と連携し、5人の保護者が不服申立て[★]を行えるようにエンパワメントしながら、あるときは誹謗中傷の盾となり、マスメディアによる活動の周知も得て、障害児医療費助成の窓口無料化を実現した。

★不服申立て
行政庁の処分を不当とする者、または行政庁がなすべき処分や行為を怠っているとする者が、処分の取消しまたは変更を求めること。不服申立てには、審査請求、再審査請求がある。

1 ソーシャルアクションの説明要素

　事例1のように、ソーシャルワーカーはクライエントを支援するなかで、制度およびその運用の問題（制度や運用が実態に合っていない、制度が差別意識を生じさせる等）や地域社会の排除構造に気づくことが多々ある。このような問題を解決し、クライエントのニーズを充足することができるのが、権限や権力を有している人々だけである場合に活用するのがソーシャルアクションだといえる。

　ソーシャルワークにおけるソーシャルアクションの理解は一様ではないが、『社会福祉学事典』によると、「人権と社会正義をよりどころにし、社会的排除・抑圧の問題を解決するために、社会的弱者・地域住民・個人・集団のニーズに応えて、当事者・家族・市民・コミュニティなどと連帯し、一般市民の意識を喚起しながら、社会福祉関係者や多種多様な専門職とも組織化し、国や地方自治体など行政や議会などに働きかけて、法律・制度・サービスの改善や拡充や創設を求めたり、新たな取り組みを展開したりする、ソーシャルワークの価値と倫理を根本とした活動実践や運動あるいは援助技術である[1]」とされている。

　この定義から考えると、ソーシャルアクションには次の四つの要素が必要だといえる。

❶社会的排除や抑圧構造等の変革

　どの社会にも不利な立場におかれ、排除、差別、搾取、抑圧等を経験している人々が存在している。このような人々のウェルビーイングの増進を目的に、それを阻害している構造的障壁を取り除くことを目指すのがソーシャルアクションである。そのため、社会的排除や抑圧等の原因は個人にあるのではなく、社会環境にあると考える。

　事例 1 では、障害児が受診した際に、一時的にせよ医療費を支払うことが求められるとともに、そのための時間も費やさなければならない。この状況は、支払いをしない健常児との違いを明確にし、それを経験する誰もが、「障害児」と「健常児」の区別を認識する機会となることで、差別を助長しているといえる。これらを引き起こしているのは、障害児の医療費助成のみ償還払いとする制度である。

　主にこのような社会福祉関連法制度の改廃または創設によって、社会的排除や抑圧構造等の変革を行い、不利な立場におかれている人々の権利を実現する。同時に、法制度の変革によって、人々の意識変革を推進する。

❷人権の尊重と社会正義の体現

　このような排除や抑圧構造等の変革を目指した活動は、ソーシャルワークの原理である人権と社会正義を体現しようとするものである。これはソーシャルワークの実践そのものであるが、なかでも実質的な平等の実現を目指した社会資源の公正な分配や、それに関する意思決定への参加を、主に社会福祉関連法制度の改廃または創設等によって行うソーシャルアクションは、社会正義の実現を目指すことが必須となる。

★**社会的排除**
雇用、住居、社会的ネットワーク、制度へのアクセス等のような、社会に参加するために必要な条件が連鎖的に欠如していくことによって、人々の社会参加が阻害されていく過程。

第14章 ソーシャルアクション

❸権限・権力保有者への直接的働きかけ

　事例1の障害児の医療費助成制度のように、社会福祉関連法制度を改廃または創設するには、それを行うだけの権限が必要になる。また、組織としての決定を行う場合にも、権限や権力が必要になる。このようなパワーを有していない人々が、変化を生み出すためには、権限や権力を有している人々に直接的に働きかけ、その実現を要求する必要がある。

❹組織的活動

　このように、権限や権力を有していない人々が、権限・権力保有者に立法的・行政的措置等の実施を働きかけるためには、世論を喚起した数の力や明確な事業成果等によって影響力を高める必要がある。それを行うために、ソーシャルアクションは必然的に組織的活動になる。個人による訴訟や職能団体の代表による発言などは個人の活動のようにみえるが、ほとんどの場合、一連の組織的活動の一部だといえる。

２ ソーシャルワークにおけるソーシャルアクションの特徴

　社会構造の矛盾による問題に対処しようとする活動は、ソーシャルワークにだけあるわけではない。広義の活動が「一般的には、社会的な矛盾によって引き起こされたと観察される問題の解決や、それを通した社会的・政治的・文化的秩序の変革をめざして行われる集合的な行為をいう[2]」社会運動である。そのなかに、「とくに社会福祉に関連する具体的な要求を内包し、直接、社会福祉の充実、推進をめざしている[3]」社会福祉運動あるいは社会保障運動がある。「その固有性は社会福祉の制度・政策などに対する改善・変革要求を含むところにある[4]」といわれている。

　同時に、社会福祉運動は、社会運動に含まれている労働運動や市民運動と一部重複している。たとえば、日本社会福祉士会と日本精神保健福祉士協会が、日本医療社会福祉協会、日本ソーシャルワーカー協会、日本ソーシャルワーク教育学校連盟とともに署名活動を行い、児童福祉司における社会福祉士または精神保健福祉士の有資格者の必置を求めた請願書を提出した活動は、社会福祉運動であるとともに、労働運動ともいえる。

　この社会福祉運動とソーシャルアクションの捉え方は多様であるが、ソーシャルワーカーがその専門性を発揮して変革を促進する実践およびその方法・技術が、ソーシャルワークにおけるソーシャルアクションであると考えられる。社会的排除や抑圧構造等の変革を目指すのは、不利な立場におかれている人々のウェルビーイングの増進のためであり、あ

くまで立脚点は個人である。このような人々を支援することが社会的に認められている専門職だからこそ、また、社会福祉関連法制度を運用する専門職だからこそ、構造的障壁を認識し、この問題を社会に知らしめ、不利益を被っている人々が主体となり活動することを支援することができる。

　たとえば、精神障害者の権利擁護を目的とする第三者機関である精神医療審査会に関する具体的な課題の解決を目指したソーシャルアクションは、精神保健福祉士だからこそできることだろう。なかでも、当事者主体の活動を基本としながらも、ソーシャルワーカーが相対的にパワーを有していることを認識したうえで、自分では声を上げられない人々の声を代弁することは、支援の専門職であるソーシャルワーカーならではのソーシャルアクションだといえる。

３ ソーシャルアクションの展開過程

　ソーシャルワーカーは、個人および家族や集団に対する支援において、排除、抑圧、差別、無関心等の社会的不正義に気づき、それを「仕方ない」と放置せず、その解決に最も有効だと考えられる方法を選び介入する。この方法の一つがソーシャルアクションである。

　従来からみられる社会福祉運動は、二項対立的な権力構造を顕在化し、主に政府に対して、社会福祉制度・サービスの拡充・改善・創設などの要求を実現すべく、決起集会、デモ、署名、陳情*、請願*、不服申立て、訴訟などの組織的示威・圧力行動を、世論を喚起しながら集中的に行う。知的障害者のように自ら声を上げることが難しい人々を代弁して専門職が中心となる場合もあるが、近年ではエンパワメントの理念のもと、ハンセン病患者や薬害エイズ患者による活動のように、当事者が主体となることが多い。

　このようなソーシャルアクションは、おおむね次のように展開されると考えられる（**図14-1**）。まず社会的不正義を認識した人々で主導集団を形成し、パワーアセスメントのもと活動計画を立て、社会的不正義を体験している人々とともに調査等を活用しながら法制度等の課題とニーズを明確にしたうえで（SA1）、それを可視化し、人々と共有していく（SA2）。これらの活動と連動して社会的不正義に対応する集団を組織化していく（SA3）。そして、そこでの対話を通して具体的な要求をとりまとめ、決起集会やデモ等で問題をさらに社会に知らしめ、世論を喚起し、それを署名等で可視化しながら（SA4a）、陳情や請願等の

★陳情
請願のように議員の紹介を必要とせず、議会に実情や要望等を訴える手段である。やり方に定めはないが、通常、氏名および住所を記した文書にて提出する。

★請願
日本国憲法第16条と、それを受けた請願法によって定められた、意見や要望等を訴える手段である。氏名および住所を記した文書にて、請願の事項を所管する官公署に議員の紹介によって提出する。

第14章 ソーシャルアクション

図14-1　ソーシャルワークにおけるソーシャルアクションの展開過程

図14-1　ソーシャルワークにおけるソーシャルアクションの展開過程

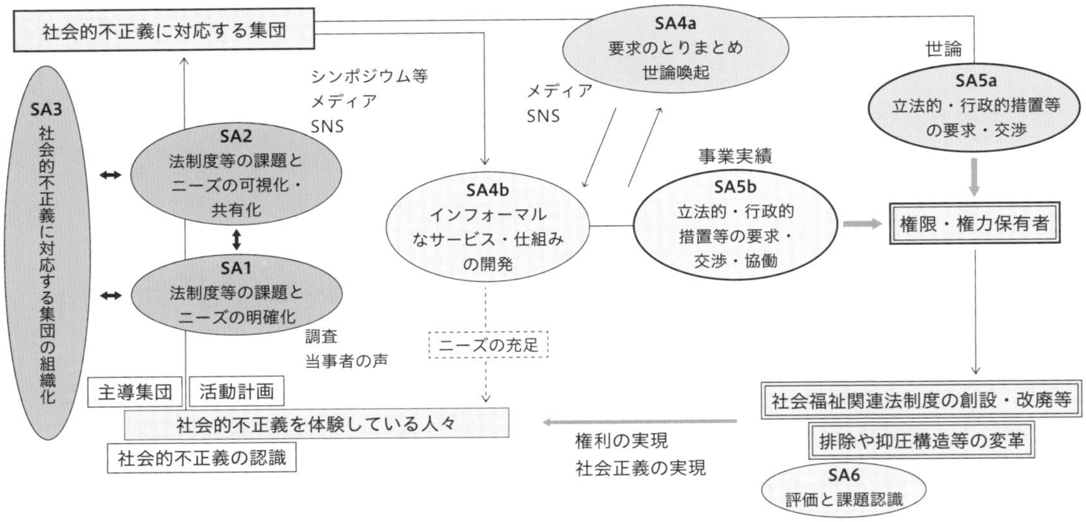

手段で権限・権力保有者に立法的・行政的措置等を要求していく（SA5a）。なお、近年ではオンライン署名が活用されることが増えている。最後に、目標が達成された段階で、活動の評価を行い、課題を整理するとともに、成功要因等についても蓄積・共有し、新たなアクションにつなげていく（SA6）。

事例 2

刑法性犯罪規定改正のソーシャルアクション

　刑法の定める「性犯罪」が現状に合っておらず、性暴力被害者のニーズを充足できないと考えていた NPO 法人の代表であるソーシャルワーカーは、法務大臣による刑法性犯罪の厳罰化の発言を機に、検討会や法制審議会が開催されたことを受け、刑法改正を促進すべく、同じ問題意識をもつ 4 団体とプロジェクトを立ち上げた（主導集団）。ソーシャルネットワーキングサービス（SNS）等を活用したアンケート調査によって刑法の課題を把握したあと（SA1）、オンライン署名を行うとともに、アートパフォーマンス等を活用したイベントを複数回実施し、マスメディアも活用して、課題の共有、社会的不正義に対応する集団の組織化、世論喚起（SA2・SA3・SA4a）を継続的に行っていった。また、権限・権力保有者である国会議員や法務省職員に面会して当事者の声を直接伝え、国会議員が活用できる現実的で簡潔な要望書案の作成を主導した（SA4a・

SA5a）。このような活動の結果として、与野党主催のヒアリングに招聘された際、アンケート調査結果、署名、性暴力被害者の声を伝え、刑法改正の必要性を訴えるとともに、法務大臣に署名を提出した（SA5a）。そして、刑法性犯罪規定改正案が可決成立した。これら一連の活動のあとに、実践を整理して報告会で発表するとともに、障害児者への性暴力に対応できる刑法改正の必要性を認識し、継続的に活動している（SA6）。

　一方、近年では社会的・経済的格差の拡大等を背景とした生活問題の多様化や複合化等に対して、ソーシャルアクションのあり方が多様になっている。たとえば、権力構造の対立を鮮明にするよりも、社会的に不利な立場におかれている人々のニーズを充足するサービスの開発や提供をしながら、その事業実績を根拠として立法的・行政的措置を求める活動が確認されている。なかでも、**特定非営利活動法人（NPO 法人）**が増加するなか、地方分権の推進も背景に、地域の権限・権力保有者に働きかける実践が各地で散見されている。

　前述のように、法制度等の課題とニーズを明確にして（SA1）、共有しながら（SA2）、社会的不正義に対応する集団を組織化していくが（SA3）、この集団によってインフォーマルなサービス等を開発してニーズを充足し、当事者の参加を促しながら（SA4b）、その継続性や広範性における課題への対応および社会問題としての構築を推進すべく、事業実績等を根拠に制度化等を権限・権力保有者に働きかける（SA5b）（**図 14-1**）。事業実績等によって影響力を高めるため、世論を喚起することが難しいマイノリティ等の要求の実現に有効だと考えられる。このようなソーシャルアクションは、デモ等のように公にならない活動であるため、権限・権力保有者への直接的な働きかけがみえにくいが、不可欠な要素であることに変わりはない。

事例 3

ひきこもり支援センターを創設した
ソーシャルアクション

　ひきこもりの相談が複数あるにもかかわらず、どの機関も適切な支援が難しく無関心であることに気づいた社会福祉協議会のソー

シャルワーカーは、助成事業を活用して検討委員会を組織した（主導集団）。まず、民生委員や福祉委員を対象とした調査等で実態を把握したうえで（SA1）、研修会やひきこもりサポーター養成講座にてひきこもりに関する理解を深めながら（SA2）、社会的不正義に対応する集団を組織化していった（SA3）。そして、この集団のひきこもり本人や家族、ひきこもりサポーター養成講座の参加者等が中心となり、居場所やひきこもり家族の会を創設した（SA4b）。その後、これらの事業実績をもとに権限・権力保有者である市にひきこもりに特化して専門的に対応できる支援機関の創設を働きかけ（SA5b）、相談支援や居場所支援等を行う市営のひきこもり支援センターが創設された。これらのプロセスにより、ひきこもりだった人々や家族の社会参加が実現するとともに、地域の人々との関係構造の変化がみられた。このような地方自治体での活動の蓄積が、2009（平成21）年度からの国のひきこもり地域支援センターの設置につながっていった。

Active Learning

ソーシャルアクションの実践例にはどのようなものがあるか調べてみましょう。

　このような展開過程は明確に分離されているものではなく、ある時点から別のやり方に（たとえば SA4b から SA4a へ）、あるいは同時に展開されるものだといえる。そして、これらのプロセスにおける相互理解や相互承認等の経験は、社会通念や関係構造の変革につながっていく。ソーシャルアクションの実践においては、常に当事者主体を意識する必要があるが、そのためにもコミュニティ・オーガナイジング（第2節参照）を理解しなければならない。

2 ソーシャルアクションの意義

　ソーシャルアクションには、主に次の五つの意義があると考えられる。
❶エンパワメントによる権利擁護
　社会的に不利な立場におかれている人々の声を反映した立法的・行政的措置等を可能にするソーシャルアクションは、このような人々の「社会的パワー（社会に向けて発言し、社会を変革する力）[5]」はもとより、「個人的パワー（個人的な事柄を解決して生活をコントロールする力）」や「対人関係的パワー（問題解決に向けた他者と協働する力）」も高めるプロ

セスだといえる。その結果、事例 3 のひきこもり本人や家族のように、社会的不正義を経験した人々がニーズを充足し、権利を実現することができる。

❷社会問題としての構築

ソーシャルアクションの一連の活動は、個人の責任として片づけられてしまう問題を、多様な人々に知らしめ、議論する土壌をつくり、その対話から社会的に対応すべき問題だと合意していくプロセスである。性暴力被害者は「あなたも悪かった」と批判されるなど、声を上げられない抑圧構造があるが、事例 2 のように、刑法の課題を明確にし、多様なイベントやマスメディアの活用によって世論を喚起することで、社会問題として認識されるようになった。

❸実態に合致した法制度等の構築

歴史を振り返ると、社会的に不利な立場におかれた人々のニーズに対応する形で社会資源を創設してきた援助実践がもとになって、さまざまな法制度がつくられてきた。このように、ソーシャルアクションは実際のニーズに合致した法制度等の構築を可能にする。事例 2 では、被害者の告訴がなくても起訴できる非親告罪化や厳罰化等の現状に合致した 110 年ぶりの刑法の大幅改正を 2017（平成 29）年に実現している。家族や雇用等が変容し続けている現代においては、その必要性が高まっているといえる。

❹公的責任の明確化

権限・権力保有者を明確にし、立法的・行政的措置等を求めていくソーシャルアクションは、公的責任を明確にすることができる。事例 3 では、ひきこもりに特化した専門的支援機関の創設を市に要求することで、ひきこもりへの対応が市の責任であることを明確にしている。社会福祉の効率化や矮小化が散見される現状において、ソーシャルアクションはなくてはならない方法だといえる。

❺ソーシャルワーカーの任務の遂行

ソーシャルワークにおいて、権限・権力保有者に対して立法的・行政的措置等を直接要求する方法はソーシャルアクションのみであり、「ソーシャルワーク専門職のグローバル定義」に示されたソーシャルワーク専門職の中核となる任務である、社会変革および人々のエンパワメントと解放等を実践するために不可欠な方法・技術である。

第 14 章 ソーシャルアクション

◇引用文献
1）根津敦「ソーシャルアクション」日本社会福祉学会事典編集委員会編『社会福祉学事典』丸善出版, pp.212-213, 2014.
2）仁平典宏「社会運動」大澤真幸・吉見俊哉・鷲田清一編, 見田宗介編集顧問『現代社会学事典』弘文堂, pp.564-565, 2012.
3）一番ヶ瀬康子「社会福祉運動」浦辺史・岡村重夫・木村武夫・孝橋正一編『社会福祉要論』ミネルヴァ書房, p.315, 1975.
4）加藤薗子「社会福祉運動」社会福祉辞典編集委員会編『社会福祉辞典』大月書店, pp.236-237, 2002.
5）日本ソーシャルワーク学会編『ソーシャルワーク基本用語辞典』川島書店, p.19, 2013.

◇参考文献
・髙良麻子『日本におけるソーシャルアクションの実践モデル──「制度からの排除」への対処』中央法規出版, 2017.
・篠本耕二「ソーシャルアクションの実践例に関する一考察──障害児医療費助成の窓口無料化活動の実践から」『東海学院大学紀要』第12号, pp.73-78, 2018.
・日本社会福祉士会編『地域共生社会に向けたソーシャルワーク──社会福祉士による実践事例から』中央法規出版, 2018.

● おすすめ
・AJU自立の家編『当事者主体を貫く──不可能を可能に─重度障害者、地域移行への20年の軌跡』中央法規出版, 2011.
・日本精神保健福祉士協会監, 田村綾子編著, 上田幸輝・岡本秀行・尾形多佳士・川口真知子『精神保健福祉士の実践知に学ぶソーシャルワーク③ 社会資源の活用と創出における思考過程』中央法規出版, 2019.

コミュニティ・オーガナイジング

学習のポイント

● コミュニティ・オーガナイジングの実例を学ぶ
● ソーシャルワークにおけるコミュニティ・オーガナイジングの系譜を理解する
● コミュニティ・オーガナイジングの展開過程を理解する

1 コミュニティ・オーガナイジングとは何か

事 例

杉並区保育園一揆：母親たちのコミュニティ・オーガナイジング

　2013（平成 25）年 2 月、小雨がパラつく杉並区役所の前に子育て中の母親たちが集まっていた。なかにはベビーカーに子どもを連れた人や、子どもを抱っこしている人が多数参加していた。目的は杉並区の待機児童問題の解消であった。

　出産後、子どもを保育園に預けて職場に早期復帰を希望する母親が増加してきたにもかかわらず、保育園の整備は進まず、特に都市部では待機児童問題が深刻化していた。2013（平成 25）年度の申請時期、杉並区では認可保育園の定員数に対して 3 倍近くの応募があり、待機児童の問題が深刻化していた。保育園の未整備によるしわ寄せを受けたのは、子育て中の母親たちだった。職場への復帰をあきらめて退職せざるを得ない母親たちは途方に暮れていた。

　そのような母親たちの憤りや怒りは、署名活動と区役所前の抗議集会という形で結実した。拡声器を手に区役所に向かって要望を伝えると、その後、母親たちは集めた署名を区の担当者に手渡した。集会当日はマスメディアの姿も多く、母親たちの行動が夕方のニュースで取り上げられると、瞬く間に待機児童が社会問題として表面化した。杉並区に限らず、待機児童を多く抱えている自治体は対応を迫られ、待機児童の解消は政府の優先課題となった。2016

（平成28）年に就任した東京都の小池知事は、就任後に「待機児童」という言葉が死語になるようにしたいと述べ、東京都の待機児童対策の予算を増額した。

「保育園一揆」と呼ばれたこの活動を組織したのは、杉並区在住で自身も子育てを経験した曽山さんという女性である。曽山さんは、保育園の父母会役員を担当したことをきっかけに、インターネットを通して情報発信をしたり、待機児童問題に悩む保護者の相談にのったりしているうちに、保育園の受け入れ人数が不十分であることを知るようになった。しだいに待機児童問題で苦しむ仲間とつながり、人から教えてもらいながら、署名活動や区役所前の抗議集会を組織するようになったという。

曽山さんの活動はその後も続く。子育てによって職場復帰をあきらめた母親たちと一緒に、子どもを預けながら働くことができるコワーキングスペースを杉並区内に設立した。待機児童問題に対して、一方的に政府に対応を求めるのではなく、当事者が行動を起こすことで、自らその問題への対応策を検討する。だからこそ政府にも責任ある対応を求めることができるのである。

★コワーキングスペース
複数の人が同じ空間の中で独立した仕事を行う共同スペース。

Active Learning

この事例で、変化を望む当事者は誰で、どのような課題に直面していたか考えてみましょう。

■1 コミュニティ・オーガナイジングの基本的要件

杉並区の「保育園一揆」、そしてコワーキングスペースの開設はコミュニティ・オーガナイジングの実践事例といえる。何を根拠にコミュニティ・オーガナイジングの実践と呼ぶのか、その展開過程に関しては後述するが、ここでは上記の事例を参考にコミュニティ・オーガナイジングの基本的な要件について確認する。

コミュニティ・オーガナイジングにとって重要なことは、社会やコミュニティに変化が起こっているということである。その変化とは、ある課題に直面している当事者が望む変化である。上記の事例でいえば、子育てをしながら仕事を続けたい母親が当事者で、その当事者が望む変化とは、育児と仕事を両立するための条件としての保育園やコワーキングスペースの整備である。さらにコミュニティ・オーガナイジングの実

---

i 杉並区における曽山さんの活動について、詳しくは以下などを参照。
　・秋山訓子「『保育園一揆』は一人の母の一歩から」駒崎弘樹・秋山訓子『社会をちょっと
　　と変えてみた──ふつうの人が政治を動かした七つの物語』岩波書店，2016.
　・榊原智子『「孤独な育児」のない社会へ──未来を拓く保育』岩波書店，2019.

践において重要なことは、課題が解決されたあと、最終的に力を得るのは課題に直面している当事者という点である。これは当たり前のことのように聞こえるが、援助の現場ではそうならないケースが少なくない。たとえば、行政や専門家が率先して課題を解決した場合、次に当事者が類似の課題に直面したときに、行政や専門家が同様の対応をしてくれなければ、苦しい思いをするのは課題に直面している当事者である。援助する側の都合で援助が提供されるとき、援助を受ける側はむしろ力を奪われることにもなり得る。途上国に対する国際援助の場面などでは同様の議論が頻繁に行われるが、日本の社会福祉の援助にもそうした考えは該当する。この点を上記の事例で考えると、当事者である母親たちが力を得ることが重要になる。母親たちが組織化されたことで、政府は対策を講じる必要ができたわけであるが、もし政府が対策を講じなければ、再び母親たちによる抗議活動が始まるかもしれないという緊張関係があることが政府の対策を後押ししていた。母親たちが変化を起こすための力を身につけるということは、そのような関係性を通して説明される。

2 コミュニティ・オーガナイザーとは

　さて、この杉並区の事例にはソーシャルワーカーやコーディネーターなどの専門家が登場しないことに気づいたかもしれない。当事者たちが自分たちで変化を起こすことができればコミュニティ・オーガナイジングの実践は成立する。杉並区の事例はまさにそのような事例である。当事者が自ら課題を解決することが望ましいという点ではソーシャルワークも同様であろう。しかし、課題を自ら解決することが困難な人がいるからソーシャルワーカーが必要なように、自分たちではコミュニティを組織することができず、コミュニティを通して変化を起こすことが困難な人たちにとってはコーディネーターが必要である。コミュニティ・オーガナイジングに従事するコーディネーターは、通常コミュニティ・オーガナイザーと呼ばれる。日本にはなじみのない名称であるが、アメリカでは、元大統領のバラク・オバマ（Obama, B.）がかつてコミュニティ・オーガナイザーとして働いていた経験があることから、広く認知されるようになった。

　コミュニティ・オーガナイザーとソーシャルワーカーは異なる職種であるが、アメリカのコミュニティ・オーガナイザーのなかにはソーシャルワークの学位（通常は修士）を保持している者もいる。ソーシャルワークの大学院のなかにはコミュニティ・オーガナイジングを専攻として設

けている大学院があり、コミュニティ・オーガナイジングに特化した
ソーシャルワーク系の学会も存在する。コミュニティ・オーガナイザー
の一部はソーシャルワーカーであり、ソーシャルワーカーの一部はコ
ミュニティ・オーガナイザーである。両者はそのような関係にある。

　一方、コミュニティ・オーガナイジングの考え方や技術は、すべての
ソーシャルワーカーにとって必要なものといえる。「ソーシャルワーク
専門職のグローバル定義」は、ソーシャルワークを「社会変革と社会開
発、社会的結束、および人々のエンパワメントと解放を促進する」と説
明している。コミュニティ・オーガナイジングは社会やコミュニティに
変化を起こし、また当事者が最終的に力を得ることを大切にしていると
述べたが、この考え方はまさに「ソーシャルワーク専門職のグローバル
定義」と合致する。

　コミュニティ・オーガナイジングは、ソーシャルワークと深く結びつ
いているだけでなく、これからのソーシャルワーク実践にとって欠かす
ことのできない考え方であり技術であるといえる。

2 ソーシャルワークのなかのコミュニティ・オーガナイジング

1 コミュニティ・オーガナイジングの歴史

　セツルメントの実践はソーシャルワークのルーツの一つとして考えら
れているが、それはコミュニティ・オーガナイジングのルーツの一つで
もある。アメリカにおけるコミュニティ・オーガナイジングの歴史研究
者フィッシャー（Fisher, R.）は、コミュニティ・オーガナイジングの
歴史を三つのアプローチに整理して、そのうちの一つをソーシャルワー
クと呼んでいる。ほかの二つは政治的活動と地域保全である。[1]

　フィッシャーのいうソーシャルワークのアプローチとは、ソーシャル
ワーカーがコミュニティ・オーガナイザーとなり、低所得者などの生活
困窮者やサービス利用者らを組織化することなどがその主な内容であ
る。低所得者が多く居住する地域に住民同士が協同して問題解決に取り
組む関係性を築いたり、住民にとって必要なサービスを求めて政府など
と交渉したりすることで、地域住民の生活を向上させることを目的とし
ている。元来、セツルメントの実践とは、低所得者など生活困窮者が多
く居住する貧困地域に活動拠点を設置し、そこにソーシャルワーカーが
住み込んで地域住民と人格的交流を繰り返すなかで、住民たちのニーズ

を把握し、ニーズを充足するためのサービスや活動を提供することから始まった。その実践には、単に個別の支援を提供するのではなく、地域住民を組織して、個別のニーズを集合的に把握し、さらに集団として活動することで制度などの環境にも変化を与えるという点が含まれる。現在では地域の拠点に住み込むという慣習は失われたが、そうしたセツルメントの実践は、マクロレベルのソーシャルワークとして継承されている。フィッシャーはそうしたマクロレベルのソーシャルワークをコミュニティ・オーガナイジングの歴史的発展のなかに位置づけたのである。

　次に、フィッシャーがいう政治的活動のアプローチとは、ソーシャルワークのアプローチと同様、低所得者層の組織化などにみられるコミュニティ・オーガナイジングの実践を指しているが、ソーシャルワークと違い、政治的活動は活動家らがコミュニティ・オーガナイザーとなって推進される組織化であり、地域のなかにさらに多くの活動家やリーダーを生み出すことで、そのコミュニティが政治的な力を身につけることを活動のゴールとしている。アメリカでは、現代コミュニティ・オーガナイジングの父ともいわれるアリンスキー（Alinsky, S. D.）によって推進された実践が有名である。アリンスキーは労働組合の組織化で培われたノウハウを、低所得者層など、生活に困窮している人たちが多く居住する地域の組織化に転用した。政治的活動は、地域における権力構造に注目し、生活困窮者などがその権力構造に変化を生み出すために力をつけることを推進する。必要に応じて権力者に対してデモなどの対抗的な手段を用いることがある。

　最後に、フィッシャーがいう地域保全のアプローチとは、前者二つのアプローチと異なり、主として富裕層や中間層によって推進されるアプローチで、保存協会などその地域の環境や土地資産、住民向けのサービスを守るために推進される実践が代表的なものである。アメリカ社会には人種による分断があり、とりわけ白人のみが居住する地域において、地域の資産価値を高めるために住民が組織的に活動することがある。黒人や南米系の移民などがその地域に移住することで、白人層はその地域の土地の価値が落ちると考え、ほかの人種の流入を防ぐように働きかけることさえあった。また、行政が地域のサービスなどを縮小しないように働きかけた。そうした市民団体は、通常、会員制で組織化されており、ロビー活動など政治家への働きかけによって既得権を守るような活動を展開した。このアプローチは、一見、反福祉的な活動のようにもみえるが、特定のコミュニティの利益を守ることの帰結として、ほかのコミュ

第14章　ソーシャルアクション

ニティが排除されたり、コミュニティ間に格差が生まれたりすることは
原理として成り立つため、あらゆるコミュニティ・オーガナイジングの
アプローチにも同様の原理は該当する。

　歴史を紐解くと、コミュニティ・オーガナイジングには多様な側面が
ある。ソーシャルワーカーは、フィッシャーのいうソーシャルワークの
アプローチに該当するコミュニティ・オーガナイジングの実践に関与す
ることが多いが、実際の現場においては、ソーシャルワーカーがそのほ
かのアプローチに該当するような実践を推進することもあり得る。この
点を理解するために、以下では、ソーシャルワークの実践および研究の
なかで培われてきたコミュニティオーガニゼーションという考え方と、
コミュニティ・オーガナイジングの関係について検討する。

■2 コミュニティオーガニゼーションとコミュニティ・オーガナイジング

　コミュニティオーガニゼーションとコミュニティ・オーガナイジング
は同義語であるが、その背景を理解すると、両者の違いがみえてくる。
　日本の社会福祉領域では、コミュニティ・オーガナイジングよりもコ
ミュニティオーガニゼーションのほうが聞きなじみがある用語だろう。
戦後の日本の社会福祉協議会（以下、社協）の実践は、アメリカ由来の
コミュニティオーガニゼーションの考え方から影響を受けてきた。岡村
重夫によるカナダの研究者ロス（Ross, M. G.）の著書『コミュニティ・
オーガニゼーション（第 2 版）』の翻訳をはじめ、コミュニティオーガ
ニゼーションに関する書籍や論文は多数出版されてきた。しかし、アメ
リカにおいても、コミュニティオーガニゼーションという用語は 1960
年代をピークに徐々に学術的な存在意義を失い、近年ではコミュニ
ティ・オーガナイジングやコミュニティ・プラクティスなど、異なる用
語のほうが学術的に用いられている。

　20 世紀前半、ソーシャルワークの方法論が整理され、学術的に検討
されるなかで、個人や家族に対する援助技術としてケースワーク、小規
模な集団に対する援助技術としてグループワーク、そして地域住民など
のコミュニティに対する援助技術としてコミュニティオーガニゼーショ
ンが体系的に整理された。コミュニティオーガニゼーションが初めて学
術的に整理されたのは、1939 年にアメリカで開催された全米社会事業
会議におけるレイン（Lane, R. P.）による報告であった。通称「レイ
ン報告」と呼ばれるその報告においてレインは、コミュニティオーガニ

ゼーションの定義および呼称には多様なものがあるとしながら、それらの定義に共通する点は、「ニードに適応するように社会資源を動員する」ことであり、いずれの定義も「社会的サービスを創造し、福祉機関の努力を連絡調整し、福祉事業計画を策定するという概念を表明し、あるいは内包している」と整理した[2)3)]。

　レインによるこの定義は戦後刷新されることになる。1955年にロスが『コミュニティ・オーガニゼーション』を著し、その著書のなかで、コミュニティオーガニゼーションに二つの実践内容が含まれるものと整理した[ii]。その定義には、レインが説明したように、ニーズを把握し、そのニーズを充足するための資源を多機関のなかで調整し、計画的に推進するという側面と、それとは別に、住民が目標を設定し、その目標に向かって自ら行動を起こす、そうした態度を住民のなかに醸成するという側面である[4)]。こうしたロスによるコミュニティオーガニゼーションの整理は、日本に紹介され、広く浸透することになる。

　ところが、ロスの研究が世に出てまもなく、アメリカでは公民権運動の興隆があり、社会の根幹となる価値観が大きく変わることになった。ソーシャルワークの研究と教育においても、人種差別の問題は避けて通れない問題となった。また、黒人が自ら行動を起こし、社会構造を大きく転換したことから、そのように社会のなかで声を発することができない人たちによる集合的なアクションを支えることも、ソーシャルワーカーの重要な役割として考えられるようになった。それと同時に、公民権運動以前のコミュニティオーガニゼーションが、人種差別といった社会構造に変化を生み出すような実践を含む考え方になっていなかったことから、コミュニティオーガニゼーションという用語がしだいに時代遅れのものとなり、コミュニティ・オーガナイジングやほかの用語がより積極的に使用されるようになっていった[iii]。

　日本にはロスの定義をはじめ、公民権運動以前のコミュニティオーガニゼーションの考え方が定着し、社協の実践などに反映されてきた。しかし、冒頭の杉並区の事例で示したような、当事者が声を上げ、政府の政策や社会の構造自体の変化を求めるという側面が十分浸透しないまま定着してきた。コミュニティオーガニゼーションとコミュニティ・オー

---

ii 1921～1955年に発表された社会学および社会福祉の文献にみられる50～100ほどのコミュニティオーガニゼーションの定義を整理したハーパー（Harper, E. B.）らによれば、ロスの定義だけが二つのカテゴリーに整理することができたとされている（Harper, E. B. & Dunham, A.（eds.）, *Community Organization in Action : Basic Literature and Critical Comments*, Association Press, 1959.）。

ガナイジングは同義語であるが、歴史的背景を踏まえて理解すると、あらためて日本においてもコミュニティ・オーガナイジングに注目することの重要性がみえてくるだろう。

3 コミュニティ・オーガナイジングの展開過程

■ コミュニティ・オーガナイジングに不可欠な要素

コミュニティ・オーガナイジングの展開過程はさまざまな方法で整理・解釈されてきているが、ここでは特に個人のリーダーシップの成長をその根幹に位置づけたガンツ(Ganz, M.)の考えを参考に、コミュニティ・オーガナイジングの実践の展開過程を説明する。[iv]

❶当事者が活動の中心に位置づけられている

コミュニティ・オーガナイジングにとって欠かせない要素は、当事者が活動の中心に位置づけられているということである。当事者とは、直面している課題によって力が奪われている人たちのことである。冒頭の杉並区の事例における当事者は、子育てをしながら仕事を続けることを願う母親たちであった。コミュニティ・オーガナイジングの実践において、課題を解決するための活動の中心には、その課題に直面している当事者がいなければならない。なぜなら、当事者が関与しないところでその課題が解決されたとしても、当事者が再びその課題に直面したときに、それを解決するための力を保持していなければ、結局、根本の問題である力が奪われたままの状態は変わらないからである。

Active Learning

この事例の展開過程で、当事者がどのように力を高めていったか、考えてみましょう。

---

iii アメリカの大学院におけるソーシャルワーク教育においては、コミュニティオーガニゼーションという用語が伝統的に用いられてきており、現在でもソーシャルワーク教育評議会(Council on Social Work Education)が毎年実施する実態調査において、コミュニティ領域の専攻を「コミュニティ・デベロップメント、オーガニゼーション、プランニング」と称している。一方、全米ソーシャルワーカー協会(National Association of Social Workers : NASW)が1982年に『オーガナイジング』(Organizing : A Guide for Grassroots Leaders)と題した書籍を出版していることをはじめ、とりわけ1980年代以降、オーガナイジングという用語を用いた書籍や論文が多数出版されている。

iv ガンツは学生時代に公民権運動の活動に参加したことを機に、その後30年以上、コミュニティ・オーガナイジングの実践にかかわり、現在はハーバード大学公共政策大学院にてコミュニティ・オーガナイジングを教えている。ここでは、ガンツが開発した教材(Ganz, M., 'Leadership, Organizing, and Action' http://communityorganizing.jp/co/textbook/)を参考に、室田の解釈(室田信一「地域共生社会とコミュニティ・オーガナイジング」『にじ』第660号, 2017.)も踏まえて整理した。

❷価値観を基底に組織がつくられる

　同じ境遇の人であっても、問題意識を共有しているとは限らない。杉並区の事例でいうと、子育て中のすべての母親が、保育を利用できないことで仕事を継続できないことに憤りを感じているとは限らない。重要なことは、この課題について強い問題意識をもっている仲間と出会うことと、その問題意識をさらにより多くの人と共有し、共感を得ることである。

　コミュニティ・オーガナイジングでは価値観がコミュニティを形成すると考える。ここでいう価値観とは、ある体験に基づく考えや、何かに対する思い、行動目標などが共有されることによって形成される。政府の子育て政策に対してはそれぞれ異なる考えをもっているかもしれないが、子育てで苦労した体験や、職場復帰できない喪失感などは、母親たちの間で共有されているだろう。そうした経験のなかで培われた価値観を共有することが一緒に活動に取り組む際の原動力になる。

❸リーダーシップの輪が広がっている

　リーダーというと、他者を先導する強いリーダー像が想像されることが少なくない。カリスマ性のあるリーダーが率先して意思決定をして、フォロワーを従えていくイメージである。コミュニティ・オーガナイジングでは、そうした一人の強いリーダーがいることで成立するコミュニティを目指さない。

　杉並区の事例でいうと、曽山さんが一人で計画を練って、ほかの母親たちを従えて活動したとしても、行政職員や区長は、曽山さん一人を諫めれば活動を止めることができると判断したかもしれない。しかし、曽山さんはソーシャルネットワーキングサービス(SNS)などを活用して、常に仲間と情報を共有し、相談しながら活動を進めた。また、抗議集会当日、参加したメンバーが拡声器で発言をしたり、署名を集めたり、それぞれが役割を担ったことで集団としての力の広がりを誇示することができた。また、コワーキングスペースも、そうした仲間の力があったからこそ開設することができたといえる。

　コミュニティ・オーガナイジングでは活動に関与する人全員がリーダーシップを発揮することが重要で、そのようなリーダーシップの輪の広がりがコミュニティ・オーガナイジングの実践の広がりを支えている。

❹活動が計画的に推進されている

　リーダーシップの輪が広がり、集団としての力が高まったときには、その力が具体的な目標を達成するために計画的に活用される必要があ

る。コミュニティのなかに蓄積された力がコミュニティのなかに滞留していては、活動に対する士気は下がり、蓄積された力は低下してしまう。

　蓄積された力が効果的に用いられるためには、戦略的な計画が必要になる。ここでいう戦略的とは、目標が確実に達成されるために、蓄積された力が用いられる筋道が描かれているということである。杉並区の事例でいうと、育児と仕事を両立するための条件としての保育園の整備という目標を達成するためには、第一に行政が保育園の増設を進める必要があった。個別に交渉しても保育園の増設を認めてくれない行政に対しては、抗議集会を開き、異議申立ての署名を提出するという戦略が効果的であった。2016（平成28）年、「保育園落ちた日本死ね」と題した匿名のブログが話題になったが、おそらくそうしたインターネット上の発信だけでは、杉並区のような具体的な政策の変化を生み出すには至らなかっただろう。

　上記の要素を踏まえて展開された実践がすべてコミュニティ・オーガナイジングの実践とは限らないが、これらの要素が一つでも欠けると、それはコミュニティ・オーガナイジングの実践とは異なるものになるだろう。

4　コミュニティ・オーガナイジングが求められる時代

■ 地域共生社会推進とコミュニティ・オーガナイジング

　産業構造の変化に伴う雇用形態の変化、雇用の不安定化、さらには家族形態の多様化やコミュニティの崩壊など、近年、個人の生活はますます脆弱なものになってきている。生活困窮者への支援や、増加する高齢者人口に対する福祉サービスや社会保障制度の拡充、さらには子どもや若者の貧困対策など、日本社会はさまざまな問題に直面している。そうしたなか、冒頭の事例のように、子育てのニーズや女性の雇用機会の問題がないがしろにされてしまうという事態が起こる。ほかにも、近年注目されている社会問題として、ヤングケアラーの問題や、ダブルケア、8050問題、外国籍の人の生活課題など、私たちがまだ認識できていないだけで、社会のなかにはさまざまな課題に直面している個人がたくさんいる。その課題には名前もついておらず、本人もどのように対処すればよいのかわかっていないかもしれない。

　このような状況のなか、国は一つの対応策として地域共生社会という

考え方に基づいて、政策を推進している。地域共生社会の考え方は、制度・分野ごとのいわゆる縦割りの社会福祉制度の壁を越えて横断的に支援が提供され、さらに地域のなかで住民同士が「支え手」「受け手」という関係性を越えて、地域住民や多様な主体がつながることで、地域のなかで孤立や排除が起こらない環境を築いていくことが目指されている。

　そのように、課題に直面している個人を支える地域共生社会が築かれるためには、そのような個人が、最終的に力をつけるということが重要であることを、本節では確認してきた。冒頭の杉並区の事例にソーシャルワーカーが関与していなかった事実は、ソーシャルワーカーが課題と十分に向きあえていないことを証明しているかもしれない。個人が抱えている言葉にできない生きづらさやもどかしさに耳を傾け、そうした個人が社会のなかで変化を起こすために一歩踏み出そうとしている、その一歩にソーシャルワーカーが寄り添うことができなければ、地域共生社会は絵に描いた餅になってしまうだろう。コミュニティ・オーガナイジングの考え方は、地域共生社会を具現化する際のヒントを提供している。

第14章 ソーシャルアクション

◇引用文献
1）Fisher, R., *Let the People Decide : Neighborhood Organizing in America 2 nd Edition*, Twayne Publishers, pp.xx–xxi, 2004.
2）Lane, R.P., 'The Field of Community Organization: Report of Discussion', *The Proceedings of the National Conference of Social Work : Selected papers from 66th Annual Conference*, Columbia University Press, p.498, 1939.
3）牧賢一『コミュニティ・オーガニゼーション概論──社会福祉協議会の理論と実際』全国社会福祉協議会，p.227，1966.
4）M. G. ロス，岡村重夫訳『コミュニティ・オーガニゼーション──理論・原則と実際 改訂版』全国社会福祉協議会，p.51, 1968.

第15章

スーパービジョンと
コンサルテーション

　専門職の仕事は、資格を取得したらすぐにできるという
ものではない。現場では個別の状況に応じた対応が求めら
れるので、常に学び続けることが必要である。また、ソー
シャルワーカーは、困難な状況にある人を支援するにあ
たって、自らもさまざまなストレスを経験する。そのよう
な状況にあるソーシャルワーカーを支え、専門性を向上さ
せ、よりよいサービスを提供できるようにするのがスー
パービジョンである。外部の専門家から受けるコンサル
テーションも役立つ。本章では、スーパービジョンとコン
サルテーションについて学ぶ。

スーパービジョンの意義、目的、方法

学習のポイント

● スーパービジョンの意義、目的、機能について理解する
● スーパービジョンの方法について理解する

スーパービジョンとは

1 スーパービジョンの定義

　スーパービジョンについての定義はいろいろあるが、ソーシャルワークにおけるスーパービジョンについて、アメリカの研究者であるカデューシン（Kadushin, A.）は、次のように定義している。

　「スーパーバイザーは、有資格のソーシャルワーカーで、担当しているスーパーバイジーの業務遂行を指揮、調整、強化、評価する権限を委任されている。この責務を遂行するために、スーパーバイザーは、スーパーバイジーと肯定的な関係をもったなかで管理的・教育的・支持的な機能を果たす。スーパーバイザーの最終的な目的は、機関の方針と手続きに沿って、質量ともに最良のサービスを利用者に提供することである」[1]

　この定義では、スーパーバイザーとスーパーバイジーはいずれもソーシャルワーカーで、職場の上司と部下にあたり、スーパービジョンは職場の業務とされている。しかし、職場外で行われるスーパービジョンもある。スーパーバイザーとスーパーバイジーのいずれかがソーシャルワーカー以外の職種である場合もある。また、連携や協働が重視されるなかで、これからはスーパービジョンも組織や職種を越えて展開されることが求められるだろう。そうなれば、もっと包括的な定義が必要である。ホウキンズ（Hawkins, P.）は、対人援助職におけるスーパービジョンの定義として、次のように述べている。

　「スーパービジョンは、スーパーバイザーの支援を受けて、実践者がクライエント─実践者関係およびより広いシステムやエコロジカルな状況のなかの一部としてクライエントにかかわり、そうすることによって仕事の質を向上させ、クライエントとの関係を変え、自分自身や自身の

実践、そして広く専門職を継続的に発展させていこうとする協働の取り組みである[2]」

２ 我が国におけるスーパービジョン

　欧米では、スーパービジョンはソーシャルワーク業務の一環として位置づけられているが、我が国の福祉現場では、まだそのようになっていないことが多い。職場で定期的にスーパービジョンが行われているところもあるが、スーパービジョンを受ける機会のないソーシャルワーカーも多い。ただ、状況は変わりつつある。福祉人材の確保・資質の向上を図るために、「社会福祉士及び介護福祉士法」が 2007（平成 19）年に改正された際、「より専門的対応ができる人材を育成するため、専門社会福祉士及び専門介護福祉士の仕組みについて早急に検討を行う」ことが国会で付帯決議され、それを受けて認定社会福祉士制度ができ、2014（平成 26）年 4 月から認定社会福祉士が誕生した[3]。認定社会福祉士になるため、そして 5 年ごとに更新するためには、スーパービジョンを受けることが必須条件になっており、スーパービジョンを福祉現場に普及させるための取り組みが進められている。

２ スーパービジョンの目的

　スーパービジョンの最終的な目的は、定義に示されているように、機関の方針と手続きに沿って、質量ともに最良のサービスを利用者に提供することである。これは次の二つの目的を通して達成される。

❶スタッフの育成・専門性の向上

　高度な知識と技能を求められる専門職では、資格を取得したからといって、すぐに一人前の仕事ができるわけではない。そのため、新人が自立して仕事ができるように育成しなければならない。また、一人前に仕事ができるようになってからも、困難ケースへの対応を含め、より質の高いサービス提供を行うために専門性を高めていくことが専門職には求められる。そのような専門性の向上を促進するような働きかけや環境づくりを行うのがスーパービジョンである。

❷組織の機能の維持・向上

　それぞれの組織には、理念があり、その理念を実現するために方針や体制がある。そして、その方針と体制のもとで、組織の構成員、すなわ

ちスタッフがそれぞれの業務を適切に遂行し役割を果たすことで、組織の機能が発揮される。スーパービジョンを通して、組織のなかでスタッフが業務を適切に遂行しているか確認し、業務の改善・向上のために何が必要か検討し対応することで、組織の機能を一定水準以上に保てるようにするのである。

スーパービジョンには次のような意義がある。

❶困難感の軽減、働きやすさの向上

ソーシャルワーカーは、その職務の特性上、困難に直面することが少なくない。特に、実務経験が少ない場合や、新しい分野・領域で働く場合、困難事例を担当する場合には、大きなストレスを感じる。そのような場合に、相談できる人がいれば、困難感は和らぎ、仕事がしやすくなる。しかし、ソーシャルワーカーには職務上知り得た秘密を保持する義務があり、誰にでも相談できるわけではない。また専門性がなければ、相談の内容を理解し適切に対応することはできない。スーパーバイザーは、そのようなソーシャルワーカーの悩みごとを聴き、支援することができるのである。

❷仕事のやりがい・満足度の向上

スーパービジョンを通して、専門職としてのアイデンティティが明確になり、効果的・効率的に職務を遂行する力がつけば、ソーシャルワーカーは利用者や関係者、ほかのスタッフらともよい関係をもち、質のよいサービス提供ができるようになる。達成感を感じられるような結果が増えてくれば、自己の成長を感じることができ、自信をもって仕事に取り組むことができる。そうなれば、やりがいも感じられ、仕事への満足度も高まる。上記の困難感が軽減し、やりがいや満足度が高まれば、当然、職場への定着率は上がる。

❸燃え尽き症候群の予防

過度のストレスがあるなかであまり評価されず働き続けるうちに、心身ともに極度に疲労し、情緒的消耗感、脱人格化、個人的達成感の低下が起こることがある。このような状態は燃え尽き症候群（バーンアウト）と呼ばれ、福祉などの対人サービスに従事する人に多いといわれている。燃え尽き症候群になった職員は、専門職としての機能を果たすこと

が困難になり、休職や離職せざるを得ない場合もある。スーパービジョンは、ソーシャルワーカーが適切に職務を遂行できるよう環境を調整し、実務面および心理面から支えることで、燃え尽き症候群を予防することができる。

4 スーパービジョンの機能

スーパービジョンには次の三つの機能がある[4]。

Active Learning

三つの機能が重要な理由を考えてみましょう。

1 管理的機能

管理的機能とは、職場の上司としての働きのことであり、スタッフの適切な業務遂行を担保するための幅広い業務を含む。

❶ 管理者（あるいは中間管理職）として部署の全体を統括する。

担当する部署の業務について事業計画を立て、実施し、モニタリングを行い、必要に応じて修正し、評価を行う。その枠組みのなかで下記の機能を果たす。

❷ 適正な人事配置をする。

事業計画に応じて、組織に求められる人材を採用し、適正部署に配置する。

❸ スタッフが適切に業務を行っているか監督、管理、指導、調整する。

個々の職員の力量や状況に見合った業務の割当てを行ったり、適正な質量の業務となるよう調整したりする。個々の職員が組織の方針や規律を守っているか、担当している業務や役割を遂行しているかを評価し、課題がある場合には指導する。

❹ スタッフを守る。

ソーシャルワーカーは、利用者や家族、関係者・関係機関、同僚らとのかかわりのなかで、苦情を言われたり、批判されたり、怒りや攻撃を向けられたりするなどして、傷つき、ショックを受けることがある。そのような場合、スーパーバイザーは、盾となって衝撃を和らげる働きをする。

❺ 組織を変革する。

働きやすく効率的に機能できる組織となるよう改善する。

なお、職場の上司ではないスーパーバイザーは、契約内容にもよるが、原則として管理的機能を担わない。

2 教育的機能

効果的・効率的・倫理的に業務を遂行できるように、専門職としての知識・技術・価値・倫理をスタッフが習得して専門性を高められるよう教育するのが**教育的機能**である。具体的には、次のようなことを行う。

❶ 理念や知識・技術を伝える。

組織の理念や方針、事業内容、支援の方法とプロセス、専門職としての価値などについて説明したり、実際に自分が行ってみせることで伝える。

❷ 考え、実践する機会を設ける。

スタッフの力量に合わせて仕事を割り当て、スタッフが自ら考え、実践する機会を設ける。はじめはサポートを受けながら、徐々に自立して行っていけるようにする。

❸ 振り返る機会を設ける。

実践したら、必ず振り返る機会を設ける。スタッフが自らの実践の経過と内容、ストレングス、課題、今後の方向性などを振り返るようにする。

❹ フィードバックする。

スーパーバイザーからも、スタッフの気づきを大切にしながら、スタッフの実践についてストレングスや課題、改善点、改善方法を具体的に伝え、今後の取り組みを明確にできるように支援する。

3 支持的機能

心理的・情緒的に消耗するスタッフを支えるためにも、防衛的にならずに自己への気づきを得るためにも、**支持的機能**が重要である。支持的機能としては次の二つが挙げられる。

❶ 職務に関連するストレス、悩み、心の揺らぎなどを傾聴、受容、サポートする。

対応が困難で悩んだり、クライエントの過酷な状況を目の当たりにして自らも苦痛を感じたり、実践するなかで自己課題に直面したりするなど、心理的・情緒的に動揺したり、否定的な感情を感じることがある。そのようなときに共感的に理解し、心理的にサポートする。

❷ 自己覚知を促す。

ソーシャルワークを実践しているときに、自分自身の態度や言動がクライエントに望ましくない影響を及ぼしていることがある。また、不合理な認知や思い込みなどのために、適切な判断や関係づくりが困

難になっていることがある。自分に気づくこと、すなわち**自己覚知**を
促すためには、まず心理的・情緒的に支持されることが必要である。

これらの三つの機能は、相互に影響しあっており、同時に複数の機能
が働くことが多い。特に支持的機能は、ほかの二つの機能が必要な場合
に同時に必要とされることが多い。

5 スーパービジョン関係

スーパーバイザーとスーパーバイジーの関係性は、スーパービジョン
の内容や効果に大きな影響を及ぼす。スーパービジョンを行う場合も受
ける場合も、その関係性について十分理解しておくことが必要である。

1 スーパーバイザーとスーパーバイジーの関係

スーパーバイザーとスーパーバイジーの関係は、所属先の観点からみ
れば次の四つがある。いずれの場合においても、スーパーバイザーと
スーパーバイジーの間で、スーパービジョンを行う・受けるという合意
が必要である。

❶ スーパーバイザーは職場の上司で、スーパーバイジーはその部下で
ある。スーパーバイザーは、管理的・教育的・支持的機能のすべてに
ついて責任をもって果たすことが求められる。つまり、スーパーバイ
ザーは、スーパーバイジーの業務遂行、すなわちクライエントに対し
て責任をもたなければならない。

❷ スーパーバイザーは、同じ組織内のベテラン職員でスタッフの教育
訓練を担当していて、スーパーバイジーはその教育訓練の対象者であ
る。スーパーバイザーは主として教育的・支持的機能を果たす。管理
的機能については、スーパーバイジーの上司と情報共有のうえ、一部
分担して行うことがある。

❸ スーパーバイザーは同じ組織の所属ではなく、スーパーバイジーが
職場外に出かけて、あるいはスーパーバイザーを職場に招いて、スー
パービジョンを受ける。職場にスーパーバイザーを務められる専門職
がいない場合や、特定領域の専門性向上を目指す場合などに、このよ
うな職場外のスーパービジョンが行われる。その際には、必ず、スー
パービジョンで取り扱う内容やスーパーバイザーの権限および責任に

ついて、事前に検討して契約しておくことが必要である。職場外スーパーバイザーは、スーパーバイジーの担当ケースに直接責任をもたない（もてない）。スーパーバイジーが個人的にスーパービジョンを依頼する場合も、職場の案件を取り扱う場合は秘密保持の原則に触れるため、所属組織とスーパーバイザーの間での契約書が必要である。

❹　スーパーバイザーは組織に所属しており、スーパーバイジーはその組織で実習を行う実習生である。実習生が所属する養成校の実習指導担当教員もスーパーバイザーであり、養成校のスーパーバイザーは実習生に責任をもつ。組織のスーパーバイザーは、実習生およびクライエントに責任をもつ。

▌2 パラレルプロセス

ソーシャルワーカーとクライエントの間の関係が重要であるのと同様に、スーパーバイザーとスーパーバイジーの間の関係も重要である。特にスーパービジョンでは、ソーシャルワーカー（スーパーバイジー）とクライエントの関係と、スーパーバイザーとスーパーバイジーの関係との間によく似た状況が起こりやすいことが明らかになっている。これをパラレルプロセスという[5]。たとえば、スーパーバイジーは、自分が担当するクライエントと同じ態度をスーパービジョンのなかでとったりする。また、スーパーバイザーが肯定的にスーパーバイジーにかかわれば、スーパーバイジーもクライエントに対して肯定的にかかわるようになったりするのである[6]。これらは多くの場合、無意識のなかで行われる。スーパーバイジーがクライエントとよい関係をもち、よい実践を行えるようになるためには、よいスーパービジョン関係をもつことが重要である。

6　スーパービジョンの形態

スーパービジョンの形態は、個人スーパービジョンとグループスーパービジョンの 2 種類に分けられる。また、スーパービジョンの変則的な形として、チームスーパービジョン、ピアスーパービジョンがある。いずれも長所と短所があるので、それらを理解したうえで状況に応じて用いることが大切である。

1 個人スーパービジョン

スーパービジョンの基本的な形は、スーパーバイザーとスーパーバイジーが一対一で行う個人スーパービジョンである。個人スーパービジョンの利点は、担当ケースやその他の職務について、個々のスーパーバイジーの課題や力量、状況に応じて丁寧に対応できることである。特に、業務遂行にスーパーバイジーの個人的な問題がかかわっている場合は、スーパーバイジーのプライバシーを守り、スーパーバイジーが安心して話せるように、スーパービジョンは個別に行わなければならない。

しかし、一人ずつ対応すると時間がかかる。さらに、我が国では、いまだに福祉施設・機関のなかに業務の一環としてスーパービジョンが位置づけられていないことが多いので、スーパーバイザーとなるための研修や訓練を受けた人も多くはない。したがって、我が国のソーシャルワーカーが日常的に個人スーパービジョンを受けるのは難しいことが多い。

Active Learning

あなたがスーパービジョンを受ける場合、個人とグループのどちらがよいでしょうか。また、その理由は何でしょうか。考えてみましょう。

2 グループスーパービジョン

一人のスーパーバイザーが複数のスーパーバイジーに対してグループでスーパービジョンを行うことを、グループスーパービジョンという。グループスーパービジョンでは、それぞれのメンバーが担当ケースや自分の課題を報告し、スーパーバイザーからスーパービジョンを受ける機会を得るとともに、ほかのメンバーがスーパービジョンを受けるのを見聞きして学ぶこともできる。また、メンバー間でも質問や意見を出したり、傾聴することでグループの力動がよい方向へ働けば、ほかのメンバーと共感しあったり、支えあったり、気づきが得られたり、学びを深めたりできる。さらに、スーパーバイザーのグループメンバーへのかかわり方やグループ運営をみることがモデリングとなり、メンバーはグループワークの方法とあり方を自然に身につけることができる。時間的にも効率的である。

しかし、メンバー間の信頼関係が十分でなければ、話し合いは表面的なものになってしまう。よい関係ができていても、グループで話せない内容については、取り上げることができない。個人スーパービジョンほど、メンバーの個別のニーズや状況に応じた対応ができないのも、グループスーパービジョンの限界である。

3 チームスーパービジョン

　チームスーパービジョンは、同じチームで協働するメンバーへのスーパービジョンである。グループスーパービジョンでは、メンバーはたとえ同じ職場であっても担当ケースが異なるので、焦点はメンバーそれぞれの職務遂行や成長、サポートにあてられる。一方、チームでは、メンバーが同じクライエントに向けて協働するので、スーパービジョンは、個々のメンバーへの働きかけや支援に加えて、チームの発達を促進し、チームとしての機能を発揮できるようにすることも求められる[7]。

4 ピアスーパービジョン

　ピアとは、仲間のことである。仲間や同僚だけで行うスーパービジョンのことを、ピアスーパービジョンという。本来、スーパービジョンは、スーパーバイザーとしての機能が果たせる専門職が行うものである。しかし、スーパーバイザーが不在のときは、代替方法として、ピアスーパービジョンを行うことがあり、スーパービジョンの変則的な形態だということができる。

　ピアスーパービジョンを行う際に留意すべきことは、メンバー一人ひとりが、スーパーバイジーであると同時にスーパーバイザーでもあるという意識をもつことである。「スーパービジョン」である以上、単なる事例検討やグループ学習であってはいけない。スーパーバイジーの課題解決や専門職としての成長を明確に目指すことが求められるのである。メンバーは、自分の意見を表明することはよいが、まず、課題を提示しているメンバーに対して、課題についての気づきや理解を促し、具体的な取り組みについて検討できるような質問や意見の言い方を工夫することが大切となる。

7 ▷ スーパービジョンの実施

　スーパービジョンをいつ、どこで、どのように行うのか、その実施の方法は、職場やスーパーバイザーによって、さまざまである。それぞれの状況に合わせて、無理なく継続できる方法を確立していくことが求められる。

1 いつ実施するか

　スーパービジョンは、定期的に実施する場合と、必要時に実施する場合、両者を組み合わせて行う場合がある。国際ソーシャルワーカー連盟（IFSW）は、効果的・倫理的な成長等を支えるものとして、職場での定期的なスーパービジョンが重要であるとしている。しかし、スーパーバイザーが不在の職場や多忙な福祉現場では、個別スーパービジョンを定期的に実施するのは難しいところもある[8]。

　スーパービジョンの実施に関して一番多いのは、スーパーバイザーが何らかの課題に気づいて、スーパーバイジーに声をかけて実施するケース、あるいは、スーパーバイジーが困ってスーパーバイザーに相談するケースである。一方、グループスーパービジョンについては、定期的に行われていることが多い。

2 どこで、どのように実施するか

　多くの場合、スーパービジョンは、事務室や会議室等で行われる。定期的な個人スーパービジョンでは、まずスーパーバイザーとスーパーバイジーが話しあいながら、スーパーバイジーの課題解決や成長のための目標と取り組みを設定する。そして、定期的なスーパービジョンのなかでその取り組みを行い、それを今後の実践に活かすことができるように、スーパーバイザーは支援をする。

　グループ（チームとピアを含む）スーパービジョンでは、いつ、誰が担当するかを事前に決めておき、担当のスーパーバイジーは、検討したいケースや業務等についての資料を準備し、それを活用して情報を共有しながらスーパービジョンが行われる。

　個人でもグループでも、記録が適切に書けていなかったり、あるいはスーパーバイジーの報告が不十分であると、適切な判断ができず効果的なスーパービジョンが行えないことがある。クライエントの承諾を得たうえで、面接や実践の場面を録画・録音し、それを用いてスーパービジョンを行う場合もある。

　何らかの課題や困りごとが起こり、急遽スーパービジョンを行う場合は、できるだけ、プライバシーを守ることができ、落ちついて話のできる場所で行う。

　スーパービジョンをライブで行う場合もある。スーパーバイザーはサービス提供の現場にいて様子をみたり、面接に同席したり、訪問に同行したりする。そして、途中で邪魔にならないようにスーパーバイジー

に声をかけたり、メモを渡したり、あるいは直後にスーパービジョンを行うのである。スーパーバイザーは、その場面にいるので状況の把握がしやすく、すぐにフィードバックを行うことが可能である。スーパーバイザーの存在に反応して、スーパーバイジーやほかのスタッフ、クライエントなどがふだんと異なる態度や行動をとる可能性があることに留意する必要がある。

　スーパーバイザーが不在の離島など遠隔地では、スカイプの利用なども検討されてきたが、近年、新型コロナウイルスの感染拡大を避けるため、さまざまなオンラインの方法でのスーパービジョンが行われるようになってきた。今後、秘密保持の原則を守るため、記録や資料の共有の仕方、オンラインの使い方など、一定のルールをつくって行うことが必要である。

◇引用文献
　1）Kadushin, A. & Harkness, D., *Supervision in Social Work 5th Edition*, Columbia University Press, p.11, 2014.
　2）Hawkins, P. & McMahon, A., *Supervision in the Helping Professions*（5ʰ ed.）, Open University Press, McGraw-Hill Education, pp.66-67, 2020.
　3）認定社会福祉士認証・認定機構『認定社会福祉士制度』 http://www.jacsw.or.jp/ninteikikou/
　4）前出1）
　5）同上，pp.151-152
　6）Shulman, L., *Interactional Supervision*, NASW Press, 1993.
　7）前出2）
　8）International Federation of Social Workers, 'Effective and ethical working environments for social work: the responsibilities of employers of social workers', 2012. https://www.ifsw.org/effective-and-ethical-working-environments-for-social-work-the-responsibilities-of-employers-of-social-workers-2/

第2節 コンサルテーションの意義、目的、方法

学習のポイント

● コンサルテーションの意義と目的について理解する
● コンサルテーションとスーパービジョンの違いを理解する
● コンサルテーションの方法について理解する

1 コンサルテーションとは

　コンサルテーションとは、専門家が業務遂行のために、ある特定の領域についての知識・技能が必要なとき、その領域の専門家から助言・指導を受けることである。助言・指導を行う専門家をコンサルタント、受ける専門家をコンサルティと呼ぶ。

　モリソン（Morrison, T.）は、コンサルテーションを次のように定義している。

　「コンサルテーションは、二人以上のスタッフがかかわり、役割分担して協働する交渉可能なプロセスであり、専門知識をもっているコンサルタントが、その知識を用いて、コンサルティである個人やグループの仕事上の課題にかかわる人材教育や問題解決のプロセスを促進するものである[1]」

　この定義では、コンサルタントとコンサルティのそれぞれの役割は明確で、コンサルテーションの進め方についても一定のものはあるが、話しあって合意を得たうえで進めるものとされている。そして、ここで焦点となるのは、仕事上の課題にかかわる人材育成や問題解決である。

　また、ブラウン（Brown, D.）らは、コンサルテーションを次のように定義している。

　「コンサルテーションは、コンサルタントかコンサルティのいずれかが開始し、終結する任意の問題解決過程である。その目的は、コンサルティがクライエント（個人、グループ、組織）に対してより機能的にかかわることができるように態度やスキルを習得できるよう支援することである。そのゴールは、第三者（クライエント）へのサービス向上とコンサルティの能力向上の二つである[2]」

この定義で、コンサルタントかコンサルティのいずれかが開始し、終結する任意の問題解決過程であるということは、コンサルテーションは日常的に行われるというより、問題解決のために限定的に行われるもので、サービスの質やスタッフの能力を向上させたいと考えるときに任意で活用するものだということを意味している。

2 ▶ コンサルテーションの意義と目的

現代のさまざまな問題や課題のなかには、それを理解し解決するため、専門的な知識・技能をもつ専門職が対応しなければならないものがある。問題や課題によっては、複数の領域にかかわっており、一つの専門職では対応できないことがある。そのようなときに、専門職同士が協働して問題の解決に取り組むことが必要になる。そこで用いられる協働の形の一つがコンサルテーションである。

社会福祉の現場では、ソーシャルワーカーは多様なクライエント・システムにかかわる。クライエントは、いろいろな発達段階にあり、複雑で多様なニーズをもっている。そして、家族・組織・コミュニティ・国など複数のシステムにかかわっている。そのようなクライエントを理解し、そのニーズを充足させるためには、発達から社会開発まで幅広い知識と技能が必要であるが、そのすべてをカバーすることは不可能である。したがって、ソーシャルワーカーは、職務遂行においてほかの専門職等にコンサルテーションを受けることがよくある。たとえば、難病患者の支援をする際に、その病気について理解し、どのような支援が必要となるか予測するために医師や保健師の助言を得たり、多重債務のある高齢者を支援する際に、弁護士に相談したりするのはよくあることである。

Active Learning

ソーシャルワーカーがどのような場合にコンサルテーションを受ける・行うか、考えてみましょう。

また、ソーシャルワーカーがコンサルタントとして、ほかの専門職にコンサルテーションを行うこともある。たとえば、障害のある親をもつ不登校の子どもの支援を担当するスクールカウンセラーに障害者支援について説明したり、経済的困窮のために治療を拒む患者を担当する医師の相談にのったりする。

このように、コンサルテーションはよりよい方法で課題解決を図ることに役立つ。

3 コンサルテーションとスーパービジョン

コンサルテーションは、**問題解決の過程**であり、さまざまなレベルの支援が含まれているために、スーパービジョンとの区別があいまいだといわれることがある。しかし、次の点で、コンサルテーションとスーパービジョンは異なる。

❶位置づけ

我が国でのスーパービジョンの実施状況は組織によってかなりばらつきがあるが、第 1 節「7　スーパービジョンの実施」（p.348）で述べたように、国際ソーシャルワーカー連盟（IFSW）によれば、効果的・倫理的な実践やスタッフの専門的な成長などを支えるために、スーパービジョンは職場で定期的に行われることが重要であると位置づけられている。一方、コンサルテーションは、業務遂行に関して何らかの課題があり、その解決が必要であると考えられるときに限定して行われる。

❷関係と責任

職場では、部下であるスーパーバイジーは上司（リーダー）であるスーパーバイザーの業務命令には従わなければならない。そして、上司は部下の職務遂行に責任をもたなければならない。スーパーバイザーが上司ではない場合、スーパーバイザーはスーパーバイジーに命令する権限はなく、スーパーバイジーの職務遂行に責任を負わない。しかし、第 1 節「5　スーパービジョン関係」（p.345）で述べたようにパラレルプロセスがあるため、スーパーバイザーのスーパーバイジーに対する影響力は大きく、クライエントへのサービスにも影響する可能性が高い。

一方、コンサルテーションでは、コンサルタントとコンサルティは、任意で対等な関係である。コンサルタントは、管理的な責任はなく、コンサルテーションの結果にも責任を負わない。コンサルティは、コンサルタントに専門的な見地からの助言・指導を受けるが、それに必ずしも従う必要性はなく、コンサルティの裁量に任せられる[3]。

❸制度

スーパービジョンは、職能団体のなかで制度として位置づけられている。我が国においても、スーパービジョンの普及を目指して、公益社団法人日本社会福祉士会と公益社団法人日本精神保健福祉士協会では、研修制度のなかにスーパービジョンについての研修やスーパーバイザーの育成が組み込まれている。一方、コンサルテーションについては、制度

的な取り組みは行われていない。

4 コンサルテーションの方法

コンサルテーションの方法はさまざまである。組織としてコンサルタントを招き、一定の期間にわたってコンサルテーションを受けながら課題解決に取り組む場合もあれば、日々の実践のなかで困ったときに、知り合いの専門職に一度だけ相談するということもある。

コンサルテーションのアプローチは、以前はクライエント中心であったが、現在はコンサルティ中心に変化してきている[4]。伝統的なクライエント中心コンサルテーションでは、クライエントの問題についての情報や、サービスについてのアドバイス、実践に関する提案などがコンサルティから求められ、コンサルタントは、それに応じてクライエントの問題について専門的な見解を提示し、コンサルティに提案を行っていた。しかし、現在では、コンサルタントとコンサルティは、協調的な関係をもって、それぞれの専門性の観点から問題についての見解を共有し、問題について協議することが重要とされている。コンサルテーションのプロセスでは、コンサルティが中心とされ、コンサルティがクライエントに関してもっている専門性を引き出し、現在の問題への理解や対応の仕方を改善して、将来、同様の問題に直面したときにうまく対応できるようになることを目指すようになっている。

我が国の社会福祉分野では、コンサルテーションのあり方や方法についてはまだ取り上げられることが少ない。しかし、コンサルテーションも連携・協働の形の一つであり、今後、そのあり方や方法について、連携・協働する職種のなかで合意形成がなされていくことが求められる。

◇引用文献
1) Morrison, T., *Staff Supervision in Social Care : Making a real difference for staff and service users* (3rd ed.), Pavilion, p.36, 2005.
2) Brown, D., Pryzwansky, W.B. & Schulte, A.C., *Psychological Consultation and Collaboration : Introduction to Theory and Practice 7 th Edition*, Pearson, p.1, 2010.
3) Lambert, N.M., Hylander, I., & Sandoval, J.H.(ed.), *Consultee-Centered Consultation : Improving the Quality of Professional Services in Schools and Community Organizations*, Lawrence Erlbaum Associates, p.5, 2011.
4) 前出 2), pp.4-5

索引

た〜と

神部　智司 （かんべ・さとし）――――――――――――――――――――――――――――――――第5章
大阪大谷大学人間社会学部教授

木下　大生 （きのした・だいせい）――――――――――――――――――――――――――第1章第5節
武蔵野大学人間科学部准教授

空閑　浩人 （くが・ひろと）――――――――――――――――――――――――――――――――第3章
同志社大学社会学部教授

黒田　文 （くろだ・あや）――――――――――――――――――――――――――――――――第11章
東北福祉大学総合福祉学部教授

髙良　麻子 （こうら・あさこ）――――――――――――――――――――――――――第14章第1節
法政大学現代福祉学部教授

竹中　麻由美 （たけなか・まゆみ）――――――――――――――――――――――――――――第8章
川崎医療福祉大学医療福祉学部教授

竹本　与志人 （たけもと・よしひと）――――――――――――――――――――――――――第6章
岡山県立大学保健福祉学部教授

中谷　陽明 （なかたに・ようめい）――――――――――――――――第1章第1節〜第3節
桜美林大学大学院教授

中村　和彦 （なかむら・かずひこ）――――――――――――――――――――――第1章第4節
北星学園大学社会福祉学部教授

福富　昌城 （ふくとみ・まさき）――――――――――――――――――――――――――――第2章
花園大学社会福祉学部教授

室田　信一 （むろた・しんいち）――――――――――――――――――――――第14章第2節
東京都立大学人文社会学部准教授

八木　亜紀子 （やぎ・あきこ）――――――――――――――――――――――――――――――第9章
福島県立医科大学放射線医学県民健康管理センター特任准教授

最新　社会福祉士養成講座
　　　精神保健福祉士養成講座

12　ソーシャルワークの理論と方法［共通科目］

2021年2月1日　　初　版　発　行
2022年9月10日　　初版第2刷発行

編　集　　一般社団法人日本ソーシャルワーク教育学校連盟
発行者　　荘村明彦
発行所　　中央法規出版株式会社
　　　　　〒110-0016　東京都台東区台東3-29-1　中央法規ビル
　　　　　TEL 03（6387）3196
　　　　　https://www.chuohoki.co.jp/

印 刷・製 本　株式会社太洋社
本文デザイン　株式会社デジカル
装　　　幀　株式会社デジカル
装　　　画　酒井ヒロミツ